深圳经济特区建立40周年改革创新研究特辑

新时代深圳全域协调发展前瞻

袁义才 主编

Prospect of All-round Balanced Development of Shenzhen in the New Era

中国社会科学出版社

图书在版编目（CIP）数据

新时代深圳全域协调发展前瞻／袁义才主编．—北京：
中国社会科学出版社，2020.10
（深圳经济特区建立40周年改革创新研究特辑）
ISBN 978-7-5203-7219-0

Ⅰ．①新…　Ⅱ．①袁…　Ⅲ．①区域经济发展—研究—深圳
Ⅳ．①F127.653

中国版本图书馆CIP数据核字(2020)第175323号

出 版 人　赵剑英
项目统筹　王　茵
责任编辑　马　明　李金涛
责任校对　任晓晓
责任印制　王　超

出　　版　中国社会科学出版社
社　　址　北京鼓楼西大街甲158号
邮　　编　100720
网　　址　http://www.csspw.cn
发 行 部　010-84083685
门 市 部　010-84029450
经　　销　新华书店及其他书店

印刷装订　北京君升印刷有限公司
版　　次　2020年10月第1版
印　　次　2020年10月第1次印刷

开　　本　710×1000　1/16
印　　张　16
字　　数　239千字
定　　价　108.00元

袁义才

深圳市社会科学院国际化城市研究所所长、粤港澳大湾区研究中心主任，研究员，经济学博士。兼任中国城市经济学会学科建设委员会常务委员、深圳市城市经济研究会副会长、深圳市软科学研究会副会长、深圳市政协委员。主要研究领域为城市与区域经济、公共经济、金融、科技管理等，长期从事深圳城市发展、深港合作、深圳都市圈建设及粤港澳大湾区发展研究。

代表性著作、论文有《公共经济学新论》《公共产品的产权经济学分析》《关于民主、专制及“中国道路”的公共经济学思考》等，承担“城市基础设施产权化运营研究”等深圳市重点课题或调研项目，曾经获广东省和深圳市哲学社会科学优秀成果奖。

深圳经济特区建立40周年
改革创新研究特辑
编　委　会

总　序

先进的文化，来自对先进的生产方式和生活方式的能动反映；先进的生产力，来自对生产前沿审时度势的探索。40 多年来，深圳一直站在生产力和生产关系新模式探索的最前沿，从生产实践，到制度建立，再到观念更新，取得了系统的、多层次的成果，为改革开放全面成功推广，提供一整套系统的观念与经验。当然，深圳的改革历程，是一个步步为营的过程。如果说，改革开放之初所取得的成功，主要在于以一系列惊心动魄的实践，按照市场经济发展规律，循序渐进地突破制度的坚冰，在摸索中逐步确立社会主义市场经济的新制度、新机制、新关系，形成新的发展模式；那么，在完成试验田式的探索之后，深圳取得的新突破，则是在国内经济转型和国际新经济背景之下，结合自身优势而完成的产业升级和观念升级。在升级换代过程中，深圳已经取得开阔的国际视野，在国际上也形成自身的影响力，在国内则拥有党中央强有力的支持和更成熟的制度后盾。

在这个过程中，深圳作为探索者、排头兵所探索出来的一系列成功经验，已经成为社会主义市场经济体制的基本构成部分；在这个过程中，深圳人为社会主义市场经济模式的建立与繁荣，做出系列有利于国、有益于民的大胆探索，其间所形成的开拓进取精神，已经凝聚成为一种可以叫作“深圳精神”的东西。正如习近平总书记在深圳考察时说的：“如果说，深圳是中国改革开放的一本样板书，那这本书上，给人留下印象最深刻的两个字，就是‘敢闯’！”同时，深圳的系列探索实践，也是对党的老一辈革命家改革开放、发展生产力理想的具体实践。从全国来看，改革开放 40 余年，在我国沿海、沿江、沿线甚至内陆地区建立起国家级或省市级高新区、开发区、自贸区、保税区等，形成了类型众多、层次多样的多元化改革发展新格局。

党的十八大以来，中央对深圳提出的新要求，正体现着这种一贯思路的延续和战略高度的提升。深圳的拓荒意义不但没有过时，而且产生了新的内涵。深圳被赋予了中国特色社会主义先行示范区的新角色，从改革开放试验田，到社会主义先行示范区，这种身份的转变，是新时代进一步深化改革开放的新成果，也是深圳作为中国这个世界第二大经济体经济发展的重要驱动力在国际经济新格局中扮演的新角色。在习近平新时代中国特色社会主义思想指导下继续解放思想、真抓实干，改革开放再出发，在新时代走在前列，在新征程勇当尖兵，是新时代赋予深圳的新任务。在深化改革的过程中，不论是国家，还是以北京、上海、广州、深圳为代表的大城市所面对的国际政治形势和经济形势，比以往都要复杂很多，需要我们做出更睿智和更高瞻远瞩的决策，以应对更复杂的产业形势和政治形势。从这个角度看，新时代深圳改革开放、开拓进取的任务不是轻了，而是更重了；需要的勇气和毅力不是少了，而是更多了。

习近平新时代中国特色社会主义思想，是我们继续深化改革的指导思想和行动指南。在以习近平同志为核心的党中央的坚强领导下，因世界大势，应国内态势，以满足人民不断增长的物质文化生活需求为动力，在经济特区已有的经验基础上，围绕新时代经济特区发展进行深入理论思考和实践探索，完成城市发展与国家发展的统一，完成继承与创新的统一，为习近平新时代中国特色社会主义思想增添新的生动范例，为践行中国特色社会主义理论提供新的经验，推进新时代经济特区在经济、政治、文化、社会和城市生态等方面实现更高层次的发展，是新时代赋予深圳的新使命。

新时代推动新实践，新实践催生新思想，新思想呼唤新理论。讲好深圳故事既是时代所需，也是中国学者的责任。为了总结深圳经济特区建立40年来改革探索的经验，为深圳改革探索提供学者的观察和视角，深圳市社科院组织市内外的专家学者对深圳经济特区40年经济社会发展的路径进行了深入研究，形成了十部著作，作为《深圳改革创新丛书》的特辑出版。《深圳改革创新丛书》作为深圳推进哲学社会科学发展的重要成果，此前已经出版了六个专辑，在国内引起了一定的关注。这套《深圳经济特区建立40周年改革创新研究特辑》，既有对改革开放40多年来深圳发展历程的回顾，也有结合新使命而做的新探索。希望这些成果，为未来更深入和更高层面的研究，提供新的理论资源。这套丛书也是学界和中国社会科学出版社对深圳经济特区建立40周年的一份献礼。

编写组

2020年6月

前言　打造全域协调发展先行示范区

区域协调发展战略是实现中华民族伟大复兴的重大战略。新时代根据中国社会主要矛盾的变化，立足于解决发展不平衡不充分问题，区域协调发展战略被确定为国家七大战略之一，是中国区域发展的新部署新要求，中国进入了实施区域协调发展战略的新阶段。为促进区域协调发展，中国先后出台了《关于建立更加有效的区域协调发展新机制的意见》《关于深入推进新型城镇化建设的若干意见》《国家发展改革委关于培育发展现代化都市圈的指导意见》等一系列相关文件，成为今后一个时期推进区域发展的行动指南，将促使区域协调发展迈上新台阶。

迈进新时代，习近平总书记亲自谋划、亲自部署、亲自推动粤港澳大湾区和深圳社会主义先行示范区建设。2019 年 2 月，《粤港澳大湾区发展规划纲要》正式发布。习近平总书记对深圳工作作出重要批示，要求深圳“抓住粤港澳大湾区建设重大机遇，增强核心引擎功能”。2019 年 8 月，《中共中央　国务院关于支持深圳建设中国特色社会主义先行示范区的意见》正式印发，要求深圳在 21 世纪中叶建成竞争力、创新力、影响力卓著的全球标杆城市。为此，深圳要积极推动全市域协调发展、高质量发展，并在更大空间范围内优化资源配置，发挥辐射带动作用，打造区域协调发展先行示范区，创建社会主义现代化强国的城市范例，支持香港、澳门融入国家发展大局。

深圳是改革开放前沿和全国先发地区，经过 40 年发展，由一个边陲小镇摇身变成社会经济繁荣、综合实力强大、创新力和影响力卓著的国际化大都市，实现了城市建设的巨大飞跃，创造了世界城市化、现代化的奇迹。然而，作为快速成长起来的大城市，深圳也存在着全市域发展不均衡、不充分、不协调问题。新时代深圳要着力推进全市域协调发展，进一步增强城市功能，更好地发挥对周边地区辐射引领作用，打造全域协调发展先行示范区。

深圳特区建立之初，“二线关”将深圳分为“关内”和“关外”，特区内外在城市基础设施、市政配套和公共服务等方面都存在明显差距，特区内外发展不平衡问题曾经成为深圳发展的突出问题。2010年深圳市委、市政府拉开经济特区一体化建设帷幕，持续加大政策、资源等向原特区外地区的倾斜支持力度，促进全市域协调与一体化发展。深圳城市呈现出“三轴两带多中心”的空间发展格局，区域非均衡发展态势明显。

为实现更平衡更充分的协调发展，深圳实施“内优外联”的“东进、西协、南联、北拓、中优”战略，走高质量发展之路。实施“东进”战略，加大东部地区交通基础设施建设力度，发挥东部地区土地空间、生态环境优势，挖掘科技产业潜力，布局建设坪山高新区、国际大学城、未来产业试验区、国际航运枢纽、世界级滨海生态旅游度假区，打造具有强大辐射带动力的东部中心，提升东部发展能级。着力优化西部向湾格局，充分发挥西部经济发展和城市建设先发优势，布局建设前海城市新中心、深圳湾超级总部基地、大空港新城、“互联网+”未来科技城、国际会展中心，构筑深圳“西协”桥头堡，打造珠江口两岸融合发展先行示范区。着力规划建设深港口岸经济带，推进皇岗口岸重建，实施罗湖口岸的综合性改造和利用，积极推动口岸24小时通关，高超标准规划建设河套深港科技创新特别合作区，实施“湾区通”工程，加强与港澳地区标准互认、规则衔接，同时积极做好向海发展大文章，谋划设立国际海洋开发银行，加快筹建海洋大学、国家深海科考中心，培育发展海洋经济，打造全球海洋中心城市。建设光明科学城，布局建设重大科技基础设施集群、国际顶尖大学和科研机构，建设国际科技信息中心、大湾区大数据中心，打造原始创新策源地，创建综合性国家科学中心，建设深圳北中心和深圳北经济带，拓展北部发展腹地。做强做优深圳城市中轴，打造中央活力区，布局建设国际交流中心、国际金融街、北站商务区和梅观创新走廊，挺起城市脊梁，形成比肩国际一流城市的空间格局。

为切实增强粤港澳大湾区的核心引擎功能，规划建设深圳都市圈。携手广州，落实广深战略合作框架协议，强化两地重大规划、重大政策、重点平台、重点项目的协同互动，携手建设国际科技创新中心，积极推动广深港澳科技创新走廊建设。推进深莞惠联动发展，向东连接广东沿海经济带东翼及东南沿海地区，向西连接广东沿海经济带西翼及西南地区，向南连接港澳地区，向北连接广东北部生态发展区及中南地区，强化与周边地区交通、产业、创新、民生等各方面高水平互动发展，促进珠江口东西两岸融合互动。加快深汕特别合作区建设，按照深圳全面主导、汕尾积极配合的原则，创新完善、探索推广管理体制机制，拓展“深圳总部＋深汕基地”发展模式，增加高质量公共服务供给，创造“飞地”发展经验。

目　　录

第三篇 共建大深圳都市圈

第一篇

小渔村到现代化大都市的蝶变

第一章　福田—罗湖中心的形成

第一节　罗湖中心：深圳经济起飞地

一　“小渔村”：深圳经济起点

“深圳”地名始见史籍于1410年（明永乐八年），于清朝初年建墟，就是如今的东门一带。当地的方言客家话俗称田野间的水沟为“圳”或“涌”。深圳正因其水泽密布、村落边有一条深水沟而得名。“深圳”原来是一个墟的名字，即现在的罗湖一带，在广九铁路开通之后，深圳成为远近闻名的农副产品交易市场，人口聚居较多，工商业兴旺，宝安县治东迁至深圳墟。

1979年3月撤县设市时，深圳还是一个3万人口的边陲小镇，本地生产总值1.96亿元，人均GDP约606元，规模以上工业总产值仅0.61亿元。这就是通常被称作“小渔村”的深圳的经济起点。

1979年，深圳开始引进“三来一补”企业，一年不到就引进了200家企业，通过吸引“三来一补”企业发展工业，积累建设资金、国外技术和管理经验。1980—1985年，深圳首先开展了大规模的基础工程建设。1986—1992年，深圳把工作重点从打基础转到以工业为主、工贸结合的外向型经济上来，抓生产、上水平、求效益，探索发展外向型经济的路子。至1992年，深圳GDP提升到317.32亿元，居内地城市第六位，人均GDP提升至12827元，外商投资企业和引进外资总额均居全国各城市之首，初步形成了出口创汇的外向型经济格局。

另外，蛇口工业区也曾经是深圳经济的一个发源地。蛇口工业区地处深圳南头半岛东南部，东面是深圳湾，西面为珠江入海口，隔着一道狭窄的海湾与香港元朗相望。实际上，蛇口办工业区之前只是一片荒芜之地。蛇口工业区炸山填海、兴办实业、创新模式，打响了改革开放第一炮。1979 年，招商局集团旗下招商蛇口成立，同年 7 月 20 日蛇口工业区正式运作。

二　罗湖口岸的历史见证

罗湖口岸是深圳最早的口岸，其历史可追溯至20 世纪初。1906 年，罗湖铁路桥开始兴建，取代原先的木板桥，广九铁路作为内地通往香港的唯一铁路大动脉。伴随着香港与内地交往加快，1950 年，深圳火车站得以建设，使得罗湖距离香港仅一桥之隔。同年 7 月 1 日，罗湖口岸经中央批准，成为国家对外开放口岸，是改革开放前深圳唯一的陆路口岸。罗湖口岸地区因而成为深港之间主要的交通集散地，大量人流聚集于此。从那时起，罗湖口岸就成为新中国的“南大门”，成为中国对外的重要窗口，也是中国对外开放程度的一把标尺。一个城区拥有了口岸，不仅意味着对外往来交流日益频密，更为区域经济带来活力。因为连接广九铁路，交通便利，人口聚居较多，当年的深圳火车站就发展成为深圳的商贸物流中心，大量的香港人通过口岸来到深圳消费、经商。

三　罗湖商业中心的形成

1980 年，深圳经济特区成立。由于靠近香港，罗湖与香港一衣带水、一桥相连，是外商进入深圳后的第一站，深圳要成功进行招商引资，首先要建设罗湖。随着深圳火车站东广场的扩大，新的联检大楼建设以及此后20 多栋高层建筑的开工，震撼全国的深圳特区建设全面铺开。

深圳以东门、人民南、蔡屋围商圈为主逐渐建设起深圳商业中心。最初的深圳东门，只不过是周边几个村庄的共同集市，主要的商户是一些小商小贩，经营小吃、杂货等小商品。随着时代的发展，这里逐渐演变成一个固定的通商地点，成为周边地区的商业中心。深圳成为经济特区之后，借助改革开放的东风，东门在批发市场的集聚效应下，街衔成市，商业繁忙，由过去的集市蜕变为一个现代商业物流中心。

20 世纪 80 年代初，深圳国商率先在人民南路开了一家数千平方米的商场，由于地处罗湖口岸，国商当时被誉为“国门第一商”。1985 年底，罗湖区国贸大厦竣工，以“三天一层楼”刷新了中国建筑史上的新纪录，成为“深圳速度”的象征。国贸建成后，引进了全国第一家免税商场，吸引了大量的消费者。由于与深圳火车站、香港的距离较近，使得不少外资公司，特别是物流、金融、地产等，都逐渐集中在人民南片区。

此后，深圳商业中心区扩展至蔡屋围片区。在这一片区 1995 年建成有地王大厦，当时曾是亚洲第一高楼，取代国贸大厦成为深圳新地标，总高度 383.95 米，带动蔡屋围片区成为深圳中央商务区。蔡屋围片区当时发展成为深圳名副其实的金融中心区，布局有深圳发展银行大厦，还有人民银行深圳分行、工商银行深圳分行、农行深圳分行、建行深圳支（分）行和深圳证券交易所等重要金融机构，附近还有深圳大剧院、深圳书城、荔枝公园等重要公共设施。

东门、人民南、蔡屋围是罗湖也是深圳最早的商圈，共同构成当时深圳的城市中心，承载着深圳改革开放初期城市发展的轨迹（见图 1－1）。

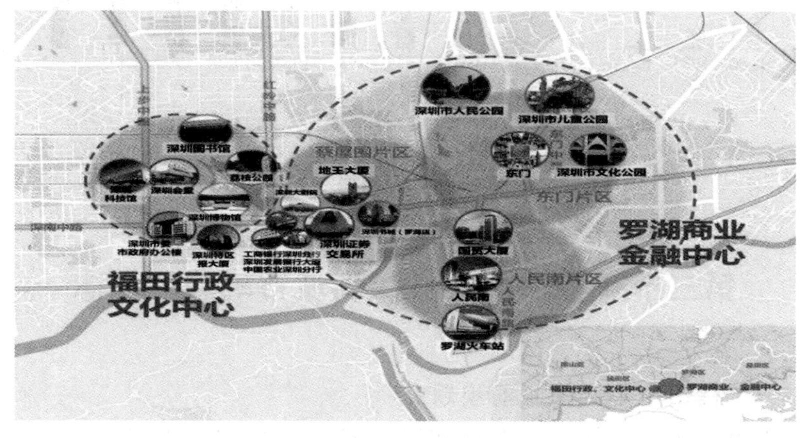

图 1－1　20 世纪的罗湖中心

四　早期深圳经济起飞

深圳特区建立初期，充分发挥罗湖毗邻香港的优势，以发展外向型经济为目标，大胆利用中央赋予的一系列特殊政策和灵活措施，从大力发展出口型农业，到积极引进“三来一补”企业，迅速开启特区经济建设进程。

20 世纪 70 年代末，香港大量劳动密集型制造业开始转移。深圳依托罗湖毗邻香港的区位优势以及经济特区政策、税收等方面的优势，承接香港的加工装配订单，吸引大量“三来一补”企业到深圳落户，大力发展加工制造业，与香港形成了“前店后厂”的关系。因此，从 1980 年到 1992 年，深圳市经济高速发展，在较短时期积累了大量资金，城市建设突飞猛进，本地生产总值以年均 30% 左右的速度增长，以“深圳速度”实现了早期深圳经济的起飞（见图 1－2）。

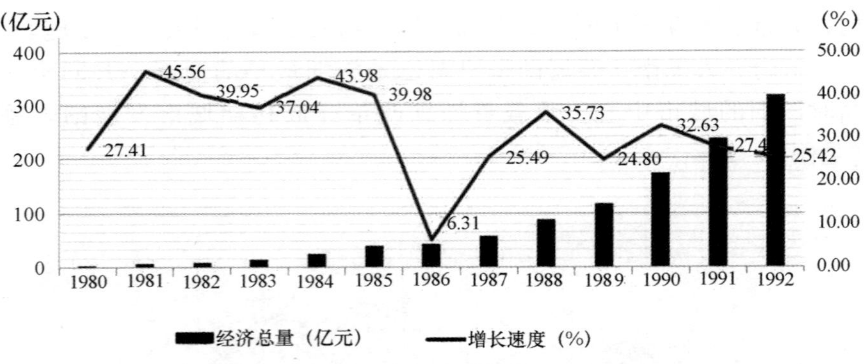

图 1－2　深圳经济增长态势（1980—1992）

第二节　福田中心：深圳城市崛起的标志

一　福田中心区的超前规划

福田中心区是从一片农田和滩涂发展起来的。福田中心区规划具有前瞻性和创新性，为深圳高速的城市建设和发展起到了很好的支撑和推动作用。1980 年对福田中心区进行开发之前，片区内当时只有岗厦村原居民居住和生活，深圳市经济特区城市发展纲要讨论稿在一片农田、鱼塘的位置上规划选址了未来城市中心，当时是规划建立一个以吸引外资为主的工商业中心，安排对外金融、商业、贸易机构入驻，成为繁荣的商业区，并在适宜的地方布置一些商业网点，方便居民生活，规划用地 165 公顷。这是深圳历史上首次提出福田区为未来的金融商贸中心区，也说明福田优越的地理位置在改革开放早期就已经进入城市发展战略的计划里。1982 年《深圳经济特区社会经济发展规划大纲》进一步将福田中心区的功能明确为商业、金融和行政中心。1986 年 2 月《深圳经济特区总体规划》（1986 年版）完成，这是深圳第一版审批通过的城市总规，明确定位福田中心区是特区的主要中心，"重点安排在福田新市区的中心地段，逐步建成国际金融、贸易、商业、信息交换和会议中心，设立各种商品展销中心，经销各种名牌产品，形成新的商业区"。1986 年版特区总规进行了福田中心区的概念规划，确定了未来新的行政、商业、金融、贸易、技术密集工业中心在福田，在深圳版图上勾勒出了今天福田中心区的雏形。首先确定了福田作为深圳这座新兴城市的中心，并且是以金融、贸易商业为核心，也就确定了商务功能，会议中心和商品展销中心就为后来的会展中心做了铺垫，而最后形成商业区的表述就给如今中心城、中心书城等大型商业提供了建设条件。

20 世纪 80 年代末 90 年代初城市发展的重心依然在罗湖，对福田中心区只是做了超前规划。当时深圳处于大量征收农业用地的阶段，福田中心区的主要工作是储备土地，酝酿着发展。福田中心区规划主要是对福田区进行功能性的定位，对福田中心区的位置、范围及最终的产业高度还没有最终确定下来。

二 福田中心区建设历程

20 世纪 80 年代轰轰烈烈的建设，使得到 90 年代罗湖的商业、办公用地已接近饱和，城市扩张使得城市中心逐步向福田靠拢。1990 年，福田区正式成立。1989 年到 1991 年，福田中心区经历了两次规划设计竞赛，1992 年在综合四个方案基础上，《福田中心区详细规划》提出了其作为深圳 CBD 的发展性质，强调和深化了福田中心区中轴线和方格形路网的整体结构。中心区由滨河大道、新洲路、莲花路和彩田路四条城市干道合围而成，行政办公和文化设施布置于深南路北，CBD 核心区布置于深南路南、滨河路以北地带，并提出了福田中心区开发的三种方案。综合国际国内经济发展、深圳城市结构和空间分布、深圳产业结构调整、深港关系等各方面因素，基于分析预测，中心区公共建筑和市政设施按高方案（1235 万平方米）规划配套，建筑规模总量取中方案（960 万平方米）控制实施。1993—1996 年是福田中心区市政道路工程建设最快速最集中的阶段，1993 年中心区正式动工土地开发和市政工程建设，1994 年道路构架基本形成，1995 年陆续有单体建筑竣工，中心区 80% 的市政道路完成“七通一平”，主次干道路网基本成型。至此，福田中心区的基础设施基本建设成型，市场投资第一代商务写字楼启动。至 1997 年，深圳市规划建设部门已按规划完成了福田中心区道路及立交工程、地下管线工程、用地平整及土石方工程，部分建筑项目已按具体城市设计和建筑方案逐步实施，为中心区开发奠定了良好基础。

90 年代中期，深圳把握住国际上 IT 产业、信息产业的发展趋势，发展以电子信息为主的高新技术制造业，产业结构提升，经济全面发展，福田中心顺势进入高速发展期。1996 年出台的《深圳市城市总体规划（1996—2010）》，规定福田、罗湖两个城市中心区，划定福田中心区南部 130 公顷的中央商务区是建设的重点。为了确认福田中心区的结构，解决 CBD 和市民中心、图书馆、音乐厅等一系列建筑的方案，根据深圳市城市规划委员会的提议，深圳市政府联合规划部门举行了中心区核心区（沿中轴线 19 公顷范围）城市设计及市民中心方案的国际咨询。1998 年 12 月 28 日，中心区六大重点工程，包括市民中心、图书馆、音乐厅、少年宫、电视中心、地铁一期水晶岛试验站破土动工，标志着福田中心区从此由规划中的宏伟蓝图变为现实，中心区从此进入到紧张而有序的大规模全面建设之中。

1999年市政府在福田中心区投资建成了中国高新技术成果交易会（深圳）会馆的临时建筑，举办了首届高交会，获得了巨大成功，为中心区的建设拉到了更多市场投资，这也成为深圳会展业的里程碑，将深圳的美名传播到海内外。2000年，深圳GDP首次突破2000亿元人民币，随后几年成为中心区商务办公楼建设的重要时期，掀起了CBD商务办公楼投资建设高潮。由于高交会的蓬勃兴起，只有3万多平方米的老高交会馆已经不够用，于是，集展览、会议、商务、餐饮、娱乐等多功能于一身的新的会展中心也在福田中心区拔地而起。会展中心动工后，香格里拉、四季酒店、丽思卡尔顿酒店和嘉里建设广场、凤凰大厦等重要配套和新一代写字楼等也进入实质性动工阶段。2004年初，市民中心落成，市政府的21个单位陆续从罗湖老城区迁至福田新区市民中心办公。随着市政府、图书馆、音乐厅、少年宫等大型公共建筑的投入使用，众多摩天大楼的竣工和总部企业迁入，福田中心彻底奠定了其深圳中心的地位（见图1-3）。

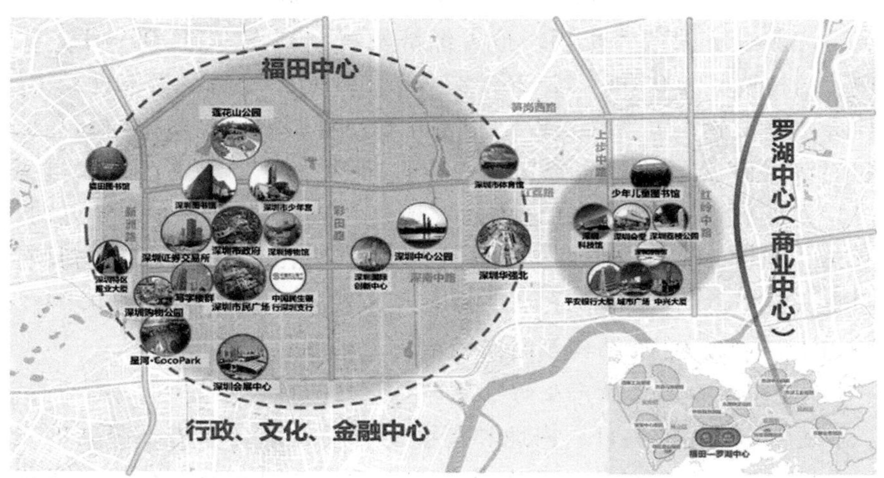

图1-3　21世纪的福田中心

福田中心区是深圳经济特区第二个十年的重点开发地区，是深圳建设现代化国际性城市、区域经济中心城市和园林式花园城市的最重要功能区，优越的地理位置和超前的规划使得中心区 CBD 迅速发展成为代表深圳形象的最有活力的商圈。

三　福田区中心区功能的形成

（一）福田区产业结构的调整

1992 年第一届福田区委、区政府确立了“高起点建设、高速度发展”的“两高战略”，以外向型先进工业为基础，以房地产和商贸业为支柱，电子工业链条基本形成，商业、房地产业、旅游业和交通运输业等第三产业全面发展，成为经济的主导行业，三次产业结构呈现“三、二、一”格局。

进入 21 世纪，经济结构趋于稳定，第一产业继续萎缩，第二产业趋稳呈下降态势，第三产业不断上升。2005 年全区地区生产总值突破千亿元大关，三次产业结构调整为 0.01 ∶ 32.29 ∶ 67.70。2006 年福田区第五次党代会提出“1 + 3”高端经济发展架构，即走以总部经济为龙头，以高新技术产业、高端服务业和文化产业为支柱的产业高端化发展道路。规划“环 CBD 高端产业带”，进一步突出产业经济的载体作用，抢占经济发展制高点。到 2009 年三次产业结构调整为 0.04 ∶ 12.26 ∶ 87.70。2010 年之后，为推进经济、社会协调发展，争当率先转变发展方式、建设现代化城市的标兵区和创新政府服务体制先锋区，福田提出建设“首善之区，幸福福田”发展战略，在经济建设方面，构建“以服务经济为主导方向，总部经济和现代服务业为主要形态，楼宇经济为重要载体”的具有中心城区特色的经济格局。到 2018 年三次产业结构调整为 0.04 ∶ 5.94 ∶ 94.02，产业结构不断向轻型化、高端化发展。

（二）中心区金融产业的集聚

随着 CEPA 的签订，内地和港澳地区的经济合作进入了新的发展阶段，港澳地区的许多服务业部门需要向内地转移，促进了福田中心区金融业的快速发展。

深圳市委、市政府明确在福田中心区安排金融发展用地达 13.3 万平方米，专门用于引进大型金融机构总部进驻。同时借助深圳证券交易所迁建的契机，在福田中心区搭建金融业市场交易平台，强化证券、保险、基金、期货等产业，人流、物流、资金流、信息流等要素资源在空间上的集聚。通过金融业的集聚发展，提高投资资本的集聚能力与区域的对外辐射能力，建设保险、证券、基金等机构集聚中心，同时承接港资、外资金融机构的部分后台业务。招商银行、兴业银行、东亚银行、法国东方汇理银行、新华保险、东安保险等一批从事银行、证券、基金、期货的金融投资公司纷纷落户福田中心区。继平安集团、中信银行等金融机构相继在中心区拿地后，生命人寿、国银金融租赁、中国人寿、民生金融租赁等金融机构 2009 年也成功竞得中心区用地。至此，已有 15 家金融企业或集团总部在中心区拿地。截至 2009 年底，中心区共有金融机构总部（含区域总部）111 家。随着平安国际金融中心奠基、深交所大楼紧锣密鼓建设、中信证券总部迁入，CBD 成为名副其实的区域金融中心，金融业规模和实力举足轻重，银行总部及分支机构、证券公司总部、保险公司总部和期货经纪总部云集，形成了由货币市场、外汇市场、黄金市场、证券市场、期货市场、保险市场和风险资本市场构成的完善金融体系。

2010 年，福田区明确提出，充分利用现有契机，研究、协调落实对金融行业的优惠政策，吸引更多的金融机构和人才进驻。2010—2015 年，中心区迎来总部金融进驻的小高潮，新引进摩根大通银行、华美银行等金融机构区域总部 21 家，新增建设银行、华夏银行 2 个总行级创新研发中心。国内众多排名前列的金融机构落户，平安保险、招商银行进入世界 500 强之列，博时基金、南方基金跻身全国资产管理规模前十大基金公司，中信证券成为国内规模最大的综合类证券公司。中心区总部金融优势明显，机构集聚效应凸显。

第二章　南山—前海中心的建设

从蛇口炸响中国改革开放的“开山炮”，到自贸区、高新区等的落地，南山一路高歌猛进，走出了越来越宽广的高质量发展之路，GDP 从 1990 年建区时的 78 亿元发展到 2018 年的 5018 亿元，增长超过 63 倍，人均 GDP 接近 5.5 万美元，每平方公里税收超过 8 亿元。南山区是深圳科研、教育的中心，深圳大学城和高新科技产业园皆坐落于此，随着后海中心区、深圳湾超级总部基地、留仙洞总部基地等重点地区的发展，以及前海—蛇口自贸区的加快建设，南山—前海的城市中心地位和功能呼之欲出。

第一节　南山：深圳的科技创新引领区

一　南山科技园：深圳创新引领区

南山科技园于 2001 年开始大规模投资建设，逐渐发展成为深圳市科技、信息、人才资源最密集的区域之一，是以市场为导向，集高新技术的研发、高新技术企业的孵化、创新人才的吸纳与培育于一身的国家级大学科技园，是中国极具特色的科技园，是国家科技部“建设世界一流科技园区”发展战略的 6 家试点园区之一。早在 2012 年，南山科技园每平方公里的产值（GDP）就达到了 100 亿元，单位土地产值全国第一。

南山科技园成为深圳乃至全国的科技创新核心，引领着中国高科技产业发展。可以说，没有南山科技园，就没有深圳今天的成绩和影响力。南山科技园自创建以来，一直坚持自主创新，倡导“敢于冒险、勇于创新，宽容失败、追求成功，开放包容、崇尚竞争，富有激情、力戒浮躁”的创新文化，形成了“官产学研资介”相结合的区域创新体系。南山科技园企业研发生产的具有自主知识产权、自主品牌的产品在国内外具有广泛影响，成为深圳市自主创新的主要特征。如今，科技园已形成了通信产业群、计算机产业群、软件产业群、医药产业群、新材料产业群、光机电一体化产业群，吸引了1000多家高级新技术企业，并集合了大约10万名高科技人才，发展出腾讯、中兴通讯、大疆创新、光启、研祥、联想、TCL等诸多知名企业。南山科技园形成了由政府、院校、留学生协会等共同创办的多元化、专业型、互动式孵化器群，为“创业板”和“新三板”市场培育了一批优质的企业资源，“南山科技园孵化器联盟”进一步聚合创新资源，推动区内中小科技企业快速成长，产业园区“创业投资服务广场”为高科技企业提供投融资与创业服务。科技园汇聚了50多所海内外著名院校的深圳虚拟大学园，依托大学的有效人才、有效技术，在有效环境下形成有效贡献，已成为高层次人才培养、重点实验室建设、科研成果转化和产业化基地。南山科技园多年来坚持以市场为导向、以企业为主体，积极探索科技和金融结合的途径和方式，较早地开展了创业投资、私募股权投资、科技投融资体系、科技金融产品创新、科技金融合作平台等创新尝试。目前，科技园形成了由境内外证券交易所、银行分支机构、证券营业部、国内外知名创投私募基金公司、担保评估机构、律师会计师审计师事务所等组成的投融资服务体系，为企业提供多层次、全方位、多元化、一条龙的投融资服务，实现了科技与金融的渗透和融合。

作为国际科学园协会成员单位和亚太经合组织科技园区，科技园设立了“深圳国际科技商务平台”，目前已有超过30个国家和地区的海外机构入驻国际平台。南山科技园已经成为国家级高新技术产品出口基地、亚太经合组织开放园区、国家知识产权试点园区、中国青年科技创新行动示范基地、国家火炬计划软件产业基地、国家海外高层次人才创新创业基地、科技与金融相结合全国试点园区以及国家文化和科技融合示范基地，为建设“国家创新型城市”提供了坚实保障。

二　西丽大学城：深圳知识创新高地

作为深圳高等教育事业的“起步区”，南山聚集了全市70%的高科技创新资源，西丽大学城是深圳高校较为集中的重地。自2012年以来，深圳通过自主举办、引进国内外名校合作举办，加快创办新高校。目前，西丽大学城已有深圳大学西丽校区、南方科技大学、北京大学深圳校区、清华大学深圳国际校区、中国科学院大学深圳校区、哈尔滨工业大学（深圳）、暨南大学深圳旅游学院、清华—伯克利深圳学院、深圳职业技术学院及清华大学深圳研究生院、北京大学深圳研究生院、哈尔滨工业大学深圳研究生院、中国科学院深圳先进技术研究生院、深圳华中科技大学研究生院、武汉大学研究生院、香港理工大学研究生院、香港科技大学研究生院、香港城市大学研究生院等至少18所高校。此外，上海交通大学也将在西丽设立学区，天津大学—佐治亚理工学院选址白石岭片区，这些高校的落成将助推深圳西丽大学城成为中国特色高等教育的试验区、国际合作办学的先导区。

西丽大学城作为深圳重要的教育文化基地，叩开了片区国际化的大门，成为一张极具特色的“深圳名片”。作为深圳的知识高地，西丽大学城凭借自身的特色优势吸引了一大批学历高、知识新、实力强、有活力、富有创新实干精神的中青年学者。

2016年9月，南山开始规划建设环西丽湖科教城，统筹整合深大、南科大、北大、清华、哈工大、天大—佐治亚、清华—伯克利等高校资源，引进一批诺贝尔奖科学家实验室。大学城从占地1.54平方公里扩容到3平方公里，为国内外著名高校的落户、国家重大科技基础设施的布局，提供了空间资源。一个“升级版”大学城成为南山区科技创新发展的新引擎。

三　深圳高新技术产业先行区

南山是科技创新中心的中心，深圳6大总部基地其中4个位于南山（后海中心区总部基地、留仙洞片区总部基地、深圳湾高新区总部基地和深圳湾超级总部基地），占了一半以上的总部基地的建设。南山为广东省经济第一大区，2018 年每平方公里土地产出 GDP、人均 GDP 分别是全市平均水平的 2.2 倍、1.8 倍。南山经济走在前列的背后是南山强大的创新科技实力及高新技术产业的蓬勃发展。

在中国创新百强区名单中，南山位列榜首。2018 年，南山区研发投入占 GDP 比重达 4.71%；国内专利申请量达到 6 万件，累计国内有效发明专利 5 万件；每万人发明专利拥有量 356 件，是深圳市的 4 倍，全国的 32 倍；PCT 国际专利申请量 7055 件，占全市的 39%，占全国的 12.8%。获得中国专利金奖 1 项，中国优秀专利奖项 20 项，中国外观设计优秀奖 5 项，版权金奖 1 项。

南山区高新技术产业起步早、成效显著。南山以不到全市 1/10 的土地，创造了全市 1/5 的 GDP、1/4 的高新技术产品产值、1/3 的战略性新兴产业增加值。南山区 2018 年新增国家高新技术企业逾 600 家，总数超 3500 家，占全市总量的 28%，上市公司 146 家，企业数量超过了四川、福建等大省。

南山区以市场为导向，以企业为主体，促进科技与市场紧密结合，成功组建了一批新型研发机构。南山区抢抓深圳科技创新“十大行动计划”机遇，继获批国家首批双创示范基地后，中科院深圳先进院、腾讯入选国家级“双创”示范基地，占全市的 2/3。南山在创新平台方面吸引了国际巨头在此设立研发机构，包括苹果、高通等。ARM（中国）总部、埃森哲全球创新中心、雀巢深圳研发中心、空客亚太唯一创新中心落户南山。南山还集聚了联合国教科文组织高等教育创新中心、国家技术转移南方中心、鹏城实验室（深圳网络空间科学与技术广东省实验室）等一批重量级载体。南山区知识产权服务机构已逾 70 家，维正知识产权集团、布林克斯律师事务所等国内外著名服务机构落户南山，知识产权密集型企业及优质服务机构集聚效应显著，不断促进南山区知识产权要素资源优势迅速转变为产业优势和竞争优势。

南山不断巩固战略性新兴产业和未来产业发展优势，抢占云计算、大数据、5G 通信、虚拟现实、人工智能等前沿技术产业化先机。南山在全球布局建设国际化开放创新中心，建立南山区在海外的技术转移、成果转化、人才交流、国际合作的窗口，以“直通车”机制引导资本、技术、人才、产业汇聚南山。同时支持区内领军企业“海外筑巢”，建设国际研发中心、销售中心、运营中心、生产基地，增强国际竞争力，扩大国际市场份额；鼓励区内机构“走出去”，服务国家“一带一路”倡议，积极参与国际科技合作与竞争；联合国际著名孵化器，建设区内国际技术转移和孵化中心，实施“国外孵化、国内加速”战略，加快新兴产业培育和发展。

多年来，南山区以企业创新为主体，依托企业间的物质、资金、技术等形成“企业链”；由龙头企业带动，形成上下游完备的“产业链”；以技术创新、产品创新、品牌创新、产业组织创新、商业模式创新等形成“创新链”；从融资平台、股权投资及投融资体系方面着手，构建“投资链”；坚持“软环境”“硬环境”一起抓，营造一流营商环境，完善“生态链”。南山区通过有形的手，撬动市场无形的手，把“五链”有机融合在一起，形成相互依存、链条完整的专业性闭环，推动全区经济绿色、高质量发展。

第二节　前海开发建设

前海，地处深圳蛇口半岛西侧，珠江入海口东岸，具备得天独厚的海、陆、空区位优势，通过深港两大世界级港口和机场，连接全球和中国各大城市，实现国际国内城市无缝衔接。前海合作区全称为前海深港现代服务业合作区，由桂湾、前湾、妈湾三个片区组成，位于已报批的《深圳市城市总体规划（2008—2020）》中所确定的深圳城市“双中心”之一“前海中心”的核心区域。前海合作区现规划面积28.2平方公里，分为15平方公里的前海合作区和13.2平方公里的蛇口区块。其中，蛇口全称为招商局集团蛇口工业区。前海重点发展高端服务业，发展总部经济，打造区域中心，并作为深化深港合作以及推进国际合作的核心功能区。

一　前海：特区中的特区

深圳改革开放后发展的多年也是深港区域经济合作的多年，在香港的辐射带动下，深圳迅速从一个边陲小镇发展成为一座现代化大城市，成为影响最大、建设最好的经济特区，然而香港的体制和制度资源在很大程度上是作为内地经济增长的外生变量，而没有成为社会发展的内生要素，深港合作的层次和水平还需进一步提升，深港合作迫切需要由“依靠香港”向“服务香港”“合作共赢”转变。开发开放前海是国家基于全局视野、战略思维，促进区域协调发展、深化改革开放的战略决策，是深圳继续先行先试、担当科学发展排头兵的重要举措。2010 年 8 月，国务院正式批复《前海深港现代服务业合作区总体发展规划》，确定以金融业、现代物流业、信息服务业、科技服务及其他专业服务为重点产业，积极打造现代服务业集聚区。2012 年 6 月，《国务院关于支持深圳前海深港现代服务业合作区开发开放有关政策的批复》给予前海 22 条先行先试政策。深圳本身就是计划单列市，而前海实行比经济特区更加特殊的先行先试政策，前海合作区也享有计划单列市的行政定位，因而前海合作区也是特区中的特区。

前海合作区是 2009 年以来国务院批复的第 15 个发展规划区域，也是区域面积最小、开放程度最高、体制机制最新、先行先试空间最广、产业发展潜力最大、支持保障措施最优的发展规划区域。作为国家战略，前海的开发开放具有特殊意义，在“一国两制”框架下，“先行先试”，探索现代服务业创新发展的制度变迁的路径，从而带动整个社会运行体制机制的制度创新，并以制度创新的绩效示范全国，推动中国社会改革开放的伟大事业向纵深迈进，是前海深港合作区担负的特殊使命。为此，国家明确前海叠加承担着一系列独特的战略使命：前海是现代服务业体制机制创新区、现代服务业发展集聚区、香港与内地紧密合作的先导区、珠三角地区产业升级的引领区；前海还是国务院批复的中国金融业对外开放的试验示范窗口、跨境人民币业务创新试验区、社会主义法治示范区、深港人才特区（国家人才管理改革试验区）；在国家建设丝绸之路经济带和 21 世纪海上丝绸之路的战略布局中，前海是重要的战略支点，在推进跨境人民币业务创新、搭建国际交流合作平台中发挥着独特的作用。

打造"特区中的特区"将新一代经济特区的探索推到了历史的前面，前海合作区的创建，使合作从单纯的要素流通领域，进入决定要素流动的制度层面，开辟了深港合作的一个崭新并具有挑战性的模式，奏响中国改革开放的时代强音。

二　前海建设成就

前海已经成为国内发展速度最快、效益最好、质量最高的代表性区域之一。2018 年，前海蛇口自贸片区注册企业增加值 2510 亿元，增长 23.6%；全年税收收入增长 30.3%；固定资产投资增长 8%；完成实际利用外资 45.08 亿美元，增长 1.3%。其中前海深港现代服务业合作区注册企业增加值 2000 亿元，增长 30.9%；全年税收收入增长 31.1%；固定资产投资增长 6.9%。全年新增注册企业 20236 家，新增注册资本 5730.1 亿元，累计注册企业 17.49 万家，开业运营 7.92 万家，开业率达 45.33%。包括世界 500 强新增设立企业 42 家，总量达到 356 家；内地上市公司新增投资设立企业 34 家，总量达到 994 家。纳税千万元以上企业 439 家，纳税亿元以上企业 50 家。前海贸易规模实现两个"千亿"，2018 年自贸片区进出口总值 1152 亿美元，增长 30%；保税港区进出口总值 157 亿美元，折合人民币约 1065 亿元，增长 143%，单位面积产出首次超千亿，在全国 140 个海关监管区域位居前列。

前海坚持以制度创新为核心，改革开放"试验田"功能持续提升。2018 年，前海新推出 95 项制度创新成果，累计推出 414 项制度创新成果，其中 11 项制度创新成果在全国复制推广。在广东自贸区三周年制度创新 30 个最佳案例中前海有 18 个入选，广东自贸区新一批 75 个制度创新案例中前海有 33 个入选，第三批 48 项改革创新经验已向全市复制推广。中山大学自贸区综合研究院评估显示，前海蛇口自贸片区制度创新指数位居全国第一，政府职能转变和法治环境两项指数全国第一。全国首个 VR 办税厅、"保税 + 社区新零售"模式等 15 项标志性制度创新成果，有力彰显了前海"制度创新策源地"和"改革开放试验田"的作用。同时，前海对标最高最好最优，推进营商环境改革，深入落实深圳营商环境改革 20 条，对标世界银行营商环境指标体系 10 大类指标，推出前海打造最佳营商环境改革行动 32 条；落实“证照分离”改革，改革经验全市复制推广；完成相对集中行政许可权改革试点工作。

在推进法治建设和法治创新方面，研究制定法治建设示范区先行先试若干举措，发布国内第一部自贸区法治建设蓝皮书，最高人民法院第一国际商事法庭、中国（深圳）知识产权保护中心等国家级重大平台落户；金融法庭、知识产权法庭正式运行；深圳国际仲裁院被纳入国家首批“一站式”国际商事纠纷多元化解决机制，前海成为全国唯一同时拥有“具有终审权的国际商事法院”和“一裁终局效力的国际商事仲裁机构”的自贸区；“一带一路”法律服务联合会等法治创新举措在全国全省推广；华南地区仅有的两家外国律师事务所驻粤代表处落户前海。

人才管理改革和深港人才特区建设成效初显。前海在全国范围内率先实现港澳居民免办就业证，实现港澳居民在前海缴存住房公积金，被国务院港澳办在全国复制推广；率先颁发全省首张技术人才积分绿卡，完成全省首例外籍技术人才积分办理永久居留身份证；国际人才服务中心投入实际运营；修订境外高端人才和紧缺人才个税补贴办法及认定办法。

前海加快推进高质量发展，出台人才引导、总部扶持、现代服务业综合试点、办公用房租金补贴等政策文件，进一步完善“2 + 3 + 6 + N”产业政策体系。在推动金融开放创新服务实体经济方面，前海获批金融综合监管试点、资本项目收支便利化试点等两项国家级试点；推动融资租赁、商业保理、资产跨境转让、金融科技、绿色金融等重点金融领域创新实现新突破。前海还着力防范和化解金融风险，打造前海鹰眼系统，首创央地协同监管模式，金融风险防控形势平稳向好。在优化现代服务业结构方面，目前，前海已获批国家供应链创新与应用试点区域，推动顺丰、越海供应链等 9 家企业设立大数据公司，亚太供应链管理中心初现雏形；推进科技及其他服务业发展，加快推进科技创新，全年自贸片区企业授权各类专利 5702 件，增长 24.9%，创新步伐进一步加快。

三 前海新中心的兴起

前海在制度创新、产业发展、深港合作、新城建设等方面均取得了良好的成绩，为前海合作区规划目标的实现奠定了坚实基础。党的十九大后，前海的开发建设站在了新起点上，前海将集中优势资源，形成全面发力、纵深推进城市新中心的建设格局。

前海制订了城市新中心建设三年行动计划，提出“三年三步走、一年一个样”的年度建设计划，重点突出和强化城市新中心的功能与要素，增强城市新中心的人民性，补齐民生的短板，推进绿色发展，实现从基础设施建设向城市功能塑造转变，从自贸新城建设向城市新中心建设转变，从高速建设向高质量发展转变。通过城市功能塑造、城市形象提升、城市民生建设、城市产业发展、综合交通建设、资源保障建设、智慧城市建设等分项建设计划，到 2020 年，打造成基础设施完备、现代服务业集聚发展、城市功能基本完善、辐射粤港澳大湾区的国际一流城市新中心；争取在 2035 年全面建成基础设施完善、经济文化繁荣、城市管理高效、生态环境优美的城市新中心，成为比肩纽约、伦敦、上海的卓越全球城市新中心。

第三章　深圳特区内外一体化

第一节　“春风不度二线关”现象

一　“二线关”的建设

“二线关”源于特区管理线，特区管理线是依法建设的深圳经济特区与内地之间陆上的隔离设施。这条管理线被称为“二线”，只有分布在管理线上的检查站可以通行，而这些检查站被称为“二线关”。特区管理线将深圳划分成两部分，特区管理线以北通常称为“关外”，特区管理线以南为“关内”。

1980年8月26日，第五届全国人大第十五次会议审议批准建立深圳、珠海、汕头、厦门四个经济特区。为使经济特区的政策得到具体落实，1981年7月，中共中央、国务院在批准《广东、福建两省和经济特区工作会议纪要》中明确，“海关对特区进口货物、物品，要给予特殊的关税优惠。特区与非特区的分界线进行严格的管理控制之后，凡经批准进口供特区使用的生产资料和消费资料，除烟、酒按最低税率减半征税，少量物品照章征税外，其它均免征关税。特区运往内地的货物、物品，应按一般进口的规定征税”。根据这一精神，国务院在深圳经济特区与内地之间建设了深圳经济特区边界管理线。1982年6月，国务院92号文正式批准设立深圳经济特区边界管理线，国务院、广东省和深圳市共同出资启动了深圳经济特区边界管理线的建设。1986年2月22日，广东省六届人大常委员会颁布《深圳经济特区与内地之间人员往来管理规定》。同年3月，深圳市人民政府颁发了《深圳经济特区与内地之间人员往来管理规定实施细则》。这两个地方法规的颁布实施为特区管理线进行管理提供了法律依据。1986 年 4 月 1 日，深圳经济特区管理线全面实施管理，特区管理线管理部门对进入特区人员和车辆实行筛网式检查，人员往来特区一律凭边境通行证进入，特区管理线管理为开创阶段的特区提供了社会稳定保障。

1985 年 2 月，特区管理线正式投入使用，东起大鹏湾畔背仔角，西至南头安乐村，由铁丝网、巡逻公路、执勤岗楼、居民耕作口、公路检查站、海关查验场等组成，并辅以高压供电、低压照明、通信、供水等设施。全长 126 公里，沿途以巡逻公路及高 2.8 米的铁丝网分隔，90.2 公里武警部队巡逻公路，近 200 个武警执勤岗楼。公安边防部门负责海上和特区管理线的巡逻和人员往来特区的证件查验任务，海关部门负责特区运往内地物资的税收征缴任务。特区管理线沿线设有荔山、留仙洞、牛城、白芒、大王坑、麻勘、大坎、大坎东、福林村、长岭皮、长岭皮东、布吉鸡场、樟輋口、新屋吓、新村果园、大望、新田仔、横排岭、西坑、坜背、小三洲、大水坑、安乐口、安乐涌等 24 个耕作口（俗称“小关口”），以便于居民出入耕作；在隔离线上设立了蛇口（码头）、南头、白芒、同乐、梅林、布吉、沙湾、盐田坳、溪冲、背仔角共 10 个检查站。这样，深圳有了“关内”“关外”之分。“关内”是特区，包括罗湖、福田、南山、盐田 4 个区的范围，东起大鹏湾畔背仔角，西至珠江口安乐村，南与香港新界山水相连，北靠梧桐山、羊台山脉，面积 395.81 平方公里；“关外”就是当时特区外的宝安、龙岗两区，总面积约 1600 平方公里。

二　“二线关”设立的背景和意义

深圳特区是国家唯一进行设防管理与内地相对隔离的特区，特区管理线设立是基于深圳特区当时所处特殊社会背景、特殊地理环境和其本身所承载的历史使命。特区管理线所隔离的深圳经济特区是中国改革开放的试验场，其对特区的稳定、港澳的回归以及中国推行市场经济的探索有着重要意义。首先，1979 年建市前，深圳仅是一个工业基础薄弱的农业县，且以“政治边防”为主，其经济水平与一河之隔的香港无法可比，中国内地与香港的巨大反差诱发了非常严重的内地居民偷渡外逃香港现象。这给深圳、香港造成了严重的社会负面影响，深圳香港边境地区社会局势动荡不安。设立特区管理线既避免特区经济开发冲击港澳地区，又防止偷渡潮和各种内地犯罪活动影响香港，减轻了粤港边境管理线压力。其次，肩负中国经济体制改革试验场的防卫任务。兴办经济特区是中国开始步入建设社会主义的重大战略转折点，试办深圳特区成败事关国家大局，深圳需要一个相对独立的空间进行一场经济体制改革。深圳特区地理位置特殊，地处粤港澳边境地区，国家用一道铁丝网将深圳特区与内地人为隔开，主要目的是在划定的试验区集中精力、大胆尝试进行改革试验。深圳特区作为建设社会主义市场经济体制的试验田，管理线的设立为特区创造了一个稳定的社会和宽松的经济环境。最后，肩负实践“一国两制”伟大方略的历史重任，处于两种社会制度接合部的特区管理线存在的意义不仅在于创造和保持深圳特区良好的经济和社会环境，更在于保证香港回归以及保持香港长期繁荣稳定过程中发挥积极重要作用。

从实际情况看，特区管理线为深圳特区经济建设和社会发展发挥出重要防线作用。特区建设初始阶段，依赖特区边界管理线与内陆地区隔离。特区管理线将特区与内地有效地隔离开来，使国家试办经济特区的特殊政策得到了顺利实施；保证了特区稳定的社会局面，营造出良好投资环境；此外还有效地调节了进入特区人、车流量，缓解了特区内的交通压力和公共环境资源的恶化。二线检查站为深圳打击违法犯罪分子布下严密防线，许多在特区内作案的重案犯在企图逃离特区时都落网于二线检查站，因此特区管理线对维护深圳特区社会稳定功不可没。

三　“二线关”与城市发展的冲突

随着时间的推移、情况的变化和特区政策的调整，特区管理线对深圳城市整体规划、社会经济平衡发展等方面的负面影响也逐渐凸显出来。“二线关”所引发的“关内”“关外”的城市差别，造成了深圳二元城市结构。特区内外形成鲜明对比，特区内集中高标准建设、部分地区已经过度开发；特区外则分散建设、低效利用资源，普遍开发不足。总体上看“关内”“关外”发展极不平衡。

（一）“关内”面临发展空间约束

“关内”土地、空间出现不足。经过多年大规模开发建设，原深圳经济特区发展空间出现不足。2003 年深圳有关方面提供的资料显示，深圳特区内可开发利用土地面积只剩下 22 平方公里。“十一五”期间，原深圳经济特区发展空间已经面临突出的结构性短缺问题。而特区外尚待开发土地面积约有 219 平方公里。深圳要发展，必须向原特区外拓展，城市建设迫切需要突破特区管理线的空间约束。

（二）“一市两法”问题突出

1992 年，七届全国人大常委会第 26 次会议通过了《关于授权深圳市人民代表大会及其常务委员会和深圳市人民政府分别制定法规和规章在深圳经济特区实施的决定》，赋予了深圳特区以相对独立的立法权，特区可以根据实际情况进行立法，以解决经济发展以及社会管理中遇到的问题。2000 年 7 月 1 日，《中华人民共和国立法法》正式颁布实施，进一步明确了特区立法的地位，同时还赋予深圳“较大市立法权”。但特区立法只能在特区内施行，而不能适用于经济特区之外。由于原特区仅仅只是深圳市的一部分，导致整个深圳出现“一市两法”的现象。这使得政策相对更加优越的特区内部吸引了大量的资源，而特区外部发展艰难得多。

“一市两法”的现象，给执法和行政管理带来很多难题。如同样是闯红灯，特区内外罚款的力度不一样；同样是企业用工，特区内外工资标准不一样；同样是居民养老保险，特区内外也执行不同的标准。《消防条例》《土地管理条例》以及一些抵押贷款条例等，都存在特区内外法规不同的问题。

特区内外法律、法规适用上的不统一，造成了法制环境的差别，影响权益的同等保障，也阻碍深圳的全面协调发展，不利于行政管理、司法的统一。

（三）城市“二元化”现象明显

“二线关”的存在客观上促成了深圳二元城市结构，特区内外在经济发展质量、基础设施、投资环境、公共服务水平、法治环境、居民生活质量等方面存在着明显差距。长期以来，深圳的第三产业、总部经济、高端产业大多集中在原特区内，而特区外侧重于“三来一补”、加工贸易、村办工业园区等低端产业。2009 年，深圳全市生产总值达 8201.23 亿元，原特区内与原特区外生产总值比为 1.2：1，这意味着关外每平方公里产值仅相当于关内的 21.2%。

交通上，由于交通基础设施历史欠账较多，建设标准落后，路网不足，拥堵严重成为特区外交通的普遍现象。据统计，原特区内规划道路建成率近 100%，宝安只达到 70%，龙岗仅为 40%，特区内的每平方公里路网密度是 8.2 公里，而特区外仅为 5.4 公里，断头路主要集中在特区外。南北向二线关口普遍存在通道负荷太重的问题，特别是布吉、梅林检查站。特区外公交营运水平不高、线网覆盖率偏低，公交站台等配套服务实施标准较低且数量较少，公交场站数量少而规模不足，且多数为企业租借，特区外市政府投资建设投入使用的公交场站只有 3 个。特区内公交站点 500 米覆盖率已达 100%，特区外只有 76%。教育上，特区外学生人均预算内教育事业费低于全市平均水平 1000 元，特区内外学校布局不均衡。宝安区的三联社区面积 2.6 平方公里，户籍人口约 8500 人，但没有一所公办小学，仅有两所民办学校；而特区内的百花片区，在几平方公里的区域内就集中了深圳市实验学校幼儿部、小学部、初中部、中学部，同时还有百花小学、荔园小学、深圳艺术学校及长城幼儿园、蓝天一幼等多所幼儿园。医疗卫生上，每万人拥有病床数，深圳全市平均水平为 17.6 张，龙岗区仅有 9.4 张，其中布吉片区 150 万人，仅有一家 20 世纪 90 年代建成的二甲医院。而特区内的福田区，方圆 10 公里内就有 3 家三甲医院、3 家大型专科医院以及 10 家区级综合医院、民营医院。特区外床位数只占全市的 47%，医生数只占全市的 52%，但服务的人口占了 70% 以上，工作量也占了 60% 以上。

相比于交通、教育和医疗，特区外的文化体育设施及服务更为不足。深圳市级文化和体育设施多集中于原特区内各区尤其是福田中心区，特区外除大运会体育中心外，市级文体设施几乎为零。基层文体设施按常住人口的人均面积来算，特区外仅相当于原特区内的一半，文体事业经费投入特区外相当于特区内的1/3。

从实际效果上看，“二线关”将深圳分割为特区内外两重世界，特区内是高楼林立的现代城市，特区外则是非城非村的大工地，“二线关”的存在已经成为深圳市社会经济发展的绊脚石。

第二节　特区内外一体化建设

一　经济特区扩容

2009年5月，《深圳市综合配套改革总体方案》（简称《方案》）明确提出：“深圳将积极研究将经济特区范围延伸至深圳全市，解决‘一市两法’问题。”2009年9月，深圳出台《深圳市综合配套改革三年（2009—2011年）实施方案》，明确提出“拟定专项方案，向国家申报争取将经济特区范围延伸至深圳全市”。2010年5月31日，中央批准了深圳扩大特区版图的申请，深圳特区范围延伸至全市，宝安、龙岗以及光明、坪山正式纳入特区范围，这为深圳新一轮城市发展拓展了空间，为深圳特区内外一体化带来了契机。

二　特区一体化建设

2010年深圳市政府公布了《深圳经济特区一体化发展总体思路和工作方案》，方案提出了“三步走”战略，用十年时间基本实现经济特区一体化的总体目标。市委、市政府先后实施了两轮特区一体化建设三年实施计划：首轮计划于2010年至2012年实施，提出投资2789亿元用于原特区外地区基础设施建设；在2013年至2015年实施的第二轮计划中，深圳提出建设117个特区一体化重点项目，总投资超过2000亿元。深圳原特区外投资占到全市总投资的七成左右。这些投资重点用于补足基础设施和基本公共服务等短板，高水平高质量地推动新型城市化。在第三轮攻坚阶段，从2017年至2020年4年间，深圳市政府投资投向原特区外地区占全年政府投资的80%以上，总投资预计超过1万亿元，在城市交通、公共服务、资源环境、城市安全等领域实施268个配套重点项目。2018年1月，国务院同意撤销深圳经济特区管理线，这给特区一体化发展带来新的机遇。深圳市本级政府再向原特区外及特区一体化项目投资429.3亿元。通过经济、社会、民生领域大项目合理布局，全面促进特区一体化均衡化发展，争取到2020年全面实现特区一体化的目标。

（一）实现政策法规一体化

在经济特区范围扩大后，首先对原经济特区法规、规章如何适用原特区外地区的问题进行了全面清理。市政府法制办会同有关部门组织力量对暂缓施行的特区法规、规章进行了分类研究，需要修订的按法定程序进行修订、发布；已不符合现实情况、需要废止的按法定程序废止。针对原特区内外在部分公共政策方面存在差异的问题，市发展改革委会同相关单位，按特区一体化的要求，修订和规范相关政策，打造全市统一的公共政策平台。通过报纸、电台、电视台和政府在线等多种渠道，广泛开展经济特区一体化法制宣传教育工作，制定和完善执法流程，推进行政权力规范运作。如此，全市法规政策的一体化基本实现。

（二）基础设施一体化迈上新台阶

为均衡原特区外路网布局，进一步推动特区内外一体化发展，原特区外规划新增了宝鹏、宝坪及外环快西延三条东西向通道。其中，宝坪大道连通宝安、南山、龙华、罗湖、龙岗、坪山六区，贯穿深圳东西，全长53公里，建成后从宝安中心区至坪山中心区1个小时内可达。宝鹏通道建成通车后，能分流机荷高速、南坪快速的交通压力，有效缓解第二圈层东西向交通拥堵状况。在南北向道路方面，深圳规划建设侨城北延—龙观快速、龙坪盐通道等道路，并市政化改造盐坝高速、龙大高速和南光高速公路。完成新彩大道、坂银大道等跨二线走廊通道建设，建成坂雪大道、东明大道等一批干线性主干道。除了连通原特区内外的主干道外，原特区外每年都有一批断头路被打通，形成了“高快速路网、城市干道网、支线连通网”三层次干支协调的现代路网体系，切实改善了区域交通微循环，满足经济社会发展和市民交通出行需求。未来深圳将形成“十横十三纵”高快速路网，“串活”原特区内外。

以轨道交通为基础、常规公交为重点，原特区外交通出行环境得到极大改善。地铁1号线延长至机场东站，2号线、3号线、7号线、9号线、11号线建成运行，地铁6号线、8号线、10号线、12号线、14号线、16号线稳步推进。规划新增轨道33号线为东部至机场快线，14号线联系福田中心区与深圳东部片区，16号线主要惠及龙岗、坪山区域。龙华开通全市首条有轨电车，增强中心发展轴交通联系。通过深入实施常规公交“快—干—支”三层次线网规划，原特区外新开通和调整了数百条公交线路，2018年公交站点500米覆盖率增长至95.8%，打通了社区、屋村、工业区等公交微循环，公交网络结构全面改善。

同时，原特区外水、电、气等设施建设也全面提速。完成排污口综合整治工作，完成原特区外社区供水管网改造，供水水质全面达到生活饮用水卫生标准。适度调高原特区外地区的电力负荷指标，高压架空线进行入地化改造，新增高压电力线路一律采用地下电缆。加快原特区外燃气管网规划建设，大力提高了原特区外燃气管网覆盖率和居民管道气普及率。在原特区外地区进行信息基础设施工程、三网融合试点工程、无线城市建设工程和物联网应用示范工程建设，2018年，实现城中村光纤覆盖率达到95%。

（三）规划布局一体化迈上新台阶

推动城市空间布局向多中心、网络化、组团式结构方向发展。高标准推进光明新城、坪山新城、龙华新城、大空港地区、华为科技新城、国际低碳城等战略发展地区的发展，促进区域整体开发和组团式发展。实施宝安光明西部发展轴国际化高水平城市区再造，全面提升坪山大鹏东部发展轴城市化水平，形成福田龙华中轴新城发展框架。

推进原特区外地区产业规划与城市空间规划的有机衔接，引导空间资源向产业转型升级的重点方向、重点领域、重点行业和重点企业配置，促进优质要素资源向产业基地和园区集聚，提高空间资源综合利用效益。加强产业空间分区规划指引，确保各区工业区改造、基础设施建设、片区规划等符合城市长远发展需要。优化战略性新兴产业、高新技术产业和先进制造业基地和集聚区布局。全方位统筹规划和配套建设多层次、各具特色的产业空间载体，推进坝光新兴产业、光明新型平板显示等战略性新兴产业基地建设，推进服装、钟表、模具等传统集聚区建设。引导新增产业项目向产业集聚区集中，促进产业集聚化、高端化发展。大力推进工业进园，实施特色产业园培育工程，支持特色工业园区加快发展。健全产业项目用地用房准入和退出机制，鼓励和引导低附加值、低效能产业有序退出，提升原特区外产业发展层级。

（四）环境保护一体化迈上新台阶

龙岗区筹划建设了深圳国际低碳城，推进光明、坪山和大运新城等国家绿色建筑示范区和低碳生态示范城区建设，提升原特区外低碳发展水平。构建产业转型升级环保倒逼机制，构建全防控污染防治体系，加快发展绿色经济。推动龙岗河、坪山河、观澜河等流域整治工作，对重污染企业每年按20%比例强制关停淘汰。完成原特区外地区家具制造、电子产品、五金塑胶、汽车制造等行业挥发性有机物生产线的改造或者治理。开展生态恢复工程，推进大鹏半岛、铁岗—石岩湿地等自然保护区和大鹏半岛国家地质公园建设，按国家生态城市建设目标，大力提升原特区外宜居城区、宜居社区示范建设水平。

（五）基本公共服务一体化迈上新台阶

加强原特区外地区教育设施规划建设，扩大原特区外地区公办义务教育学校学位供给，新建学校重点布局在原特区外地区。“十二五”期间，全市新建公办义务教育学位10.7万个，其中78.5%位于原特区外。“十三五”时期规划建设公办义务教育学位21万个以上，70%以上位于原特区外。

医疗卫生资源配置重点向原特区外地区倾斜，新安、宝荷医院完工，聚龙医院、新明医院投入使用。到2020年，中山大学附属第七医院、市萨米医疗中心等一批在原特区外规划新建的市属三级医院也将投入使用。原特区外地区新增床位1.8万张，每千人床位数将从2015年的2.66张增加到4.0张。

开发建设大运新城，深圳国际会展中心落户宝安区，市图书馆调剂书库、市美术馆新馆以及宝安书城、龙岗书城、宝安文化艺术中心、坪山文化综合体、光明文化艺术中心等一大批文化设施投入使用，满足原特区外居民和新生代外来务工人员文化需求，提升原特区外居民精神文化生活质量。

第四章　建成现代化国际化大都市

伴随着深圳市区域协调发展战略的实施，新的城市中心逐渐崛起，多中心发展模式逐渐形成，整个深圳市的城市发展空间格局发生改变。

第一节　城市非均衡多中心空间格局

一　城市线状单中心分片发展阶段

深圳设市之初采用以小区为主的据点式开发策略，如最早创办的蛇口工业区，就由香港招商局独立规划和开发。1980 年《深圳市城市建设总体规划》初步确定了特区范围，选择毗邻香港的罗湖、蛇口和沙头角三个点进行小区式开发，市区范围主要包括罗湖、上步，并初步确定罗湖旧城为城市中心区。1982 年起，外商成片承包开发福田、车公庙、后海新区、华侨等地段，形成多点推动的发展策略，随后《深圳特区社会经济发展规划大纲》初步提出组团式为城市总体布局的基本架构。按照地理位置、自然条件及投资建设等情况深圳分为东、中、西三大片区。

东片区主要包括盐田、大梅沙、小梅沙和沙头角。大小梅沙规划发展旅游度假，沙头角规划发展成为一个小型商业、居住中心，并开辟连接香港的进出口通道，当时的盐田规划建成以海洋捕捞、种植、养殖和工业为主的生产基地。

西片区主要包括蛇口工业区、沙河区、后海区、赤湾港区、南海石油基地以及宝安县城、西丽水库区。蛇口区由香港招商局独立经营，主要发展工业，同时兴办少量住宅和旅游业；沙河区由广东省华侨企业公司经营，规划以工业为主，兼营农业、渔业、旅游酒店和住宅；后海区计划建成包括大学、科研机构、疗养院、工厂、住宅、酒店、商场及其他有关服务性设施在内的独立新区；赤湾港区规划建设大型海湾、石油服务基地和相应的生活、居住、文化设施，成为一个综合发展区；宝安县城和南头地区沿广深公路两侧建成一个以工业为主的综合区；西丽水库区则开辟为旅游区。

中片区为规划建设的重点。以纵贯其间的广九铁路和福田路为界，将其分为三段。广九铁路以东的东段主要包括罗湖城、深圳水库区和老东门旧城区。罗湖城为建设的重点区，以高层为主，底层安排公共商业设施，上部做公寓住宅及办公之用，大部分与外商合营或外商独资经营。深圳水库附近规划为居住旅游区。老东门旧城区规划改建为既具有中国民族传统建筑艺术风格和南方城镇特色，又具有现代化设施的旅游商业区。广九铁路以西、福田路以东的上步区，规划建设以电子工业为主，包括仪表、食品等无污染的工业区。福田路以西计划建设新市区，包括工业、商业、金融、贸易，并配以生活居住、文化设施、科学研究机构在内的综合发展区，并建设车公庙工业区、香蜜湖度假村和农艺研究院。

从当时福田路到南头100多平方公里地区，主要是应外商成片开发的需要作组团式开发规划，城市建设的重点仍集中在罗湖区和上步新市区。同时蛇口、沙头角两地的迅速崛起，使得城市空间结构由单中心开始向东西两翼扩展，初步形成线状单中心的城市空间结构。

二 网状多中心组团式发展的城市格局形成

1986年《深圳经济特区总体规划》明确提出带状多中心组团式空间结构，根据深圳经济特区东西长、南北窄的狭长地形特点，以梧桐山、笔架山、大小南山以及福田河、小沙河和大沙河的自然分界，自东到西规划了沙头角—盐田组团、罗湖—上步组团、福田组团、沙河组团、南头组团、妈湾组团共6个城市组团。与城市组团相配合，规划还采用多个城市中心的布局手法。除罗湖商业中心、上步行政文化中心外，规划逐步建成以金融贸易为主的福田中心商务区，以商业文化为主的南头中心以及以吸引华侨投资为主的沙河中心。

1996 年《深圳市城市总体规划》将全市划分为 9 个功能组团，特区内划分为东部、中部和南山 3 个组团。东部组团由沙头角、盐田和梅沙地区组成，以盐田港的建设为龙头，带动沙头角综合服务职能和东部旅游服务职能的发挥；中部组团由福田、罗湖组成；蛇口、南油、沙河等归并为南山组团。在特区外规划了新安—西乡、龙岗中心城—龙岗—坪地、龙华—龙华新城—坂雪岗、福永—沙井—松岗、龙华—布吉—观澜、坪山—坑梓等 6 个组团。这次城市规划将城市中心分为三个等级：全市中心、次中心以及镇中心。全市中心由福田、罗湖组成；次中心由南山次中心、宝安中心区、龙岗中心区、龙华新城、沙井、坪山、布吉组成；镇中心包括特区内的蛇口、南油、西丽、华侨城、沙头角以及特区外的其余各镇中心。这种三级城市中心带动 9 个城市功能组团，并以特区为中心，由北向西、中、东三个方向发展，形成三条放射状发展轴的基本骨架，构成轴带结合、梯度推进的网状组群式空间结构。

2005 年，深圳全市通过组团的融合，逐渐演化为城市核心区（福田、罗湖、华侨城）、西部滨海区（宝安滨海区和除华侨城以外的南山）、中部地区（公明、光明、石岩、龙华、观澜）、东部地区（盐田及除大鹏半岛以外的龙岗其他地区）、东部滨海地区（大鹏半岛地区）等五个“差异化”的城市战略分区。深圳中心城区范围包括福田、罗湖和南山 3 个行政区，划分为 2 个组团，即福田—罗湖组团和南山组团，功能定位为全市的行政、文化、金融与商业中心。此后城市建设重心逐步西移，特区外组团结构形态基本形成。

2010 年《深圳市城市总体规划》提出以中心城区为核心，以西、中、东三条发展轴和南、北两条发展带为基本骨架，形成“三轴两带多中心”的轴带组团结构。建立三级城市中心体系，包括 2 个城市中心、5 个城市副中心、8 个组团中心。其中 2 个城市中心即福田中心和前海中心。福田中心包括福田中心区、罗湖中心区，主要发展市级行政、文化、商业、商务等职能。前海中心，包括前海、后海和宝安中心区，主要发展区域功能的生产性服务业与总部经济。5 个城市副中心即龙岗中心、龙华中心、光明新城中心、坪山新城中心、盐田中心，主要承担部分区域或城市分区范围内的综合服务职能，发展地区性商业、文化等公共服务职能，带动地区整体发展。8个城市组团中心，即航空城、沙井、松岗、观澜、平湖、布吉、横岗、葵涌，它们都是城市组团的综合服务中心。

近年来，随着特区一体化的加快推进，深圳城区功能不断提升，多中心化发展已经成为大势所趋。深圳市多个城区都在2010年版城市总体规划基础上对各自的区域定位有了新的提法和规划，并且纷纷提出了城市“中心”理念。例如，福田区提出要通过“再中心化”，巩固福田作为深圳行政、金融、文化、商贸和国际交往“五大中心”的优势地位；罗湖提出将打造国际消费中心核心城区、现代服务业集聚基地、粤港澳大湾区核心枢纽；南山提出建设世界级创新型滨海中心城区；宝安提出打造产城融合的西部城市中心；龙岗与坪山两区均提出要建设深圳东部中心；龙华提出要建设现代化国际化创新型中轴新城；光明提出打造城市副中心和深圳北部中心的理念。

第二节　迈向全域协调发展

一　发力全域高质量发展

新时代，在粤港澳大湾区和深圳先行示范区建设“双区驱动”背景下，深圳持续发力全域高质量发展，不断迈出新步伐。2019年初步核算的深圳本地生产总值达2.69万亿元，较2018年增长6.7%，走在全国大中城市前列。深圳坚持创新驱动理念，积极构建“基础研究+技术攻关+成果产业化+科技金融”的全过程创新生态链，科技创新向领跑迈进，5G、人工智能、区块链等新兴产业发展走在全国前列。深圳积极促进科技创新和产业创新联动，瞄准世界科技前沿和产业高端，打造以战略性新兴产业和未来产业为先导、以现代服务业为支撑、以优势传统产业为重要组成的现代产业体系，各片区都纷纷进入质量提升阶段。为解决比较突出的区域发展不平衡、不协调问题，深圳着力推进17个重点区域规划建设，并取得积极进展，其中前海国际化城市新中心、深港科技创新合作区、光明科学城等重点项目进展明显，深圳湾超级总部基地、香蜜湖新金融中心、海洋新城、大运新城、北站商务中心区等重点片区的规划建设有效推进。与此相配套，深圳地铁、高快速路等骨干交通网络和“四主四辅”铁路枢纽加快规划建设步伐，智慧城市建设取得在全国综合排名中位居第一的好成绩。深圳新时代十大文化设施、十大特色文化街区规划建设加速推进。

二　推进区域协调发展

深圳以实现全市域高质量发展为目标，通过发掘各区潜力、激发创造力，促进良性竞争，努力构建优势互补的全市域协调发展格局。

（一）中部地区崛起势头强劲

中部福田建设中央活力区、中央智力区、香蜜湖新金融中心、国际会客厅和北站商务区，重点发展创新经济、知识经济、现代商贸、国际化专业服务。福田高铁站是深圳对内、对外交通的重要交会点，支撑福田成为全市商务、行政、文化的国际性都市中心区。高铁深圳北站的崛起，促使龙华商业、产业、交通、环境等方面得到巨大提升，成为支撑龙华人才聚集和商业发展的枢纽。

（二）东部地区发展进入快车道

东部地区加快龙岗大运新城、深圳国际低碳城、坪山高新区、大鹏坝光国际生物谷以及深汕特别合作区中心区等重点区域开发建设。高端引领作为城区的发展主线，创新驱动作为转型发展的动力源泉，重点发展信息经济、生物医药、现代物流和滨海旅游，打造全球电子信息产业高地、未来产业试验区，建设现代化国际航运枢纽和世界级滨海生态旅游度假区。龙岗区近年来高新技术产业的迅猛发展和战略性新兴产业及未来产业的快速崛起，规上高新技术产业增加值实现连续五年平均18%的快速增长，带动工业增加值率高出全市近10个百分点。坪山高新区总规划面积达51.6平方公里，规划了国家生物产业基地、国家新能源（汽车）产业基地、出口加工区、国家新型工业化产业示范基地等重要片区。凭借山海旅游的资源优势，盐田河临港产业带开发建设不断加快；盐田“旅游+消费”模式日益成熟，携手大鹏共创东部旅游黄金海岸带。

（三）西部地区持续发力

西部深圳湾超级总部基地、大空港地区和前海地区共同组成西部地区在全市竞合力的先锋地区。深圳湾超级总部基地将汇聚最具实力、最具影响力、在世界经济网络具有核心凝聚力和辐射作用的全球标杆企业，实现最高品质的景观环境特征、顶级的商务经济与文化艺术高度复合的城市功能，将成为深圳跻身国际城市行列的一个标志性节点，打造成为基于智慧城市和立体城市、虚拟空间和实体空间高度融合的未来城市典范，成为全球高端产业集聚地的典型和世界级城市功能中心。空港新城凭借“会展新城+海洋新城”的双核优势，区域内高科技研发能力、先进制造业、会展中心等优势配套服务业进一步融合，将直接撬动连通前海万亿规模经济带。前海集深港现代服务业合作区、自贸片区、保税港区多重功能定位于一身，且双扩区方案正待批复。前海国际化城市新中心高标准规划建设，中国国家博物馆·深圳馆、前海国际金融交流中心、前海城市新中心地标、前湾会议中心、伯克利未来音乐中心、国际学校、国际医院等一大批项目加快建设，打造世界级湾区城市客厅。前海综合交通枢纽、妈湾跨海通道等重点工程加快推进，深港青年梦工场、深港设计创意产业园运营良好。

（四）南部地区打造新增长极

南部地区重点携手香港发挥极点带动作用，依托口岸优势，建设深港口岸经济带，加快沙头角深港国际旅游消费合作区等建设，推动深港两地在科技、产业、高端商务、消费等经济领域以及教育、医疗卫生等民生领域深度合作，形成“一国两制”下区域协同发展的样板典范。推进深圳全球海洋中心城市建设，布局国际化综合性海洋大学、海洋科学研究院、全球海洋智库、深远海综合保障基地，发展海洋高端工程装备产业、海洋电子信息产业、海洋生物医药产业、海洋新能源产业等新兴产业，拓展邮轮游艇、海洋金融等高端服务业，促进海洋产业集聚发展，以“大海工、大港航、大远洋、大旅游”的模式撬动蓝色经济。

（五）北部地区华丽转身

北部地区重点建设世界一流的科学城，打造综合性国家科学中心、城市北部中心和都市田园新名片。光明科学城以国际视野、全球眼光高质量编制规划，启动大科学装置建设，与凤凰城、中山大学深圳校区、光明小镇、光明云谷等重大项目建设相呼应，加快集聚技术、信息、人才等各种资源，重点发展战略性新兴产业，构建现代产业格局。同时，深化海绵城市建设，以公园、湿地、水库、基本农田等为元素打造城在绿中、绿在城中、山水相连的光明“大绿环”，构建绿色生态空间，着力提升城市品位，打造现代宜居生态区。

第二篇

实施全域协调发展战略

第五章　东进西协力争“两翼齐飞”

第一节　“西强东弱”的城市发展格局

一　东部地区：潜力巨大、未来之城

（一）东部地区与中西部地区发展梯度差距明显

深圳前30年的城市发展主要是依托广深港发展轴展开的，并且集中在西部地区，城市中心逐步从罗湖转移到福田再西移并在西部形成多中心增长极，产业集聚、交通布局、城市基础设施也逐步向西走。

根据表5－1，深圳东部地区土地面积约占全市一半，但在GDP、人口等一些主要经济社会发展指标上与中西部地区相比，存在有明显的梯度差距，呈现“西重东轻”“西强东弱”格局，也表明东部地区发展相对落后，存在较大发展空间。

表5－1　　2015年深圳市东、中、西部主要指标

		GDP（亿元）	人口（万人）	面积（平方公里）	人口密度（人/平方公里）	固定资产投资（亿元）
全市		17502.99	1137.89	1997.56	5698	3298.30
东部	盐田	487.23	22.12	74.99	2964	99.59
	龙岗	2636.79	205.26	388.21	5287	658.09
	坪山	458.07	35.61	168.00	2120	246.82
	大鹏	274.53	13.56	295.00	460.00	72.19
	合计	3856.62	276.55	926.20	2987	1076.69

续表

		GDP（亿元）	人口（万人）	面积（平方公里）	人口密度（人/平方公里）	固定资产投资（亿元）
中部	福田	3256.24	144.06	78.80	18282	235.38
	罗湖	1728.39	97.56	78.75	12389	125.90
	龙华	1635.59	151.15	175.60	8608	411.34
	合计	6620.22	392.77	333.15	11790	772.62
西部	南山	3714.57	129.12	185.47	6962	633.99
	宝安	2640.92	286.33	396.64	7219	545.72
	光明	670.66	53.12	156.10	3411	269.28
	合计	7026.15	468.57	738.21	6350	1448.99

1. 东部地区总体经济发展相对薄弱

以东进战略前2015年经济发展情况为例，总体来看，2015年深圳市本地生产总值17502.99亿元中，东部地区是3856.62亿元，只占约22%，近4/5来自于中西部地区（如图5－1所示）。

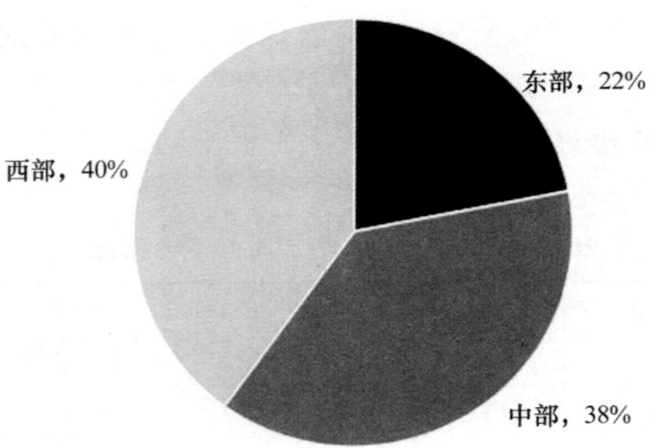

图5－1　2015年深圳市东、中、西部GDP对比

就地均生产总值而言，深圳东部四区远远落后于中西部地区，与深圳市的平均水平相比也有较大差距。2015年深圳东部四区的地均生产总值约4.2亿元/平方公里，同比仅相当于中西部地区的

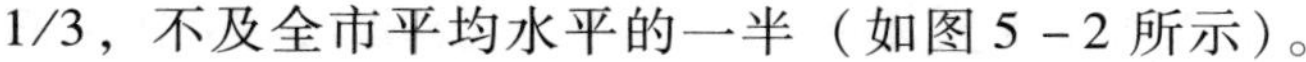
1/3，不及全市平均水平的一半（如图 5－2 所示）。

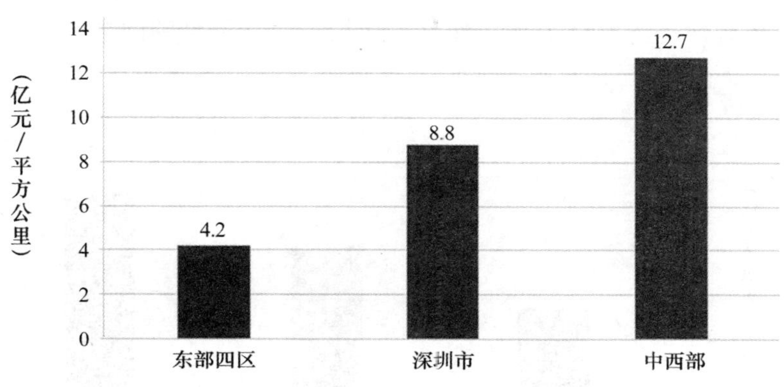

图 5－2　2015 年地均产值分析

2．东部地区经济活跃度相对较低，市场吸引力偏低

在市场经济中，市场导向是经济发展战略的重要选择，区域发展在很大程度上依赖于其所能吸引到的市场资源多少。与中西部相比，东部地区市场吸引力和经济活跃度相对偏低（如表 5－2 所示）。

表 5－2　　东部四区投资与深圳全市的比较　　单位：（亿元，%）

	2011 年	2012 年	2013 年	2014 年	2015 年	平均增长率
固定资产投资						
#全市	2061	2194	2402	2717	3298	9.86
东部地区	680	740	819	976	1077	9.58
外商直接投资						
#全市	46.00	52.30	54.70	58.05	64.97	7.11
东部地区	6.34	6.70	5.92	5.74	5.31	－3.47

以固定资产投资为例，2015 年，虽然东部地区的固定资产投资增长速度接近于全市平均水平，不过相当一部分来自于政府投资以及少数几个大企业，而且地均固定资产投资（1.16 亿元/平方公

里）也低于深圳市平均水平（1.65 亿元/平方公里），与中西部（2.07 亿元/平方公里）地区存在明显差距（如图 5－3 所示）。另外，在对外经济发展中存在外商直接投资明显不足的问题。

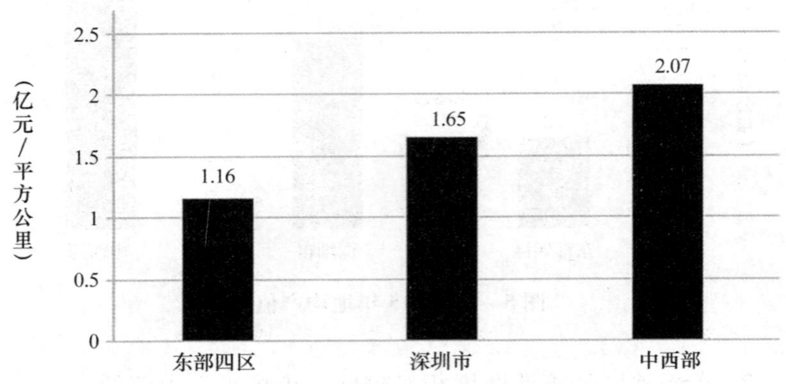

图 5－3　2015 年地均固定资产投资分析

从税收贡献上看，深圳税收收入的大部分来自于中西部地区，东部地区的税收收入不大。2015 年，东部地区实现国地两税税收收入 710.69 亿元，占全市的 17%（如图 5－4 所示）。

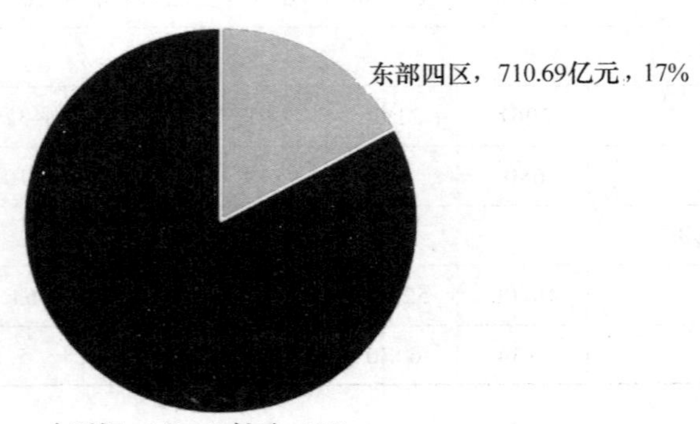

图 5－4　2015 年税收收入分析

2015 年，东部四区进出口总额总计为 1042.21 亿美元，占深圳市总量的24%，所占份额并不是特别突出，中西部贡献了全市的大部分进出口总额，而且东部四区之间的数额也大有差异（如图5－5所示）。

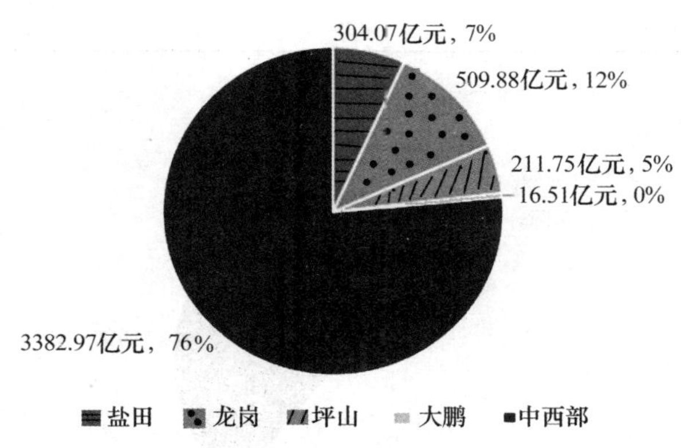

图5－5 2015年进出口总额分布情况分析

此外，第三次经济普查数据显示，深圳全市共有法人单位237726个，其中东部四区共有42774个，仅占全市法人单位的18%，而中部（101273个）和西部（93679个）分别占43%和39%。这说明，与东部相比，中西部能够吸引到更多的中小企业和投资落户（如表5－3、图5－6所示）。

表5－3 全市各区法人单位比较（第三次经济普查数据）

	法人单位（个）	占比（%）
全市	237726	100
盐田区	2965	1.25
龙岗区	34163	14.37
坪山区	4458	1.88
大鹏新区	1188	0.50
福田区	51289	21.57
罗湖区	21190	8.91
龙华区	28794	12.11

续表

	法人单位（个）	占比（%）
南山区	30795	12.95
宝安区	53985	22.71
光明区	8899	3.74

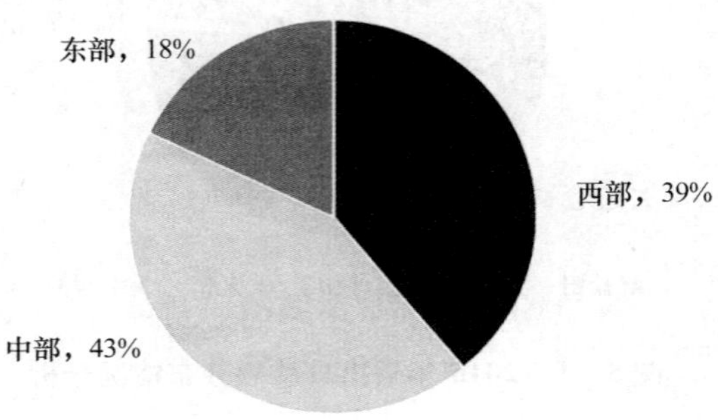

图 5-6 深圳市东、中、西部法人单位占比

3. 城市功能不完善，交通设施建设滞后

与经济发展水平落后相对应的是，东部地区城市功能不完善，市政基础设施严重落后，公共服务设施数量不足、质量不高，交通设施的严重滞后已经成为影响东部地区快速发展的主要瓶颈问题。东部地区路网整体规模不足，2015 年主要路网密度仅为 0.75 公里/平方公里，远低于中部（1.38 公里/平方公里）和西部（1.1 公里/平方公里），严重缺乏上层次高快速道路、城市次干道及微循环路网（如表 5-4 所示），且极度缺乏轨道交通，无法满足大量人流和物流的运输。更为严重的是，东部四区干线路网以东西走向为主，大部分集中在龙岗区，与周边交通联系不紧密，缺乏南北干线路网的对接联系，四区整体道路联系度不强，难以支撑区域资源的优化配置。此外，由于交通基础设施上的落后，相对城市中心区和西部地区的深南大道发展轴、107 国道发展轴，东部地区缺乏一条成熟的城市发展轴。

表 5－4　深圳市各区主要路网密度比较（2015 年）

	各区	主要公路长度（公里）		主要路网密度（公里/平方公里）	
			合计		平均
东部	盐田区	52	694	0.67	0.75
	龙岗区	425		1.08	
	大鹏新区	65		0.22	
	坪山区	152		0.90	
中部	罗湖区	107	460	1.27	1.38
	福田区	140		1.78	
	龙华区	213		1.20	
西部	南山区	235	810	1.27	1.1
	宝安区	420		1.06	
	光明区	155		1.00	

（二）深圳东部地区发展潜力巨大

1. 东部地区开发强度相对较低，仍然有较大的人口承载空间

2015 年，东部四区建成区面积为 332.5 平方公里，开发强度仅为 36%，低于深圳市平均水平（47.80%），更低于中西部地区（如图 5－7 所示）。与之对应，人口相对较少，人口密度相对较低。深圳东部四区面积占全市近一半，但常住人口仅占全市的 1/4 左右，人口密度小远低于中、西部各区。深圳中西部人口密度高于全市平均水平，生活空间不足的问题已严重影响到人民生活质量和城市发展潜力，相对而言，东部四区却有人气不足之嫌（如图 5－8 所示）。深圳中、西部人口密度非常大，基本上处于饱和状态，人口继续增长势必造成城市拥堵、环境承受等多种问题，而在东部四区则人口密度相对较小，还有较大的人口承载空间。如果人口能有规划、有层次地向东部迁移，再加上东部在文化、科技产业上的优势，一定能让深圳城市发展更为健康均衡。

2. 生态和要素资源局部富集，经济发展潜力大

深圳东部地区发展薄弱，但空间和土地资源丰富，自然环境及

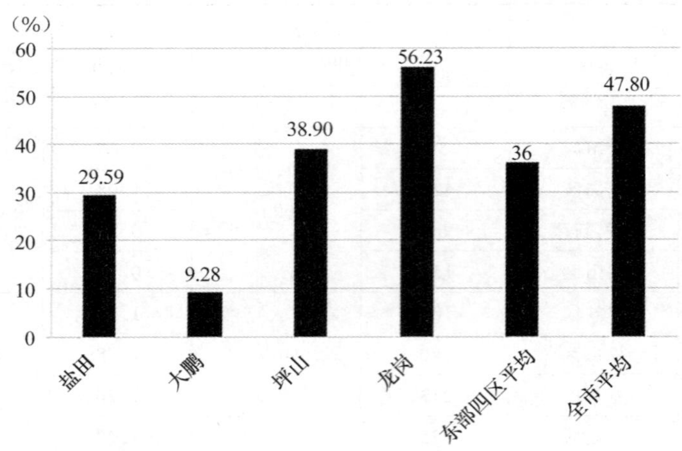

图 5－7 东部四区开发强度比较分析（2015 年）

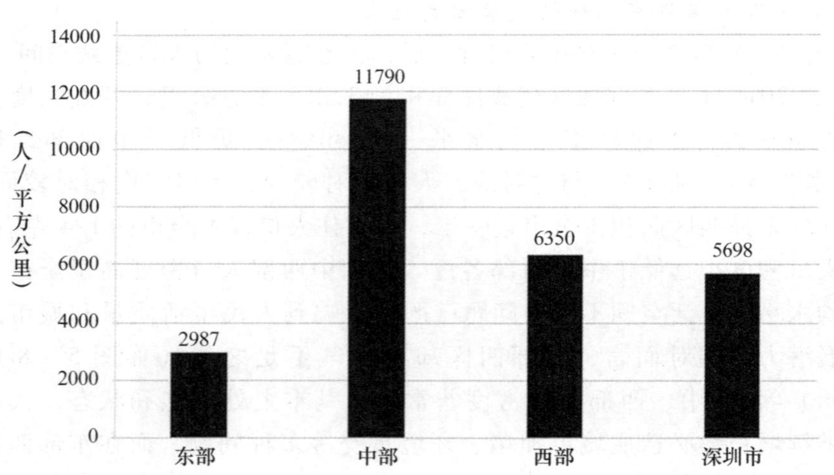

图 5－8 东、中、西部地区人口密度比较（2015 年）

生态与山海资源条件好。东部地区具有美丽的山海风光、优质的旅游资源，有建设海绵城市和绿色低碳城区的优势。与此相对应的，东部地区生物、信息技术、新能源等高端产业基础良好，科教优势正在形成，高等院校等创新资源加速集聚，信息技术产业、新能源汽车、生物医药产业加速发展，国家级新能源汽车基地、生物产业基地相继落户，高新技术企业数量加速增长，经济发展质量不断提升，为东部地区加快发展、弯道超车奠定了较好基础。

（三）东进战略提出带来快速发展态势

2016 年初，深圳市委六届二次全会正式提出，深圳要实施城市东进战略，打造龙岗、坪山中心，促进各类要素、资源均衡分布，建设与西部中心功能协同、交相呼应的东部中心。深圳人口、产业、交通、公共服务资源的大规模东进从此吹响了号角。

东部各区纷纷制订了落实东进战略行动方案，基础设施建设全面加速，重点区域建设快速推进，在全市的地位和作用日益突出。在东进战略引领下，深圳东部四区发展成就突出，截至 2018 年末，东部四区实现地区生产总值 5943.94 亿元，平均增长率 9.5%，增长水平超过中西部地区，也高于全市。规模以上工业增加值达 3379.62 亿元，增长率高于全市，约是中西部地区的 1.7 倍。固定资产投资达 1755.42 亿元，增长率约为 11.74%（如表5－5所示）。

表 5－5　　东部地区与其他地区及全市增长率比较分析

	2016 年	2017 年	2018 年	平均增长率（%）
东部地区生产总值（亿元）	4528.21	5379.19	5943.94	9.5
中西部地区生产总值（亿元）	14964.38	17059.21	18278.03	6.9
全市地区生产总值（亿元）	19492.6	22438.39	24221.98	7.5
东部地区规模以上工业企业增加值（亿元）	2540.6	2870.84	3379.62	9.97
中西部地区规模以上工业企业增加值（亿元）	4653.86	5216.77	5518.02	5.80
全市规模以上工业企业增加值（亿元）	7199.47	8087.62	9109.54	8.16
东部地区固定资产投资（亿元）	1258	1550.66	1755.42	11.74
中西部地区固定资产投资（亿元）	2820.16	3596.65	4446.61	16.39
全市固定资产投资（亿元）	4078.15	5147.32	6176.78	14.85

"十三五"时期龙岗提出了"一心四区"的发展战略计划，即打造深圳东部城市中心、高端商务集聚区、自主创新引领区、国家产城融合示范区、绿色低碳发展引领区，建设深圳东进的核心区和桥头堡；坪山将以制造业等高科技产业为支撑打造"东北门户、智造新城"，努力建设田园城市；盐田区将打造全球航运物流枢纽城区、国家生态文明先行示范区，全力打造山海旅游美城、民生幸福优城（"两区两城"）；大鹏新区将以生态旅游为基础打造生态生物岛、生命健康岛、国际旅游岛和世界级滨海生态旅游度假区的"三岛一区"。

二　西部地区：先发城区、投资高地

20 世纪深圳罗湖中心逐渐形成，21 世纪初罗湖—福田中心发展成型，伴随着深圳城市规模的扩张，前海—南山—宝安中心地位日渐突出，西部地区的发展日渐成熟。

（一）西部地区经济发展保持平稳快速发展

1. 综合实力雄厚

南山区、宝安区是深圳西部发展的重点区域，2018 年西部地区的南山 GDP 突破 5000 亿元，从 2016 年的 3842 亿元、2017 年的 4601 亿元增长至 5018.36 亿元，连续三年跨千亿级台阶，位居深圳各区榜首，占全市总额的 20.72%，GDP 增速为 4.5%，稳坐全国百强区榜首；宝安 GDP 达 3612.18 亿元，位居深圳第四，综合实力居全国百强区第八，GDP 增长率达 8.7%，超过全市 7.6% 的增长水平，同样位列深圳第四位，两区 GDP 合计约为深圳市经济总量的 35.61%。从人均 GDP 来看，宝安人均 GDP 约 11.5 万元；南山人均 GDP 为 35.23 万元，是深圳全市平均水平的 1.8 倍，高于德国、英国、法国、日本、意大利等发达国家。从地均 GDP 来看，宝安地均 GDP 超过 9 亿元/平方公里，南山地均 GDP 达 27 亿元/平方公里，是深圳全市平均水平的两倍多。

2. 产业发展多元化

西部南山产业结构迈向高端，战略性新兴产业增加值占 GDP 比重达 60%；文化产业增加值超千亿，占全市一半以上；金融业增加值超 300 亿元，占全市比重增至 10% 以上。宝安是深圳传统的产业大区，工业居全国百强区第六；规模以上工业企业增加值达1786亿元，同比增长7%；工业增加值率由23.2%提高到24.4%；新增规模以上工业企业690家，总数达到3208家；高新技术产业产值达5077亿元，增长7.4%。高新技术制造业占制造业总体的比重接近七成。2018年，宝安区的大空港、立新湖等9个产业集聚区纳入深圳战略性新兴产业重点发展片区，数量居深圳第一。

3. 经济活力强，市场吸引力高

深圳西部地区强势崛起，经济活力持续提高，已成为投资旺地。2018年南山完成固定资产投资超1300亿元，增长21.6%，规模全市第一。工业投资55.74亿元，同比增长30%；引进雀巢、中铝集团、中船重工等世界500强投资项目，陕西建工、山东高速、海尔等中国500强投资项目，宝鹰、北讯等上市企业投资项目，建升、中航等行业龙头投资项目，今日头条、威沃克等投资项目以及13个优质金融项目；引进外商投资项目1442个，比上年增长158.0%。宝安完成固定资产投资1063.3亿元，增长30.3%；工业投资比上年增长21.7%；外商直接投资项目1582宗，比上年增长434.5%。

从税收贡献看，西部地区对全市税收贡献较大，南山、宝安两区合计税收收入916.43亿元，占全市的11.43%。两区进出口总额共4223.7亿元，占全市的14%。

民营企业发展迅速，南山民营企业总数接近38万家，平均4名常住人口拥有1家企业，累计培育上市企业中九成以上是民营企业，顺丰、瑞声科技等8家企业入选中国民企500强，超全省1/8；宝安中小企业数量众多，可培育的隐形冠军企业也以民营企业为主。

（二）科技创新成效显著

1. 创新要素集聚

西部地区是全球创新资源、要素、人才云集的高地。西丽湖国际科教城上升为全市战略，鹏城实验室进驻留仙洞片区，深圳湾实验室开建，空客（中国）创新中心、苹果深圳研发中心、中国移动智能硬件创新中心、埃森哲（深圳）全球创新研发中心等纷纷落户西部地区。南山布局了深圳全市80%以上的高等科研院校和研发机构，拥有5家诺贝尔奖实验，诺贝尔奖得主兰迪·谢克曼医学实验室、中科院先进电子材料国际创新研究院落户宝安。新引进院士占全市的90%以上，高层次人才超6000人，人才总量快速扩大、质量明显提升。

2. 创新能力强大

西部地区创新能力远超其他地区。南山每万人发明专利拥有量达到国际创新型城市水平，PCT国际专利申请量超过全国的1/5，科技进步贡献率近发达国家水平。宝安专利授权量3.2万件，增长61.3%，居全市前列，PCT国际专利申请1654件。两区国高企业总数超7400家，其中宝安区的国家高新技术企业超过3900家，位居全省区县第一。超材料、3D显示等领域技术水平处于世界前列，终端设备、移动存储芯片、激光显示等二十几个优势细分领域处于国际先进水平。

（三）城市面貌日新月异

深圳湾灯光秀凸显建筑之美、科技之美、人文之美。深圳湾西段天际线、深南大道南山段，以及北环大道沿线桥梁等照明工程，彰显城区魅力。太子湾邮轮母港等重点门户景观大幅提升，大沙河生态长廊成为网红公园，西湾湿地红树蔚然成观，滨海休闲带都市最美海岸线全线贯通。高水平完成深圳湾广场概念规划、方案设计国际竞赛，大手笔优化深圳湾超级总部基地规划，城市新客厅、新阳台和世界级滨海天际线呼之欲出。

第二节　大力实施东进战略，建设深圳东部中心

一　构建东部地区快捷通达的交通体系

（一）着力加强东部地区对外交通联系

着力打通东部地区与深圳市区的交通战略通道，提高东部地区交通的战略地位。将高铁坪山站升级为深圳东部枢纽站，在坪山高铁站旁边加快建设城市交通枢纽综合体，形成高铁、地铁、快速公交、旅游专线等集聚的高铁—公交双枢纽，优化到福田快捷线车次，引入更多始发和停靠列次，争取重大铁路线位布局。推动地铁

10号线、14号线和16号线、云巴1号线项目建设提速，建设3号线、10号线东延段，做好16号线南延、17号线、21号线、33号线等轨道建设规划。加快全线贯通南坪三期，开工建设深汕西高速改扩建工程，加快龙坪路、丹荷路、绿梓大道、如意路—东深二通道（凤岗）—丹平快速路、盐龙大道—东部过境通道、坪盐通道等主干道建设，进一步缩短东部与市中心的时间距离。加快东部过境、外环高速、坪盐通道等高快速路建设。

扩展东部地区与机场、港口的联系，研究建设东部地区到宝安机场的快速轨道交通，推进盐田港多元化发展及大鹏、南澳等相关港口建设，扩展或恢复开放盐田、沙头角、梅沙和南澳口岸，增强其在促进对外人员交流方面的功能。另外，充分重视慢行交通系统的建设，发挥出东部地区生态环境优势，建设联结各个郊野公园等生态园区的公交系统、绿道网，在郊野公园大力建设登山路径和对外连接的公共交通设施，支持各类人员休闲度假的交通需求。

（二）强化东部地区的内部联系

优化东部地区高速公路网，超前规划建设一批高等级公路，促使龙岗、坪山与盐田、大鹏之间形成便捷交通联系，使东部地区得到出海口便利。进一步规划加密东部地区的轨道网，特别是增加东部地区南北向联系的东部地区轨道线路，构建从龙岗中心区、坪山中心区延伸到盐田、大鹏的轨道环线（或中运量环线）。加快东部结构性道路建设，以进一步加强东部地区之间交通联系。优化东部地区的干道环线，加强惠盐高速两侧道路联系，将嶂背、宝龙等地区全面融入大龙岗中心城。

二　加快建设东部创新中心

（一）协作建设东部全链条综合创新创业生态体系

努力建设东部科技创新生态体系，实现大学+创新、平台+科研、机构+龙头企业+创新创业、资本+创新、人才+创客、空间+孵化器加速器全链条式创新生态体系培育发展模式。着力打造以国际大学园创新要素集聚区为引擎，串联坂雪岗科技城、平湖物联网产业园、东部国际大学城、活力水城、中央科学公园、深港创新创业中心、东部交通枢纽、大鹏国际生物谷的东部创新发展轴。搭建创新平台体系，引进和布局一批新型研发机构，建设涵盖技术研发、技术转移、创新型人才服务等技术创新平台体系。

吸引南山区有成熟经验的团队在东部设立孵化器，充分结合东部实际基础情况，开发出具备东部特色的孵化中心，形成由创业苗圃、专业孵化器、企业加速器、专业技术园、企业总部基地组成的多层次产业培育空间链条，创新全过程、全要素的孵化培育生态链。同时还应积极引进国际创新机构，设立海外创新中心、成立国际创客学院、开办国际创新驿站，推进深港青年创新创业基地、国际创客中心等创新载体建设，与国际创新人才引进相结合，建设新型的创新教育、科研实践、创新交流和创业孵化基地。

推动东部地区加强合作，形成前沿探索、基础研究、应用开发、技术转移与产业化的创新分工体系。充分利用国际行业协会，国际高校、研究机构和行业组织资源，推动建设国际产业转移与技术转移孵化器，实现与周边区域创新资源、国内创新资源、境外创新资源深度合作，推动粤港澳大湾区框架下的创新融合，加强更多创新资源的非空间形式联系，提高吸纳和配置全球创新资源的能力。

（二）共建区域大学园、大科学中心

加快建设重大科教设施，协同共建区域大学园、大科学中心，构筑以源头、前沿创新为主的创新核。大力引进高校基础科学研究要素、高新技术创新平台要素、高端生产性服务业要素和国际化公共服务资源，优先布局若干高水平创新载体，共同搭建东部技术研发公共平台，促进东部地区创新能力质的提升。积极推进东部教育高端化、国际化发展，加快国际合作办学和国际化学校建设步伐，快速提升东部教育品质。推进高等教育创新发展，进一步吸引世界著名高校来东部合作办学，加快北理莫斯科大学、吉大昆士兰大学、深圳国际太空科技学院的规划与建设，推进皇家墨尔本理工大学和广州中医药大学、华南理工大学和美国罗格斯大学等合作办学落地，形成国际化高层次人才的重要储备源。将国际大学园打造成深圳重要的知识创新区域和对外文化教育交流的学术高地，同时主动适应“中国制造 2025”新要求，推行工学结合、校企合作的技术工人培养模式，构建与产业发展高度匹配的职业教育发展体系。打造东部工程技术教育中心，充分发挥深圳技术大学的作用。探索推动原环境科技园片区功能转变，置换打造国际化、现代化、综合性工程技术教育园区。推进北京中医药大学深圳医学院规划建设，按照办学办医模式引导项目不断发挥效益。在深圳东部地区规划布局更多高等院校，加快形成东部大学城。

落实国家大科学工程计划和广东省大科学中心计划，规划建设科学公园，布局大科学创新中心、科技博物馆等项目，积极承接创新技术和重大科学工程。依托宝龙科技城、阿波罗未来产业城、平湖金融与现代服务业基地，重点培育和引入一批工程实验室、技术中心、工程中心。加快推进澳大利亚蒙纳士大学科技转化研究院、哥本哈根大学尼奥基因组学研究中心、北理工电动车辆国家工程实验室深圳中心建设，依托国家新能源（汽车）产业基地、国家生物产业基地，引进和建设新能源汽车关键零部件检测中心、医疗器械检测中心、商用密码检测中心等重要科技平台。加强与美国加州州立理工大学、英国威斯敏斯特大学等单位合作，建设国际低碳研究中心。

（三）积极发挥重点片区带动作用

高水平建设坪山高新区和坪山中心区。以国际一流标准规划建设坪山高新区，布局公共基础设施和科技产业基础设施，加快引进一批重大产业项目和创新平台，重点推动北理工电动车辆国家工程实验室、中科院苏州医工所深圳工研院等项目建设，聚焦新能源（汽车）、生物医药、新一代信息技术等三大主导产业，打造“总部研发生产一体化”的现代高科技园区，与南山高新区“总部 + 研发”模式形成错位发展，实现功能互补。联动东部片区创新节点，打造辐射深惠及深汕合作区的东部创新带。按照“深圳都市圈东部创新中心与商务中心”的发展定位，依托坪山大道的延伸辐射功能，加快建设坪山大道活力创新走廊，将坪山中心区打造为顶尖创新人才和科研机构聚集的创新引擎。

高起点建设大运新城，依托深港国际中心从科创教育改进、科创人才培养、科创文化养成、科创生态圈沟通协作平台搭建、科创能力世界化推广、与大湾区联动取长补短等角度发展创新。以深港国际中心、深圳国际博览中心、国际大学园、大运中心、大运枢纽等“城市坐标”为支点，吸纳科技研发、现代服务业等高端资源，加快天安数码城、创投大厦、启迪协信科技园等创新产业集群项目建设，形成“高端商务＋创新产业＋高等教育＋优质配套”核心区，打造创新活力迸发的高水平城市新客厅。

推动大运新城与周边阿波罗未来产业城、宝龙科技城联动发展，以国际大学城为牵引，建设融“高校＋研究＋产业”为一体的高水平产学研中心。发挥国际大学园创新智核作用，依托宝龙科技城打造东部地区重要的科技产业支撑点，依托阿波罗未来产业城打造成为产城融合的引领区和“大众创业、万众创新”的试验区，着力建设成为以未来产业为主导的总部研发、高端制造基地，涵盖创新科技产业链上的技术研发、产业转化、智能制造三个核心环节，形成西有“深圳高新区＋大学城（创新城区）”、东有“龙岗国际大学园＋宝龙科技城＋阿波罗未来产业城”的科技创新中心格局。

加快推进坂雪岗科技城建设，发挥华为、神舟等多家国内外知名企业的带动作用，构建以华为公司等领军型高新技术企业为代表的原创技术创新源。以华为总部为核心，依托天安云谷、神舟智园等，推动更多企业进入全球高端产业链、创新链，打造国际研发高地。

高标准建设深圳国际生物谷坝光核心启动区。创新发展生命信息、生物医学工程、生物医药与高端医疗、生命健康服务、生物资源开发、生物环保与制造等重点领域，打造全球知名的生物科技产业园区。积极引进国际知名研究机构和创新团队，加快建设世界领先的研究型医学中心，着力探索建立与大科学、大数据相适应的科研教育机构，集聚全球优质生物科技创新资源。引进和培育一批具有核心竞争力的生物企业，推动前沿科学发现和核心技术突破，打造生物产业高端发展先导区。推动坝光核心启动区与深圳国家基因库、中国农科院深圳生物育种创新研究院、生命科学产业园、海洋生物产业园、盐田基因产业基地、坪山国家生物产业基地核心区的合作，形成互动共生的产业聚落。以坝光启动区为核心，拓展延伸深圳国际生物谷的辐射带动功能，形成与南山、光明、国际低碳城等其他生物产业集聚区相辅相成的联动效应，带动深圳东部乃至全市生物科技和产业协同发展。

加快建设盐田河临港产业带。以盐田河临港产业带纳入市重点区域为契机，大力发展高端物流、航运服务、商贸服务、总部经济和创新型产业形态，吸引优质企业进驻。积极打造高附加值的现代物流产业集群，推进沙头角保税区、盐田港保税物流园区转型升级、拓展功能、提升效益，重点培育物流总部基地、打造冷链物流绿色基地、构筑保税物流商贸基地、建设供应链物流金融基地、发展“互联网+物流”创新基地，以港口为核心、以保税功能区为基础，形成高端物流企业集聚、高端物流业态完备的产业集群，推动盐田港向第四代港口转型升级，努力建设全球一流港口物流枢纽，为建设深圳东部自由贸易试验区打下基础。创新发展国际贸易相关的创新型总部企业及服务贸易型企业，转变以出口为主的对外经贸模式，打造集仓储、展示、交易、配送于一身的国际进口商品展示交易集散中心。推动物流与科技相结合，加强云计算、互联网、大数据、人工智能等技术的应用，开展港口智慧低碳发展创新；依托港口和综保区联动，加快海洋运输业发展；同时，依托华大基因创新优势，注重与国际生物谷和华大基因成坑基地联动，推动生命健康和海洋产业的发展。完善盐田河临港产业带的配套服务功能，引进航运配套服务企业，推动航运配套业规模化、高端化发展，形成服务高效、功能齐备的现代航运服务业体系；从规划、政策、机制等方面全面提升产业带商务服务业的集聚效应，引入企业管理服务、法律服务、咨询服务等生产性配套服务企业，提升盐田河临港产业带的营商环境；加快城市更新项目建设，加强教育设施、文体设施、医疗卫生设施供给，促进职住平衡，提供优质和舒适的生活体验。推动形成盐田河总部经济走廊、现代物流服务组团和创新产业组团的“两组团一走廊”空间布局，打造以“现代物流业”和“创新型产业”为基础，“配套服务业”为支撑，具有竞争力的“2+1”临港产业体系，建成港口复合高效、产业集聚领先、绿色低碳、开放创新、产城融合的临港创新生态城。

（四）建设国际科教人才集聚基地

东部中心将是具有源头创新能力的城区，不应停留在当前的集成创新水平，应是会聚国际人才的城区，不只是单纯国内人才，形成开放型、国际化创新高地。实施高层次人才引进计划，组织建立海外留学人员经常性联系机制，吸引全球人才来东部工作、投资和居住，吸引海外华人特别是中国留学生创业就业。

研究出台东部地区吸引人才综合配套政策，在年龄、科研经费、配偶安置、技能津贴和住房保障等方面给予一定倾斜，为实施东进战略提供人才保障。加强政府有关部门的协同配合，在户籍、医疗保障、子女入学、住房、出入境签证等方面努力为产业人才创造便利条件。根据实际需要适度放宽教育、医疗高层人才的年龄限制，放宽高层次人才配偶安置政策，下放赴外招聘应届毕业生的审批权限，争取拿出一批编制支持人才引进。建立差别化的人才引进政策，为吸引各层次技能型人才和高层次人才东进提供全方位保障。

加强保障房建设及安居政策覆盖面。将人才引进和住房建设有机结合，试点探索打造新市镇。借鉴香港、上海等地成功做法，充分发挥东部地区的空间优势和生态优势，在拟建的地铁线沿线加快重点片区土地整备，联合市住建局和安居集团配套建设一批商品房、人才房、保障性住房，以及具有购物、休闲等多种功能的城市商业综合体，同时配套教育、卫生等方面的优质公共配套设施，打造交通体系完善、公共服务配套设施齐全、生态环境优美、产业发展与居住环境相协调的新市镇。探索城际“产业＋保障房”新模式。

实施技能人才“百千万”工程。搭建技能人才引进和培训平台，实行以“招工即招生、入校即入企、校企联合培养”为主要内容的校企合作模式，引导建立校企合作技能人才培养示范基地。推进“走进百所高校，对接千家企业，引进万名技能人才”计划，拓展技能人才引进范围，提升人才引进效率。

三　强化高端产业支撑

（一）打造高端产业集聚基地

着力打造高端产业集聚基地，在壮大战略性新兴产业基础上，着力发展未来产业，协同打造高端产业集聚区。东部地区具有打造高端产业集聚区的条件和空间，要加快发展战略性新兴产业及未来产业，重点发展新一代信息技术及互联网、新能源、新材料、生物医药及生命健康、节能环保、航空航天、文化创意等战略性新兴产业及未来产业。紧跟全球新一轮科技革命发展趋势，在智能装备、可穿戴设备等领域培育若干百亿级产业集群。大力引进科技企业总部和研发中心，促进优质产业资源集聚，发挥产业乘数效应，建设若干具有国际影响力的创新产业集群。

依托坪山高新区、坂雪岗科技城、新能源产业基地等空间载体，重点培育发展基础条件好、科技含量高、带动效应大的新一代信息技术、互联网、新能源、新材料等战略性新兴产业。依托坪山高新区、阿波罗未来产业城等空间载体，加快发展航空航天、生命健康等未来产业，重点培育航空电子、无人机、航空航天材料、生物等细分领域。依托深圳国际生物谷坝光核心启动区、国家级生物产业基地，大力发展生物信息、生物医学工程、生物医药与高端医疗、生物资源开发以及生物环保与制造等重点领域。扶持骨干企业做大做强，围绕重点产业细分领域，加快培育一批具有国际影响力的骨干企业。重点支持以万乐药业为龙头的生物企业，以比亚迪为龙头的新能源汽车企业，以华为、中芯国际、昱科环球为龙头的新一代信息技术企业，以沃尔核材为龙头的新材料企业。加快打造以坂田华为基地为主体的新一代电子信息产业集聚区，建设以龙岗坂雪岗科技城、坪山聚龙智谷、深圳智能制造研究院等为代表的机器人智能制造产业集聚区；构筑以比亚迪、中广核和LNG项目为代表的新能源、新材料产业集聚区；建设以坪山国家生物产业基地、大鹏生物谷为代表的生命科学生物技术产业集聚区；建设以国际低碳城为代表的绿色低碳产业集聚区；打造华南城等现代物流产业集聚区。

在高端产业发展上补齐增强会议中心、大型企业第二总部落户、商务与专业服务、新型商业业态和创新资源汇集等方面的建设力度。在产业形态上应该主推打造都市型研发产业、创新服务业、商贸会展业、新型金融业和专业服务业，将东部地区建设成具备强大辐射影响力的特色商圈、都市生活中心、大众时尚消费集聚区。

（二）协作构建高端产业链

通过加强产业对外辐射与跨区协作，努力构建高端产业链。利用多层次、各具特色的产业载体优势，集中力量引进在产业链构建中起关键作用的旗舰型企业和重大项目，加快培育具有全球竞争力的下一代信息产业链、超大规模集成电路产业链、装备制造产业链、生命健康产业链等。积极承接深圳市区高端产业资源东进，建立基于比较优势的产业转移跨区合作模式。依托“总部+分支”“研发+制造”等模式，实现研发、市场和总部在深圳，制造向周边地区扩散，在更大腹地范围优化产业组织和布局模式。发挥龙头企业和龙头项目带动作用，健全研发、制造、营销、品牌管理、生产性服务产业链，实现产业集群高能化。加快打造新一代信息技术、新能源和新材料、现代物流产业等千亿级产业集群，将未来产业、互联网产业、智能装备产业、生物医疗产业等打造成500亿级产业集群，每个新兴产业力争培育出1—2家超100亿元企业、3—5家超50亿元企业，每个企业带动5—10家产业链相关企业发展。

推动传统优势产业向规模化、集约化、品牌化方向发展，引导企业向研发设计、产品营销、供应链管理和品牌建设等“微笑曲线”两端延伸，促进高附加值环节项目的聚集。促进先进制造技术与高端装备技术在传统制造业领域应用，加快实现产业转型升级。推动制造业骨干企业与优质互联网公司紧密合作，推进重点园区智慧化改造升级，加快重点产业园区基于云计算、大数据、物联网等技术的智慧化应用，促进园区企业发展、产业链上下游的深度融合。

（三）拓展高端产业发展空间

东部地区工业用地达100平方公里，占到深圳全市的近一半，发展潜力巨大，高端产业局部富集。要优化区域空间资源，努力拓展高端产业空间。

严格保障产业用地规模，实施工业用地规模控制战略，保障产业总量，满足长远发展要求。大力开展工业区综合整治类城市更新，引导土地资源占用大、能源消耗高、综合效益低、环境影响大的低端低效产能企业外迁，加快淘汰低端产业，优先吸引具有区域影响力和带动作用的高端产业项目入驻。

加大产业用地整备力度，建立和健全科学有效的土地整备机制，综合运用规划、土地、资金等多种手段，整合区、街道、社区等各方力量，对现状利用率低的成片用地实施土地整备。以社区为单位，全面研究社区产业用地、产权、产业规划情况，通过统筹发展研究指导社区整体发展，优化社区土地资源，引导社区土地资源服务高端产业发展。实现土地整备信息资源共享，深入挖掘产业空间资源，切实为优质产业、优质企业提供高质量、可持续的空间资源保障。

因地制宜，分类实施工业区改造升级，采取现状保留、拆除重建、综合整治、空地新建及逐步清退等相应策略。对现状建筑质量较好的工业区，完善公共配套环境，加强产业和信息化管理，打造绿色、生态、低碳园区。加大旧工业区综合整治力度，推动传统产业转型升级，优化园区服务配套。对已批未建的产业用地或工业区，鼓励其提高容积率后开发建设，满足重点产业、创新型企业发展需求。逐步清退不符合规划的工业区，腾挪建设用地指标。

四　打造东部绿水青山品质城区

（一）加大力度推动绿色发展

全面提高能源利用效率。全面深化工业节能，严格实施源头把关，加快淘汰效益低、能耗水耗高、污染排放量大、工艺技术落后的设备和产业。积极落实国家“电机能效提升计划”，推广合同能源管理，完成重点耗能企业节能目标。推进重点用能单位及公共建筑的能耗监测信息化平台建设，全面提高公共领域的能源利用效率。降低非清洁能源消费，鼓励新能源开发利用，推广天然气使用，建设以天然气为主体、太阳能和风能为补充的分布式能源系统，提升垃圾焚烧发电厂效能。

加快制造业绿色改造升级，依托新能源汽车制造、太阳能光伏应用、LED 高效照明等重点产业，加大先进节能环保技术、工艺和装备的研发力度，加快制造业绿色改造升级，加大电力、电子设备制造、建材等重点行业企业能耗诊断和节能改造力度，加强工业领域需求侧管理，推进终端用能产品能效提升和重点用能行业能效水平达标，提高制造业资源利用效率，努力构建高效、清洁、低碳、循环的绿色制造体系。

引进和培育节能厨具、太阳能光伏发电、资源综合利用、节能服务等特色产业，鼓励绿色低碳企业做大做强，探索打造节能环保服务产业集聚示范区，提升绿色低碳产业的竞争力和影响力。

（二）大力推进低碳城区建设

高标准建设深圳国际低碳城。将低碳理念全面融入国际低碳城规划、建设全过程，提升低碳产业集聚和服务水平，加强国际和区域低碳合作发展，加快打造空间布局合理、产城高度融合、资源集约利用、生产低碳高效、生活低碳宜居、富有人文特色的国际低碳示范城。建设高效集约的地下市政综合管廊，提升能源供应效率。按照增量优质、存量优化的理念，完善并严格执行产业准入标准，推行碳排放管理，培育和集聚新兴低碳产业，构建高质化低碳产业格局。推进产业空间整合，引导产业适度集聚，培育特色鲜明、协同发展、具有国际竞争力的低碳产业集群。提供节能减排服务和技术支持，扶持低碳技术创新，推广低碳技术应用。按照国际先进水平制定指标体系，开展项目合作。建设国际技术转移平台，引进和吸收国内外先进理念和技术，争取知名国际先进低碳技术机构落户深圳国际低碳城，依托 C40、R20 平台促进低碳发展国际合作。

倡导绿色低碳生活方式。以低碳社区建设为抓手，建立社区低碳发展模式与标准。重点着手生态住宅、慢行交通、环境友好、低碳生活、低碳管理领域，以点带面铺开全区低碳社区建设。结合地形、气候规划设计生态住宅，推广光伏发电与屋顶绿化应用。全面执行绿色建筑标准，开展既有建筑低碳化改造，实施一批绿色建筑示范项目。全面推进大型公共建筑用能系统的节能改造，推进超低能耗、零能耗建筑和正能效建筑试点，发挥公共机构节能表率作用。推广天然气动力汽车、纯电动汽车等新能源汽车应用，加快新能源公交建设。以城市绿道为重点，建设步行和自行车绿道，搭建城市慢行系统网络。

（三）打造宜人生态格局

生态与山海资源是东部地区的突出优势，非常适合创新创业，应努力保护和利用自然资源、山海资源，打造山海相依、山环水绕的宜人环境。可以通过实施山环水绕计划，营造创新人才休闲环境，促进深圳建设创新型城市。

东部各区生态资源丰富，从龙岗到坪山，从盐田到大鹏，生态资源都有分布，有龙岗河、坪山河，有大鹏湾、大亚湾，丘陵低山连绵，要通过生态景观建设，形成良好生态大环境，构筑山海美城格局。东部各区可联合打造具有较大规模和影响力的生态廊道，可依托大运中心、大鹏半岛、大小梅沙、东部华侨城、马峦山等生态园区，再加上丰富的岸线资源，共同建设东部生态廊道。依托两湾两河多山地貌特征，打造山海相依、山清水秀、山环水绕的宜人环境。大力推进海绵城市建设和水生态环境修复，构建良性的东部地区城市水文循环系统。龙岗要积极推进两湖一岭精品山水绿道、龙岗河国际标准水岸线建设，形成串联大运公园、龙城公园、清林径公园、红花岭双拥公园、植物园及嶂背郊野公园的绿色项链，着力构建中心城环、坪地环、布吉环、横岗环“1+3”绿环，重点打造环东部中心的125公里生态绿廊。坪山以马峦山—田头山、北部的松子坑郊野公园为生态屏障，以坪山河为慢生活骨架，构建“一带一环”的山水田园新城。盐田高标准建设沙头角、海山、盐田后方陆域、大梅沙山海通廊。大鹏新区紧密围绕“三岛一区”的高端发展目标，通过建设国际生态旅游乐园、国家海洋公园等重大生态项目，提升生态资源价值，着力构建“一带三环”的山海大鹏空间格局。

此外，深圳东部地区还是深圳客家文化的发源地，遗留了大量客家传统建筑。龙岗区应重点围绕龙岗河沿线，依托鹤湖新居、龙园、梅冈世居打造龙岗河一河两岸客家文化风情带。坪山可重点依托大万世居、龙田世居，通过植入客家建筑元素和客家文化活动，打造若干客家文化体验和展示的示范社区。盐田可依托“沙头角鱼灯舞”“疍家人婚俗”“盐田山歌”和“天后宝诞祭典”等文化元素，打造民俗文化示范基地。大鹏新区可重点依托大鹏所城、东江纵队司令部旧址，打造成为凝聚深圳历史记忆的文化场所。如此将留住绿水青山、记住乡音乡愁，将促进东部地区建设宜居城区和创新人才休闲度假基地，给科技发展提供难得的环境支撑。

（四）构建国际一流品质城市

发挥东部地区的生态本底与文化积淀优势，实现对城市格局、风貌和各类空间的精细化建设与管理，通过城市设计指导建筑单体设计，规范城市建设，塑造城市特色，提升城市品质，推动城区面貌发生脱胎换骨的变化，营造匹配深圳东部形象的国际一流品质城市。

高标准打造精品城市景观，打造品质之城。对标国际先进城市，结合中心区现有景观、文化资源与重要城市活动节点，点、线、面结合，合力塑造城市特色风貌，在城市形态、建筑风格、地标上融合现代化国际化元素，塑造比肩国际一流城区的精品城市景观。重视规划构造建筑天际轮廓线、城市设计和整体平面布局观感，在立体空间上统筹东部中心的城市功能布局，塑造以人为核心的富有特色魅力的公共空间。通过合理控制片区建筑容积率，优化建筑密度，协调建筑形态，规划建设适当高度错落有致、色彩缤纷多变、塔楼穿插有序的超高层建筑布局，形成多组标志性建筑簇群景观，成为景观视线焦点，打造高层建筑天际线，促进建筑物、街道立面、天际线、色彩和环境更加协调、优美，形成集中展示整体城市形象的核心景观轴。

塑造特色魅力的公共空间，打造魅力之城。开展现代田园都市的顶层设计，促进自然山水与城市发展的相互交融，打造“山环水绕”的空间特色。加强各类公共空间的精细化建设管理，切实提升公园、产业园、观光园、道路、河流、山体等“园、道、河、山”景观面貌，结合城市滨水岸线、亲水平台、立体廊道、公园绿地、步行系统以及建筑基底，打造网络化、层级化、生态化的公共开敞空间系统，实现公共空间的可达性、开放性、宜人性、地域性。

推进城市多功能立体开发和复合利用，打造紧凑集约之城。倡导土地混合高效利用，实施都市综合体开发模式，建设互联互通、均衡多元的立体城市空间。通过统筹地上、地面、地下三维空间规划建设，建设纵向分层立体、横向互联互通的城市空间系统，推进轨道、公交场站、商业中心、会展文体中心等综合体的立体开发，打造功能多元化、环境人性化的地下空间系统，打造一批世界级精品建筑。以轨道站点为核心，重点推进商业综合体、交通综合体、旅游综合体、商务综合体、专业市场综合体等多种类型的都市综合体建设，将建筑空间和城市空间相融合起来，充分发挥建筑空间的协调和建筑功能的互补，实现建筑空间的高度复合，构筑多样化和系统化的城市空间。

五　促进东部地区协同共建与特色发展

深圳实施东进战略，是东部地区的重大发展机遇，东部地区要依托各自资源禀赋进行功能分工与合作，做好内部整合和抱团发展，努力实现协同共建与特色发展。

（一）重点打造龙岗—坪山东部发展中心

龙岗、坪山发展势头快，潜力很大。2018 年龙岗 GDP 迈入 4000 亿级，仅次于南山，位列全市第二，增速位居全市第一；坪山区增速高达 10.1%，排名全市第三。龙岗和坪山两地相加后的经济规模总量较大，并有龙岗中心城、大学园、大运城等设施基础，有华为、比亚迪等国际知名企业，产业发达、创新能力较强，特别是龙岗现有中心区条件优越、配套齐全，龙岗和坪山有条件协同共建深圳东部中心。龙岗—坪山东部发展中心有望发展成为与罗湖—福田中心、南山—前海中心同一级别的深圳第三中心。龙岗和坪山要联合与错位发展，聚焦创新、智造等高端环节，推进产业链共荣共生，形成共识、形成合力、形成聚核，联手打造与其他两个中心并驾齐驱、功能有别的市级中心。龙岗要突出“创新引领”，以深港国际中心、大运枢纽为支点，通过国际大学园、国际博览中心、科学公园、活力水城等项目进一步加大对高校基础科学研究要素、高新企业创新平台要素、高端生产性服务业要素、国际化公共服务资源的吸引力度，打造东部科技创新中心乃至超级 CBD（Creative Business District，创新中心），建设辐射力强大的综合服务中心。坪山区要突出“智造驱动”，通过高端智造、宜居城区、门户城区构建

“斯图加特式”现代田园都市，努力建设成为深圳东北门户。

（二）着力打造大鹏—盐田深圳东部湾区旅游胜地

加快旅游片区开发建设，加快环龙岐湾滨海旅游景区建设，积极推动下沙国际滨海旅游度假区建设，规划建设西涌高端会议旅游度假区。进一步优化和改造东部华侨城、大梅沙景区设施、景观及娱乐项目，推进小梅沙整体改造。

依托海上运动基地和航海学校、浪骑、七星湾游艇会等平台，规划建设融展示交易、休闲娱乐为一体的大型游艇帆船基地。以较场尾、东西涌等景区为试点，开发冲浪、潜水等特色项目。围绕国家地质公园、排牙山、笔架山等区域，规划建设功能齐备的户外运动廊道，开发徒步越野、山地自行车、攀岩、速降等户外运动项目。依托东部华侨城，拓展家庭亲子、婚纱摄影、蜜月度假、青少年夏令营、敬老爱老等现代生活元素。鼓励旅游企业打造和推广面向年轻人的动感旅游线路；面向中老年人乐享旅游线路；面向家庭亲子的温馨旅游线路；面向情侣的婚庆旅游线路；面向商务人士的活力旅游线路。

办好大鹏新年马拉松、大鹏国际户外嘉年华、“中国杯”帆船赛等活动。综合体育馆、游泳馆等场馆，大梅沙海滨公园及大梅沙湾游艇会等水上资源，积极承办国际性、全国性体育赛事。加快布局盐田区公共游艇码头，规划东部游艇自由行路线。

利用南澳墟镇、水头海鲜街、南澳海鲜街等规划建设专题旅游休闲街区、美食广场。推进盐田墟镇旧城改造，打造融海洋风情、滨海美食、疍家文化等为一体的滨海文化娱乐休闲区。

发挥大鹏、盐田生态环境优越、前沿生物科技及医疗健康方面的应用优势，开发森林浴、养生操等养生保健项目，开展养老服务、健康咨询、护理与康复等项目，推动以高端体验、精准医疗、康复、休养为主题的新型旅游服务。

第三节　布局“西协”，构筑大湾区核心枢纽

深圳西部是深圳发展水平较高的地区。蛇口半岛是改革开放第

一声开山炮炸响的地方；宝安中心区是原宝安县政府所在地；深圳高新区深圳湾园区就是原深圳科技园，属于闻名全球的粤海街道办。依托前海、南山、宝安的雄厚城市发展基础，深圳布局“西协”建设粤港澳大湾区核心枢纽，构筑辐射珠江西岸桥头堡。

深圳实施西协战略，就是要抢抓粤港澳大湾区及深圳先行示范区“双区”建设的重大历史机遇，沿着穗莞深港黄金发展轴，重点推进前海蛇口自贸区扩区，聚焦西丽湖国际科教城、深圳湾 CBD、西丽高铁新城、国际大空港、深中通道、深珠通道等建设，争当粤港澳大湾区科技创新中心、总部经济中心、综合交通中心，形成贯通国内且连接全球的空港、海港和高铁综合枢纽。通过实施西协战略还将为深圳拓展经济腹地，推动珠江口东西两岸协调发展，并辐射影响广西、贵州、云南等地开辟路径。

一　强化创新引领，打造粤港澳大湾区创新驱动主力区

深圳西部的南山区不仅已经发展成为广东省经济第一强区，也是“中国创新百强区”第一区。南山区全力打造科技创新“两链一环”，即“原始创新—技术创新—产业创新”创新层级链和“自主创新—协同创新—开放创新”创新形态链，整合优质创新生态之“环”，以科技创新引领全面创新，构筑创新发展高地，受到国务院通报表扬。宝安区居“中国创新百强区”第二位。未来，深圳西部将高标准打造西丽湖国际科教城，推进大沙河创新生态走廊建设，大力发展高新技术产业，成为深圳建设国家级综合性科学中心的重要支撑力量，更成为粤港澳大湾区建设国际科技产业创新中心的坚实基础。

（一）构建国际一流创新体系

进一步完善科技研发体系。强化企业自主创新主体地位，支持更多企业申报国家级高新技术企业，培育更多国家级、省级创新型企业。鼓励企业增加研发投入，提升企业研发能力。建设一批支柱产业、新兴产业共性技术研发基地，组建一批智能制造、战略性新兴产业等领域新型研发机构，开展与科创产业密切相关的关键技术研究。与国内外知名高校、研究院所合作建设产学研合作基地，联合开展重大专项计划，取得一批具有自主知识产权的专利产品。

建立多维度成果转化体系。大力实施产权战略，加大对专利发明、PCT国际专利等原始创新成果的激励，鼓励企业研发具有知识产权的名牌产品，加大对知识产权的保护力度。鼓励各类科技成果转移转化中介服务机构的发展，构建功能完善、高效运转的科技成果展示转移交易平台，建立较为完善的技术成果交易市场。加大对智能制造、新兴产业、未来产业等领域的研发成果产业化项目支持力度，加强创业投资、私募股权等社会资本对科技成果转化和产业化的扶持。

建立全方位服务保障体系。加强科技部门与产业部门的合作，统筹衔接科技研发、成果转化、产业发展等环节。搭建科研仪器设备共享平台、科学数据共享平台等，推动科技资源与信息开放共享，促进科技资源高效配置和综合利用。进一步完善公共研发平台、公共技术平台、公共测试平台、公共信息平台等创新公共服务平台体系。以企业需求为导向，打造多渠道、多层次、全方位的企业服务体系。

（二）构筑创新人才高地

创新人才引进思路，引进培养高层次科技创新人才。结合重点产业和重点领域创新需求，拓展海内外引才渠道，依托千人计划、万人计划、珠江计划、孔雀计划等吸引更多国内外优秀人才和团队来西部城区创业创新。依托创新型企业，通过国家重大科研项目、国际科技合作项目及产学研合作项目，造就一批具有较强能力的科研领军人才，培育一批在战略性新兴产业和未来产业等研发领域具有国际视野的高层次创新人才和团队。在创业投资、知识产权、管理咨询等领域聚集和培育一批高端人才。通过高层次人才集聚，促进西部城区新产品、新技术、新业态、新模式不断涌现。

完善人才引进、培养、使用、评价、激励机制，在科研经费资助、贷款等方面，加大对创新人才和团队的扶持力度，加大对人才创新成果的转化和保护力度。建设人才服务平台，打造线上“人才之家”。建设按国际惯例运作的人才市场。积极举办高水平国内外学术会议、专业论坛，邀请国内外知名专家学者进行学术访问、学术交流，为西部地区的发展建言献策。

（三）高水平打造科技创新核心支撑区

1. 打造西丽湖国际科教城

西丽湖科教城是深圳市推进粤港澳大湾区建设重大战略平台之一，地处粤港澳大湾区和广深港澳科技创新走廊的重要节点。片区内高等院校、科研机构、高新技术企业、高端人才集中，产业化优势明显。向南可以串联起深圳高新区、深港科技创新合作区（河套片区）等，向北打通光明区、东莞等制造产业化重镇。西丽湖国际科教城以原西丽深圳大学城为基础，以石壁龙、燕清溪、白石岭三大片区为重点，规划全域面积近60平方公里。目前，该片区布局了多所高等院校，拥有鹏城实验室、深圳湾实验室2家省实验室以及300余家国家、省、市级创新载体。未来，西丽湖国际科教城应以协同共建综合性国家科学中心为目标，高起点定位、高标准规划、高品质打造国际化开放式研究型大学创新发展高地、国家原始性创新示范区、粤港澳大湾区协同创新引领区、国际人文智慧生态先锋区以及体制机制改革与政策创新先行区，建设成为具有世界影响力的国际科教城，为粤港澳大湾区打造具有全球影响力的国际科技创新中心提供强劲动力。

加快推动北京大学深圳校区、深圳理工大学、清华大学国际校区等项目落地建设，大力争取教育部对国际合作、异地办学以及新型民营高校的政策支持，参照西湖大学模式，推动筹建“湾区大学”，引入民间资本和社会捐助，按非营利性民营机构设置管理，探索建立与国际一流民办院校接轨的现代化私立大学，积极引进香港大学深圳校区等一批优质的国际合作、异地办学高校，全面提升引才环境，打造世界拔尖人才高地。对存量科研机构进一步整合，加大基础研究和应用基础研究投入。参照国际先进研究机构经验，加快建设微纳加工、精准医疗、人工智能等成熟运行后能够自负盈亏的大型科研共享平台和大科学装置的建设。推进重点实验室与大学发展布局紧密结合，以高校为载体建设国家实验室。依托民间资本和科技龙头企业，筹建具有世界影响力的类似卡文迪许实验室和贝尔实验室的基础研究实验室。创新管理机制，让各类要素在西丽湖国际科教城全域内自由流通并与城市互动。

联合深港科技创新合作区、光明科学城申报国家综合性科学中心，打造世界级原始创新高地。推进新兴交叉学科建设，促进基础学科与应用学科、自然科学与人文社会科学交叉融合，积极推动网络数据科学、量子信息学、生物医学、纳米科学与技术、航空宇航科学与技术、生物信息等学科发展与完善。优化科技资源布局，发挥高等学校、科研院所和大型骨干企业的研发优势，加强与国家科技计划（专项、基金）衔接，统筹布局重点领域原始创新，集中力量实施脑科学、量子计算与量子通信、纳米科学等大科学计划，引领前沿领域关键科学问题研究，力争在核心芯片、医疗器械、生物医药、人工智能、机器人、微纳米材料与器件等领域取得更多突破。围绕应用基础研究领域部署，取得一批具有全球影响力的重大基础研究成果，引领国际产业发展方向。

以打造国际创新网络枢纽为目标，推动创新要素便捷流动与创新资源开放共享，推进深港深度合作，坚持产学研用深度融合，打造高水平开放创新合作平台，以提升区域协同创新效能和新经济策源能力，共建开放型区域协同创新共同体。推动跨领域跨行业跨地域协同创新，规划建设一批产学研成果转化创新中心，打造国际顶尖科技成果产业化首选地。发挥国防科技创新快速响应小组作用，携手国防科工局经济技术发展中心，高标准打造一批国家级军民融合创新示范基地。

加快西丽湖国际科教城土地整备工作，在生态优先的前提下实现西丽湖水源生态区保育区、协调区、发展区的分级保护和开发，实现为大学、实验室和科创机构释放土地，加快高校和科创机构的建设进展。加快野生动物园搬迁工作，为建设西丽湖国际科教城片区的核心商务文化服务区提供用地保障。加快城中村的综合整治和转型升级，加快片区内重大生态项目建设。

2. 推进大沙河创新生态走廊建设

大沙河发源于深圳市西部羊台山，向南流经大学城、深圳高新园北、科技园中、科技园南，以及后海金融总部，最终汇入深圳湾。规划建设大沙河创新生态走廊，串联起西丽湖、大学城、高新区、深圳湾，在城市形态上，将形成由大学校区、科技园区、居民社区共同融合而成的国际知识创新村。大沙河创新走廊有效地串联起上游以环西丽湖大学城为核心建设知识创新高地、中游以留仙洞为核心建设产业创新高地、下游以深圳湾高新区为核心建设技术创新高地。在新的历史时期，大沙河创新走廊将建设成为深圳国家自主创新示范区的核心区、粤港澳大湾区的先锋区。

以大学城、留仙洞、高新区为核心载体，推动使其成为创新创业引领区、高新技术产业集聚区、未来产业培育区、产城融合示范区。鼓励国内外知名的科研院所、高校和企业到创新走廊设立具有世界先进水平的科技孵化器、联合实验室、创新中心、研发中心等功能型的协同创新平台和创业工场、创业咖啡等低成本创业场所，促进各类创新创业平台的集聚发展。在继续推进战略性新兴产业和未来产业等高新技术领域的同时，要瞄准当前世界最新、最前沿的科学技术，超前谋划，全面布局，力争抢占世界科技革命的制高点，成为全球科技创新的领跑者。深化科技成果处置、股权激励、税收优惠、海外人才引进等方面改革。注重产业创新链与金融服务链有机衔接，设立创新走廊发展引导基金，吸引银行、保险、证券、信托、基金和机构投资者参与，形成与科技创新相适应的风险投资环境。强化公共服务配套，高标准构建产业共性技术平台、科技成果转移转化平台和科技金融服务平台，为企业提供各类创新服务。

进一步提升大沙河生态景观，打造全市最美的景观河、全市最大的滨水慢行系统、最亮丽的城市“项链”，拓展生态廊道的空间和辐射力。严控周边建设开发行为，优化创新走廊的生态环境，增加生态供给，实现科技创新与生态环境的深度融合。

二 打造高质量产业名城

历经改革开放40多年的高速发展，西部的南山、宝安区早已成为全球先进制造业大区。南山2018年新兴产业占GDP比重近60%，先进制造业占工业比重超过60%；宝安也已经形成以战略性新兴产业为先导、电子信息产业为引领、装备制造业和传统优势产业为支撑的产业结构。要立足西部地区产业发展优势，加快打造高质量产业名城。

（一）提升价值链高端环节，打造转型升级样板区

利用西部地区在互联网、大数据、云计算、物联网等新兴技术领域优势，推动重点行业、产品、关键环节的技术改造，引导企业优化产品结构，提升设计、制造、工艺、管理水平，引导低端产业有序淘汰转移，推动传统产业向价值链高端发展。推动电子硬件、仪器仪表、专用和通用设备制造向智能和精密化转型。

在继续做强做大高新技术产业基础上，加大对战略性新兴产业发展的投入，推进生物医药、互联网、新能源、新材料、新一代信息技术等产业高起点发展，重点扶持一批带动能力强、科技含量高、成长潜力大、综合效益好的重大项目。以龙头企业、重大项目为突破口，围绕重点领域，组织实施一批重大专项工程，突破行业关键技术，加强新技术应用和市场培育结合，推动科技创新成果产业化，加快新兴产业规模化发展。

鼓励工业企业创新经营模式，改造业务流程，拓展与制造环节密切关联的服务业，推进现代服务业和先进制造业融合发展。大力发展服务外包、科技创新服务、商务服务和专业中介服务，重点发展工业产品设计、视觉传达设计、流行时尚设计等工业设计产业。

以重大产业项目提升产业层次和能级，逐步实现以战略性新兴产业、先进制造业和现代服务业替代落后产能，以价值链高端环节替代低端环节，不断提升西部地区产业综合实力、核心竞争力和可持续发展能力。

（二）提升智能制造水平，促进先进制造业集群发展

依托产业优势和信息技术、智能化技术等技术优势，加强智能制造技术及装备的开发应用，推进生产过程智能化，率先抢占高端制造业发展先机，提升智造国际影响力。围绕关键元器件与核心部件、成套装备、工业机器人、可穿戴设备等重点领域，突破柔性制造、智能制造、网络化制造、虚拟制造等先进制造技术。实施技改倍增计划，大力推进制造业企业技术改造和核心技术攻关，建设一批市级以上工业技术研究院、制造业创新中心，集中攻克激光器、传感器、生物识别等关键共性技术难题，支持企业参与制定国家、行业标准。加大工业设计力度，强化产业链集成，形成更多自主品

牌。强化工业和互联网融合，实施“机器换人”“数字车间”“无人工厂”项目，推动制造业数字化、网络化、智能化。

实施龙头企业培育计划，建立高成长性“专精特新”企业培育库，实施上市企业倍增计划，持续扩大上市企业培育储备库，推进先进制造业集群发展。支持中兴等领军企业发展，增强新一代信息技术千亿级产业集群国际竞争力。支持中建钢构建设国家级研发中心，培育千亿级建筑行业产业链。支持迈瑞、海能达、优必选等新锐企业发展，打造生物医药、航天航空、机器人及可穿戴设备等若干个百亿级产业集群。大力推动大铲湾汽车产业链的建设，打造大铲湾千亿级汽车产业集群。采取针对性措施，留住先进制造业关键环节，支持1亿—10亿元产值企业做大做强。

（三）推进现代服务业高端化

吸引国内外大企业和央企总部入驻西部地区，吸引生产基地在西部地区的上市公司等优质企业将总部迁入西部，加快总部基地建设，推进总部经济发展。

推进金融创新发展。利用前海平台，抓住福田金融产业外溢和深圳金融产业西移契机，积极争取全国性、区域性金融机构在西部地区设立地区总部和分支机构、产品研发机构、全国性培训机构及审计服务中心；积极发展创投基金、PE基金、产业基金等各种相关产业金融服务，多渠道拓展融资空间，降低企业融资成本，建立产业投资引导基金，推动社会创投机构、风投机构等社会资本加快设立各类产业发展引导子基金；加快引进金融租赁等新型金融业态，积极发展跨境金融，推动人民币金融资产跨境转让、跨国公司人民币资金池等业务。

大力发展临空临港服务业。以宝安国际机场为依托，拓展航运服务产业链，加快高时效性的制造、快递、航空企业总部集聚，加快培育跨境电子商务、保税展示交易等业务发展，建设大湾区重要国际贸易采购平台。加快发展咨询、法律、会计、审计、信息服务、售后服务等生产性服务业，大力发展商贸、餐饮、住宿、文化、旅游、健康等生活性服务业，打造空港现代服务业集聚区，建设中国临空经济示范区。

利用深圳国际会展中心落户西部地区的重大机遇，大力发展融科技博览、产品展示、专业论坛、文化交流、旅游观光为一体的现代会展产业。举办产品、原材料、零配件等各种形式区域性或国际性展览会、交易会、技术交流会、人才交流会等专业会展，打造专业化、国际化会展品牌。

积极推进地标式城市综合体、大型购物中心、特色商业街建设，促进高端消费，推进中心区商圈、各街道商圈建设，构建多层次现代商业格局。

三　夯实西部中心城区功能

充分发挥南山区、宝安区在“西协”战略中的功能定位，抓紧谋划“大前海”开发建设，夯实西部中心城区功能，助力深圳西部跨越式发展，增强向西辐射力。

（一）推进“大前海”开发建设

前海作为习近平总书记亲自决策、亲自部署、亲自推动的新时代国家改革开放战略平台，在先行先试方面被委以重任、寄予厚望。在习近平总书记的亲自指导下，前海敢闯敢试，精耕细作，初步形成了“前海模式”，即在全面深化改革、全面扩大开放条件下，以制度创新为核心实现了高速度、高质量发展的区域开发开放模式。在新形势下要把前海的地位与发展提高一个战略高度，高水平优化提升前海发展规划，推动前海蛇口自贸片区加快建成高水平对外开放门户枢纽和粤港澳深度合作示范区，提请批准前海扩区，推动前海与周边区域联动发展，构建“大前海”发展格局，高水平打造深圳城市新中心。

1. 促进区域联动发展

前海是湾区的“未来之星”，现有规划面积 14.9 平方公里。针对前海的空间局限问题，深圳积极推进和落实前海扩容。早在 2016 年 8 月，深圳市委六届三次全会报告提出大前海区域联动发展战略，将宝安新城、大空港新城、后海、深圳湾等整个湾区发展规划纳入“大前海”范畴，规划建设世界一流的湾区名城，打造成为辐射带动全省乃至粤港澳大湾区发展的核心引擎，从此引爆了“大前海”的概念。2019 年初，深圳市政府工作报告明确提出，要推动前海合作区扩区。将自贸区的蛇口区块、宝安中心区、大铲湾港区、大空港地区、孖洲岛以及大小铲岛区整合纳入深港现代服务业合作区，整合后的面积将从14.9平方公里扩大到77.34平方公里，增强自贸区对周边的辐射能力，为前海拓展出广阔的发展空间。前海合作区扩区一旦经国务院批准，将迅速推进“大前海”建设，全力推动打造区域融合的“前海模式”。

对于以往与周边区域协同联动不够的问题，将进一步完善并对接前海蛇口自贸片区、宝安新城、大空港地区等区域发展规划。未来“大前海”将充分把握高质量发展规律，坚持把高品质贯穿开发建设全过程，城市发展的体量和质量将不断升级，持续打造制度创新高地、高水平对外开放门户枢纽，打造成为粤港澳大湾区的核心区之一，形成世界独一无二的湾区城市新中心的核心形象。

2. 持续推进重大制度创新，打造新一轮改革开放的桥头堡

作为“特区中的特区”，前海应坚持以制度创新为核心、创新驱动发展的“前海模式”，做体制机制创新先行示范区。未来，“大前海”应继续以制度创新推进建设国际一流营商环境。为此，前海要实施一系列创新举措。加快建立先行先试的政策体系，以保证国务院支持前海开发开放的22条政策和国家各部委及省、市推出的系列配套支持政策落到实处。全力运行高层级、高规格的推动机制，完善部际联席会议制度，形成务实高效的深港联席会议制度、南山前海联席会议制度、宝安前海联席会议制度，全面加强与周边战略区域的对接。充分发挥前海咨询委员会作用，把规划项目化、具体化，形成行之有效的体制机制并完善创新合作体制机制，注重切实有效解决前海相关产业、企业以及部门之间的发展问题。增强法治意识，进一步完善有关法规规章制度，完善与前海产业集聚发展相适应的产业性、配套性立法。继续以打造市场化政府运作模式为目标，建立法定机构区域治理体系，实现体制内强大动员能力和市场高效活力的有机结合。持续推进服务管理效率提升，借助前海e站通服务中心为前海提供一站式、一门式、一网式、一颗印章对外的政务服务，保证“放管服”改革有效推进，深化和创新综合行政执法体制改革，加强事中事后监管，探索建立与国际高标准投资贸易

规则体系相衔接、与前海蛇口自贸片区发展相匹配的综合行政执法体系和运行机制。进一步创新前海金融监督机制体制，按照法定机构模式落实前海地方金融监管局的组建与运作，创新机制体制，厘清职权边界，依法依规落实履职相关程序，不断推动前海金融监管工作。持续加强前海知识产权工作力度，建设集知识产权申请、审查、确认、争议解决与司法保障、行政执法于一身的知识产权保护全链条体系，促进知识产权保护与知识产权运营的有机融合，把前海建设成为中国知识产权保护高地。

3. 加强深港深度合作，强化湾区核心引擎功能

前海要把握“依托香港、服务内地、面向世界”的总定位，努力探索解决“一国两制”下与香港的规则对接问题。充分发挥自贸试验区、深港合作区、保税港区“三区叠加”的独特优势，深入推进对外开放，加快与香港经济、市场规则体系的对接，营造接轨国际的制度环境，逐步形成与国际通行规则深度融合、有效满足新时代发展需求的规则体系。统筹利用深港科技创新资源，优化跨区域合作创新发展模式，构建国际化、开放型区域创新体系。通过加强深港深度合作，构建以现代金融为主导、高端多元的现代产业体系，努力建设成为中国最大的新金融、类金融机构集聚地，重要跨境金融中心。重点引领深港合作尤其是产业合作走向深度化、高端化、国际化，实现产业联动、文化互融、利益共享的发展新格局。

在贯彻落实《中共中央 国务院关于支持深圳建设中国特色社会主义先行示范区的意见》过程中，“大前海”更要勇当尖兵、走在前列。以开放度最高、自由度最广、引领性最强、创新力最佳、辐射力最优、联动性最好等“六个最”为行动指引，以重溯初心使命、重新顶层设计、重构发展空间、重振开放能级、重塑体制机制、重铸集聚效应等“六个重”为实现路径，加快建设“中国特色社会主义先行示范区”核心引擎区域，打造“新时代改革开放的窗口、高质量发展的窗口、社会主义现代化强国城市范例的窗口”，在先行中示范、在示范中先行，助力深圳实现从经济特区向先行示范区提升、从走在全国前列向走在全球前列跃升、从现代化国际化城市向全球标杆城市演变，创造出让世界刮目相看的新的更大

奇迹。

（二）高标准高起点规划建设深圳湾 CBD

深圳湾片区区位、资源要素优越，优质企业和战略项目云集，深圳湾 CBD 有必要通过更高质量的发展成长为世界一流湾区 CBD，成为最有基础、最有潜力代表深圳参与区域和国际竞合的地区之一。

1. 建设总部经济集聚基地

汇聚最具实力、最具影响力、在世界经济网络中具有核心凝聚力和辐射作用的全球标杆企业在深圳湾设立总部或分支机构。强化总部企业与深圳湾产业融合，加速构建与总部经济相适应的产业支撑体系。积极引进世界 500 强企业、国有大型企业集团及大型民营企业总部集聚发展，引导国际组织、贸易组织、区域合作组织、分支机构以及国际国内行业协会和组织在深圳湾设立区域总部。积极吸引营销、采购、研发、设计、培训等高端服务业总部，大力发展营运中心、物流中心、分拨中心、研发中心、营销中心、工程中心、票据中心等职能总部。支持物流企业设立信息服务、物流配送和仓储保管等职能性总部，提高现代物流业国际化水平。

2. 打造金融高地

加快吸引国内外各类金融机构聚集，重点引进银行、证券、保险金融机构总部和区域性管理总部，积极发展股权投资基金、金融租赁等创新型机构，大力发展金融要素市场体系，创新发展贸易离岸结算、电子商务国际结算、要素市场结算、网络金融结算和总部结算，不断完善信用等级、资产评估、会计等中介服务机构体系。打造金融沙龙，树立金融聚集区品牌，建成金融高地。

3. 促进高端商业集聚发展

顺应一站式消费和一次性购物的发展趋势，建设一批融商业、办公、酒店、展览、餐饮、会议、休闲娱乐等城市生活空间为一体的大型商业综合体。延伸消费链条，满足高品质、多元化消费需求。着力引进国内外高端时尚产品、时尚品牌及时尚企业，促进国际品牌旗舰店、专卖店集聚。举办国际性高端商业论坛、国际品牌及时尚产品发布与展览、时尚产品推介、时尚精品展示展销等活动，逐步建成西部地区文化时尚商品和奢侈品的信息发布中心、交易中心和价格发现中心，打造西部高端时尚风向标。加快电子商务发展，建设和完善电子认证服务、第三方在线支付等多样化服务平台，完善高端商业配套服务体系。

（三）加快建设大空港新城

大空港新城具有绝佳的区位优势，处于粤港澳大湾区、三大自贸区等重要战略的核心位置，拥有丰富的土地储备资源，稀缺的滨海景观资源，四通八达的陆海空交通，是深圳未来最具发展潜力的区域之一，应为深圳西部地区高质量发展提供坚实支撑。

构建高端现代产业凸显的良好产业结构。深化深港机场合作，发展航空服务，加速航空高端物流集聚，建设亚太快件集散中心。立足于深莞庞大的制造业基础，充分发挥空港的触媒作用，集聚、整合、优化高端要素资源，在现有产业园区的基础上，促进游艇设计、海洋电子、航空电子等具有全球资源整合与配置能力的高端制造业发展，加快新兴高科技产业孵化加速，促进科技服务专业化、规模化。以国际先进标准要求加快推进深圳国际会展中心建设，争取国际会议中心和新科技馆项目早日完工，打造世界一流会展场馆设施和品牌商贸展会，扩大高交会、文博会等展会的国际影响力。大力发展创意设计、文化软件、影视演艺业和文化旅游等产业，促进创意服务与商务会展相互渗透融合。

高标准建设西部田园旅游度假景区和沿海公园休闲区，助力大空港形成中部会展中心片区、东部住宅区、南部综合港区、西部旅游度假区以及北部高端装备制造片区的平衡经济发展格局。重视医疗、文化、教育、商业配套设施，引进和开展合作国际性学校、医院、酒店、会展服务、翻译、会计、法律咨询公司等项目，满足国际人士生活、工作、医疗、教育、旅游度假、娱乐等诸多需求。设计建造标志性建筑物，凸显和提升大空港新城国际化地位。

（四）积极推动宝安中心区扩容提质

经过多年的高标准基础建设，宝安中心区现代化国际化创新型滨海城区的都市格局初步呈现。新形势下，宝安中心区应以世界先进城区为标杆，从功能定位、空间布局、产业发展等方面优化提升，强化宝安中心区的核心竞争力，形成深圳向西立足湾区的发展新势能。

利用位于穗港深黄金发展轴和广深科技创新走廊地理中心及深中通道桥头堡的区位禀赋，借力深圳机场国际航空枢纽辐射影响力，重点发展总部经济、金融服务、科技研发服务、现代物流等高端服务业。依托强大的制造业基础，推动宝安中心区总部经济区的建设，大力发展航运金融、物流金融、科技金融等产业金融，打造以产业金融为核心的金融集聚区，与前海共建深圳西部金融中心；利用交通枢纽优势，培育物流新业态，推动物流业向产业链高端升级；大力发展研发设计、科技成果转化、科技咨询服务等创新服务业；发挥临空、滨海优势，促进航空公司总部集聚及金融、咨询、培训等航空服务业发展。

提升中央绿轴和广场品质，加快艺术馆、美术馆、博物馆等文化中心城市精品建设，重点推进宝安滨海文化公园、国际会议中心、壹方中心等国际生活综合体建设，加强与前海融合、与大铲湾港区互促发展，着力发挥中心区对周边地区的辐射带动作用，建设深圳西部“城市新客厅”。

四　海陆空全面提升，构建大湾区综合交通枢纽核心

交通先行，加快推进深圳向西的基础设施建设，重视城际高铁、高速公路等快速交通对区域发展的支撑作用，建设大湾区综合交通枢纽，打造粤港澳大湾区一体化现代综合交通体系。增加高速公路出入口，优化宝安、南山区际轨道网络布局，构建层次分明的换乘接驳体系，促使深圳西部轨道交通运能快速提升，持续完善区际路网体系，缩短实际交通时间，着力改善西部地区对外交通便捷度与区内交通通达度。

（一）打造前海亚洲最大综合交通枢纽

加快城际铁路和轨道线路建设，推动前海与周边的快速联系。加快穗莞深城际线、深惠城际线、深莞城际线建设，将深珠城际线引入前海合作区，推动深圳机场到香港机场的西部快轨、穗莞深延长线及从西丽高铁站过前海到香港东大屿都会的轨道线建设。在1

号线、5号线、11号线基础上，加快开通5号线、9号线地铁延长段，推动15号线及局域线、光明快线、坪山快线加快建设。

加快规划和建设深中通道、深珠通道及外环高速公路，缩短与珠江西岸城市的时空距离。完善骨干路网建设，优化提升片区交通，强化桂湾、前湾、妈湾三大片区直线连通，加快新城立交、妈湾跨海通道、滨海大道建设，增强前海与南山、宝安的联结。

开展前海至中山、珠海、香港、澳门的快速直达航线研究，推动建设直飞港澳和珠三角的直升机航站点。开辟直通港澳的游艇码头，加快建设蛇口国际邮轮母港，拓展福永码头至珠海、中山客运码头的航线，服务大空港地区与珠江西岸便捷联系。

（二）全力打造机场片区国际综合交通枢纽

推进航空枢纽建设，拓展优化航线网络，以全球经济中心、科技创新中心所在城市为重点，开辟更多欧美澳等直达航线，连通全球主要国际航空枢纽。加强宝安机场与临空产业园区、西部重要交通节点的交通衔接。加强空港、海港、轨道、深中通道、高快速路的有机衔接，发展多式联运，构建立体交通运输体系。

加快建设机场东枢纽，将机场东枢纽打造为世界一流的站城一体、空铁联运、无缝衔接的综合交通枢纽。以“空铁联运”为主要发展方向，在既有厦深铁路、深茂铁路的基础上，加快推动深圳至肇庆铁路、深圳至深汕特别合作区铁路建设，推进广深第二高铁在机场东设站，连通广州知识城、东莞中心区、深圳南山前海等地，推动机场东站至深圳北站捷运化列车开通，将机场东枢纽建成深圳高铁主站。在1号线、12号线、20号线、26号线接驳基础上，布局城际轨道和更多的接驳地铁线路，加快推动地铁33号线建设，连通机场东枢纽、龙华、龙岗中心、坪山枢纽。

（三）高水平规划建设西丽枢纽

西丽枢纽是融国家铁路、城际轨道、城市轨道等多种交通方式为一体的综合交通枢纽，位于广深港澳科创走廊的轴线上，串联西丽湖国际科教城、留仙洞总部基地、深圳高新区、后海总部基地等重点片区，交通功能及区域位置都极其重要，是深圳最重要的交通门户之一。未来要将西丽枢纽建设成为“国际一流，全国范例”的枢纽。

规划西丽枢纽引入赣深客专、深茂铁路、深汕客专等国家铁路，深惠、深莞增、深珠等城际铁路，以及13号线、15号线、27号线、29号线等城市轨道。综合考虑轨道交通供给与开发容量的平衡匹配，并依据城市功能，将交通流垂直分层，构建“地下两层、地上三层”的立体慢行网络，对应“地铁连接、地下商业、城市界面、公共空间、上盖开发”的五层楼空间，依据“多进多出”的组织原则，通过清晰的动线引导，实现不同交通工具间的快速换乘。

在核心地区按照“城站一体、上盖开发、换乘便捷、高度融合”的原则，打造新一代“站城一体”枢纽示范工程、极具人性化的现代高铁车站。突破国内铁路车站建设运营管理模式，简化旅客进站流程和候车模式；突破铁路枢纽规划设计、建设管理的既有体制机制，充分借鉴中国香港地区、日本等地对铁路进行“地铁化”的运营模式；同时，建立便捷的运营组织模式，充分提高国家铁路主枢纽的运营效率，提高市民的出行效率。

以西丽枢纽建设为契机，理顺西丽站与城市、城市与产业的关系，形成工作、娱乐、休闲、生活交织融合的城市枢纽，建设好“西丽高铁新城”。

五 高品质建设西部活力海岸带

深圳西部海岸带地区是人口、资金、科技、生态等方面最为集聚的“黄金岸带”，具有优质的生产空间、生活空间、生态空间，未来应积极串联起深圳湾、珠江口海岸线，打造滨海活力海岸带。

（一）建设环海绿道

在深圳湾公园滨海长廊西段开放运营基础上，拓展连通前海海岸线与宝安海岸线，加快打造贯通深圳西部海岸的环海绿道系统。环海绿道设计应依托优美的岸线风光和资源优势，坚持高端定位、生态优先，在不破坏现有海岸线自然景观基础上，通过湿地小径、海滨广场、滨水绿道、丛林穿越等方式串联海洋新城松岗沙井段、西湾机场段、前海新中心段、蛇口段、深圳湾段，打造绿化长廊与滨海空间相结合的亲海之地。同时在绿道沿线增设观景木栈道、垂钓平台、游船码头等设施，增加房车营地、特色酒店、演艺广场、无边泳池等旅游配套项目，拓展市民绿色休闲滨水空间。

（二）优化岸带布局，提高滨海空间品质

以生态引领，结合海岸段自然特色及区域产业特征，重点优化提升海岸段布局，点亮深圳西部绿色活力海岸带。

开展深圳湾水环境综合治理，设立深圳湾自然保护区，强化深圳湾超级总部基地片区、后海中心区与深圳湾的城海联系，合理布局向海公共空间、视线通廊，丰富公园配套设施、文化休闲设施，支撑岸段总部经济和湾区文化带发展。保留蛇口渔港文化的城市功能，贯通蛇口港东西两侧公共滨水空间，通过山海通廊串联历史人文景点，提升岸段南海油服基地地位，大力推动太子湾邮轮母港的国际高端旅游服务发展，拓展岸段高端旅游及科技服务功能。加强前海湾段水环境治理，结合西乡河西延、前海片区水廊道和前海湾岸线修复整治，强化生态功能，合理引导大铲湾功能转型，建设海洋博物馆等文化地标，大力发展现代服务业。

推进西湾公园、滨海文化公园、海上田园、潮汐公园等规划建设，对海堤进行生态化改造，强化复合生态效益，大力培育海洋经济与会展经济，并进一步优化空港功能布局，构建海陆空统筹的生态格局。

第四节　建设深汕特别合作区：打造“飞地经济”典范

2011 年 2 月 11 日，广东省委、省政府批复《深汕（尾）特别合作区基本框架方案》，正式成立合作区。深汕合作区位于粤港澳大湾区最东端，西接惠州，东连汕尾，距离深圳 60 公里，总面积 468.3 平方公里，下辖鹅埠、赤石、小漠、鲘门四镇。2017 年 9 月 21 日，省委、省政府下发了《关于深汕特别合作区体制机制调整方案的批复》，要求深圳市不折不扣落实好全面主导合作区经济社会事务的责任，按照“10 + 1”（深圳 10 个区 + 深汕特别合作区）模式给予全方位的政策和资源支持，确保合作区在新的体制机制下迅速打开工作局面，尽快做大做强。2018 年 12 月 16 日，深圳市深汕特别合作区正式揭牌，标志着深汕特别合作区迈入由深圳市直接管理的全新阶段。

深汕合作区作为深圳的一块“飞地”，其与众不同之处在于，全国其他飞地更多的是指产业园区，一般由输入地划出一块地，由输出的城市来主导，但是主导的通常只是产业布局和发展，而深汕合作区从产业布局到社会治理等方方面面都由输出地深圳来主导。“飞地经济”实质上是发达地区跟后发地区打破区划限制，通过跨空间开发实现资源互补、协调发展的一种区域合作模式。深汕合作区开辟了国内的先河，首创全国飞地治理模式。

一　聚焦产业发展，做强实体经济

（一）强化创新支撑

强化创新第一动力对支撑高质量发展的作用，打造科技创新平台，逐步推进“基础研究 + 技术攻关 + 成果产业化 + 科技金融”全过程创新生态链。重点引入机器人、先进通信设备、数控机床、医疗数字机械、自动化控制系统等领域具有优势的高校和科研机构进驻。争取深圳市天使投资引导基金支持，推动在实体经济各行业全面建立企业主导的共性技术创新平台。

利用深汕湾科技城、深汕科技生态园等平台的后发优势，争取深圳市支持深汕特别区布局机器人、人工智能、海洋科技等领域的重大科技专项。积极申请市重点研发平台，打造与深圳市功能互补、优势叠加的深汕研发平台，推进实施一批重大技术攻关项目。积极推进公共服务平台建设，推动企业与高校院所进行产学研合作，建设研究生培养实践基地。

（二）集聚发展高端产业

引进高端项目，打造一批高端产业平台载体。重点推动深汕科技生态园、锐博特创新基地、工业互联网制造业创新基地开工建设。加快时尚品牌产业园、深汕湾科技城全面投入运营。依托深汕科技生态园引入科技创新孵化器、加速器、人工智能等科技平台，建成新一代高新技术产业园区；依托深汕湾机器人小镇优先引进具有自主知识产权核心技术的机器人产业龙头企业、机器人公共技术服务平台和配套产业链项目，抢占人工智能发展制高点；依托时尚品牌产业园重点引进新材料、新能源、新一代信息技术和智能制造等企业；依托生命健康城重点打造生物科技产业园区，形成医、教、研、药、械一体化生物医学中心。

着力于先进制造业和战略性新兴产业发展，大力引进产业链关键环节项目，积极推动深圳本土企业在合作区新设主力工厂，力推“总部+基地”“研发+生产”“智慧+运用”发展模式，努力打造成为深圳市先进制造业和战略性新兴产业集中承载区。以世界500强、中国500强、行业领军及高新技术企业为目标，力争形成纵向成链、横向成群的千亿产值先进制造业和战略性新兴产业集群。利用深圳较为完善的电子信息产业链、汕尾优势电子信息行业，引进若干细分产业链和产业链部分环节，全力实施“云板端”计划，重点发展云计算、线路板、手机平板、智能终端、安防设备等行业，建设重要的电子信息产业基地。依托滨海资源优势，加快华润海丰电厂等能源项目建设，积极发展分布式能源、海上风电、波浪发电等清洁能源项目，推动LNG接收站等油气储运项目建设，打造新能源基地。积极与深圳对接，发展生物医药、动物饲养及实验、益生菌培育等项目，加快推进干细胞、羊胎素、中医药养生等项目建设，打造生物医药产业基地。

大力发展服务业，依托深圳港小漠港区，推进保税区申报工作，争取小漠港区适用广东自由贸易试验区政策，推动港口商贸和物流产业聚集；加快小漠湾文化旅游特色小镇和国际邮轮游艇港建设，完成水底山温泉庄园规划布局升级，加快圳美生态文化谷项目建设，加快连通巽寮湾、深汕湾形成沿海观光带，形成融康养照护、健身休闲、高端生物技术等为一体的健康旅游产业。

（三）大力发展“蓝色经济”，打造市海洋产业重要承载区

海洋产业作为深圳七大战略性新兴产业之一，已成为深圳经济发展的重要支撑和新的增长极。深汕特别合作区拥有50.9公里的优质海岸线，1152平方公里海域面积，13公里连续沙滩以及江牡

岛、芒屿岛、鸡心石等珍贵的海洋资源，可为深圳提供海洋和腹地空间，弥补深圳海洋产业发展空间不足的短板，引导深圳海洋产业结构转型升级，做大做强。

力争将小漠港区建设成为粤东地区最大的港口，与深圳港友好港进行货物与线路的连接，疏解深圳部分港口功能，真正建设成为综合性深水港。加快临港产业向深圳港小漠港区集聚，加快建设粤东地区重要临港产业基地，重点发展港口物流、临港加工等产业，力争发展成为区域港口物流节点和全市国际航运中心的重要组成部分，推动深汕合作区构建临港特色产业体系、打造港产城融合的现代海港产业新城。

加快建设深汕海洋智慧港，以“海洋＋科技”模式，着力打造海洋新兴产业链，以海洋科技产业与人工智能产业为核心，重点发展水下机器人、无人船、无人水声探测器、深海传感器、海洋大数据等关键装备和技术，大力发展海洋高教科研服务，吸引海洋高等院校、科研所落户，建设为海洋科研中心、成果孵化基地、战略性新兴产业和未来产业集聚的发展基地。

着力打造具有国际视野、独特文化的小漠湾文旅特色小镇，使之成为海洋经济的有益补充和文化配套。基于小漠湾海岸线、白沙滩、赤湖、赤石河等优质景观资源和林氏宗祠、小漠老镇区、小漠渔港等历史文化资源加快布局小漠欢乐海岸、海岸文化建筑群、白沙滩大型海滩公园、小漠商务中心、主题酒店群等多元化文旅产品和阳光社区、山麓社区等配套设施，有效推进邮轮游艇基地建设，助力深圳“10＋1”区建设“产、城、人、文”和谐共生的国际文化旅游小镇。

二　建设高品质智慧新城

（一）高标准打造新型智慧城市

推进数字经济蓬勃发展。聚焦新一代人工智能、新一代信息通信、高端芯片设计制造、核心软件等重点领域，推动一批关键技术与智慧城市建设深度融合，加强关键核心技术攻关、功能型平台建设，推动数字化向更多更广领域渗透。布局新型智慧城区，加快城市智能化更新，强化智慧产城融合。

全面推进电子政务云，加快建设深汕云平台，积极推进多维空间地理信息平台、大数据平台等基础平台建设，打造信息共享、相互推送、快速反应、联勤联动的城市运行指挥中心，推动物联传感、智能预测等信息新技术在城市建设领域的应用，用智慧城市理念探索解决政务管理和社会治理的痛点与难点。

不断优化“互联网+政务服务”，深化跨部门协同审批、并联审批，完善全流程一体化在线服务平台，打响“一网通办”政务服务品牌。聚焦医疗、教育、养老、文化、旅游、体育等重点领域，推动智能服务普惠应用，提供智慧便捷的公共服务，提升市民满意度。

（二）提升城市环境品质

深汕特别合作区依山面海，自然环境条件优越，山水生态资源丰富，风光旖旎，要重视环境保护，促进城市环境大提升，加快建设环境优美的品质新城。

推进鹅埠英达斯瑞公园、中心区望鹏山公园、小漠香山文化公园建设，开展精品绿地创建活动，通过整形修剪对现有绿地进行升级提档，实施荒地造林，通过新建、补植、改造等方式改善河流、道路周边环境，形成生态连廊，打造属于特别新城的绿地名片。

进一步提高道路保洁精细化水平，提升支路和人行道机械化保洁率，全面推进生活垃圾分类工作，实现公共机构、相关企业、居民小区生活垃圾分类全覆盖，全面提升城市洁化水平。

规范户外广告设施设置，加快违规设置楼顶字（牌）、大型墙体广告的拆除工作，开展以全面清理各类临时性户外广告为主要内容的广告牌匾专项整治行动。加快实施亮化工程，加强城市夜景整体设计，有效提升城市整体形象。

（三）提速基础设施建设

加快统筹推进海、陆、空、铁综合交通体系建设，加强深汕合作区对外交通联系。推动加快实现广汕高铁通车运行、深汕站投入使用和深汕高铁动工建设，研究推进深汕城轨建设。协调铁路部门增加厦深高铁深圳北站至鲘门站停站班次。加快推动深汕第二高速通车运营，深汕高速改扩建工程竣工，深汕第三高速开展项目前期工作等。推动深汕机场完成前期工作。港口方面，加快深圳港小漠港区一期 2 个 10 万吨级通用泊位和 1 个 5 万吨级工作船泊位投入运营，启动小漠港区二期建设，打造粤东地区最大的综合港区；开通小漠、鲘门至深圳、惠州及汕尾的水上客运航线，确立鲘门国际客运港定位。

推进“五横六纵”的内联交通体系建设。加快深东大道、深汕大道、望鹏大道、科教大道、宜城大道、红海大道、创新大道南段、创智路等施工建设，优化鹅埠、鲘门局部片区道路建设，推动小漠、赤石片区内部主要道路建设粗具规模。采用国际先进的“TOD 模式”，依据组团空间布局，构建环山、沿河和滨海慢行系统，形成“公交 + 慢行”的出行模式。

积极引进教育、医疗等重要资源，在南山外语学校（集团）深汕学校基础上，加快引进深汕高级中学、九年一贯制公办学校、职业技术学院等教育资源。加快北京大学深圳医院深汕门诊部运营及市属公立三甲医院规划设计与建设。

加快绿地中心、东部大厦等项目建设，稳步推进文体中心、鹅埠污水处理、鹅埠天然气场站和市政燃气管道等项目。加快启动人才安居计划，落实保障性住房政策。

三　创新完善体制机制

（一）开展新一轮机构改革

严格按照中央严控机构编制管理的要求，探索建立既与上级基本对应又体现合作区特点的机构职能体系，加快建立行政机关、事业单位薪酬体系，推动设立社保、医保、婚姻登记等机构，推动增加合作区缺口编制部分，积极协调省、市委编办增加事业单位编制数量，尽快组建事业单位，充实工作队伍。协调有关中央驻粤垂直机构入驻深汕合作区。

（二）推进管理体制调整

加快出台《广东省深汕特别合作区条例》《关于促进深圳市深

汕特别合作区经济社会发展的规定》《关于支持深圳市深汕特别合作区高质量发展的意见》，加快印发《2020年重大制度建设计划》。

推动“镇改街道”落地实施，理顺区街管理体制。协调市有关部门抓紧制定适用于深汕合作区的户籍迁移政策，推进各镇居民户籍划转工作，推动已招录、选调、转任公务员及事业单位人员落户深圳。

第六章　南联北拓扩展经济腹地

第一节　高标准建设口岸经济带

一　打造口岸经济带的现实基础分析

（一）口岸数量众多，类型丰富

特区建立之前，最早建设和开放了罗湖口岸和文锦渡口岸。随着特区的发展，过境人次迅速增加，罗湖和文锦渡两个口岸难以满足要求，很快开通了沙头角口岸、皇岗陆路口岸，后续又开通了机场口岸、深圳湾口岸以及多个海港口岸，形成了海、陆、空全方位的口岸开放大格局。深圳成为中国拥有口岸数量最多、出入境人员最多、车流量最大的口岸城市，也是全国唯一一座海陆空口岸俱全的城市。口岸开通所带来的庞大客货流量，带动了口岸周边经济的快速发展，以及商业氛围的形成。

目前深圳已拥有经国务院批准对外开放的一类口岸 15 个。陆路口岸 6 个，分别是罗湖、文锦渡、皇岗、沙头角、深圳湾、福田口岸；海港口岸 8 个，分别是盐田港、大亚湾、梅沙、蛇口、赤湾、妈湾、东角头、大铲湾口岸；空港口岸 1 个——深圳宝安国际机场。（如表 6－1 所示）

表 6－1　　深圳各口岸简介及类型特征总结

类型	名称	简介
陆路口岸（6个）	罗湖口岸	全国目前客流量最大的旅客入出境口岸之一
	文锦渡口岸	供港鲜活商品及进口水果的贸易口岸，车流为主，客流量小
	沙头角口岸	客流量最小的辅助性客货综合口岸

续表

类型	名称	简介
陆路口岸（6个）	皇岗口岸	全国货车入出境数量最多的客货综合性公路口岸
	深圳湾口岸	全国第一个"一地两检"查验模式运作的客货综合性公路口岸，现代化、智能化口岸
	福田口岸	旅客出入境口岸，全国首个内地与香港无缝接驳的地铁口岸
海港口岸（8个）	蛇口口岸	客货运大型综合性口岸，融铁路、公路、水路等运输方式为一体，第一个由企业自筹资金建设、管理和经营的海港口岸
	赤湾口岸	国际性货运港口口岸，天然避风良港，不可多得的深水码头，第一个中外合资港口企业建设和经营的海港口岸
	梅沙口岸	旅游专用口岸，开放一年后暂停使用，正进行重新启用的相关研究
	东角头口岸	中型客、货运码头，码头设计能力为50万吨
	盐田港口岸	中国四大国际中转深水港之一，全国集装箱吞吐量最大的单一港区
	妈湾口岸	为深圳西部临海工业和城市建设物资以及珠江三角洲地区部分水运物资中转服务的货运港区
	大亚湾口岸	建设岭澳核电站和保证大亚湾核电站正常运作的专用口岸
	大铲湾口岸	深圳西部港区内的全新世界级集装箱码头，是集散泛珠三角各主要生产基地货物的理想站点
空港口岸（1个）	深圳宝安国际机场	具有海陆空联运的现代化国际化航空港，全国四大航空港之一，第一个以地方投资为主兴建的机场

陆路口岸占据内地与香港两地间客货流通的主导地位，是内地对接香港的窗口，也是深圳发展口岸经济的基础。2008年深港联合公布在位于香港新界东北及深圳罗湖的莲塘/香园围兴建新口岸，2013年11月莲塘口岸正式动工建设，成为深圳市规划建设的第七座跨境陆路口岸。深圳可充分利用口岸众多的优势，自东向西串联

起沙头角口岸、莲塘口岸、文锦渡口岸、罗湖口岸、皇岗口岸、福田口岸、深圳湾口岸，打造一条连通盐田、罗湖、福田、南山的大口岸经济带。

（二）各陆路口岸区位优越，功能多样

沙头角口岸位于盐田区沙头角镇西面，片区东接沙头角保税区和盐田港，背靠梧桐山，南邻一线海景，享受丰富的山海资源，自然生态资源优越，并与香港连接。片区内商业比较发达，驰名中外的中英街跨内地和香港两界，街两边商铺林立，中外商品琳琅满目，吸引了不少人前去购物、旅游。

深圳罗湖区内已有罗湖口岸、文锦渡口岸，莲塘口岸的建设使得罗湖区在深圳市各区中拥有数量最多的陆路口岸。罗湖、文锦渡、莲塘三大口岸片区地处深港交界，北面有深圳水库、仙湖植物园、梧桐山风景区等，南临深圳河、香港打鼓岭，布吉河从片区西部经过，片区内部有沙湾河、东湖公园、唐排山、罗芳西山等生态资源，自然资源丰富，生态优势明显。

罗湖口岸被誉为联结内地和香港的“第一口岸”，自1950年开始便成为对外开放口岸，改革开放前外国人多由此入境，是“国人走向世界，世界认识中国”的重要通道。如今，它是中国客流量第二大的旅客出入境陆路口岸。据统计，罗湖口岸自开通以来，出入境人数已超过20亿人次，现时每年从深圳出入境旅客达1亿人次以上。罗湖口岸、深圳火车站、罗湖汽车站、深圳地铁罗湖站、公交车站构建起的便利交通优势，使得罗湖口岸片区成为深港间的重要交通枢纽。该口岸南临香港北区罗湖的边界，接港铁罗湖站，深圳这端出口即是深圳火车站广场，广场旁即是罗湖商业城、深圳火车站及火车站大酒店等，深圳地铁罗湖站位于深圳市罗湖口岸与深圳火车站东广场地下。随着罗湖口岸大量旅客的出入，罗湖商业贸易、旅游休闲等行业得到极大发展。距离口岸较近的罗湖商业城、东门步行街成了大量港人在深圳的消费热点。以罗湖商业城为例，作为港人北上的第一站，融购物、美容美发、饮食、桑拿按摩、制衣、粤曲、休闲为一体，其经营内容明显受到跨境购物的影响。在罗湖商业城的带动下，不少商业网点陆续在口岸地区建起，推动了罗湖商业圈的不断扩大，罗湖口岸大楼至火车站大楼之间的通道沿线也形成了许多商业网点，在庞大的跨境购物支撑下，罗湖口岸地区商业网点高度密集，商业体系越发成熟，形成了以香港居民为主、内地居民为辅的服务格局。这一特征使得罗湖口岸地区在面临深圳经济发展重心西移的态势下，依然保持着“深圳第一商业街”的地位。跨境购物消费极大地推动了罗湖口岸地区旅游休闲行业的发展，为方便游客，大量休闲娱乐设施集中在距离罗湖口岸2公里范围之内，其中罗湖区90%的休闲按摩中心分布在罗湖口岸区域一带，而所有大型的水疗中心都集中在罗湖口岸区域，香格里拉大酒店等许多酒店也都距离罗湖口岸不远。罗湖口岸片区北部位于“金三角”商圈人民南核心区，分布着大量的商业服务、商务办公和酒店娱乐设施，是深圳市客流最集中、商品最丰富、商铺最密集的商业旺区，也是罗湖区发展成熟的金融商贸核心区。

文锦渡口岸是国家指定的“供港活禽畜及水生动物”出境唯一口岸，从该口岸出境的新鲜蔬菜、水果、禽肉等成为香港市场的最主要货源，有效保障了香港的民生需要。口岸附近有文锦渡地铁站点，有文锦渡快线等跨境巴士。文锦渡口岸片区以居住及生活配套为主，汇聚东湖公园、沙湾河、唐排山、罗芳西山等生态资源，是罗湖区生态环境较好、配套设施较完善的生活居住区。

莲塘口岸位于深圳东部的罗湖区莲塘街道西南角，建成开通后的莲塘口岸将成为旅检和货检综合性陆路口岸，是实现深港跨界交通“西进西出、东进东出”总体格局的东部重要口岸。莲塘是由工业区发展而成的综合社区，配套相对完善。莲塘片区以互联网、电子商务、服装设计等产业为主，主要包括高新技术产业第一园区、第七工业区、鹏基工业区等，片区已被认定为深圳市互联网产业集聚区。

皇岗口岸地处深圳河沿河地带，与香港新界落马洲隔河相望，是中国唯一全天候通关的陆路口岸。口岸南面的皇岗—落马洲大桥横跨深圳河连接深港两地。皇岗口岸有多条跨境交通线路，可以到达香港尖沙咀、旺角、湾仔、荃湾、锦上路、迪士尼乐园、国际机场等地。皇岗口岸设立皇岗口岸站公交站台、深圳地铁7号线皇岗口岸站，外围道路有广深高速和滨河路，分别为城市主要的对外通道和城市快速路，南部有专用通道与福田保税区相连。

福田口岸南临深圳河，北靠裕亨路，东侧为渔农村，西侧为皇岗砂码头，口岸联检楼北接港铁（深圳）4 号线、深圳地铁 10 号线［（在建）地下室西侧为地铁福田口岸站（原皇岗站）］，南经通道桥与香港落马洲站联检楼及东铁线落马洲支线相连。福田口岸可以直接在站内完成过关，到达香港的落马洲——港铁的终点站。福田口岸所在的区域附带福民小学、皇岗小学，以及皇岗中学，还设有福田口岸第一商业中心。随着河套地区的开发建设，皇岗口岸、福田口岸片区的地位日益凸显。

深圳湾口岸位于深圳市西部南山区蛇口东角头的一块填海地，西距深圳湾（后海湾）海域约 500 米，东距妈湾港 8 公里，南距深圳湾大桥约 1.7 公里。深圳湾口岸既是目前深圳西部唯一陆路口岸，也是直接对接粤港澳大湾区最重要的珠江东岸走廊，是建设国际一流湾区和世界级城市群的重要连接门户。跨望海路的人行天桥将实现深圳湾口岸和对面的深圳湾公园双向互通。随着 13 号线的南延，深圳湾口岸将连通深圳湾总部基地、留仙洞新兴产业基地。届时，深圳湾口岸片区将成为广深港创新发展主轴的核心节点。

二　因地制宜开发口岸片区

根据各口岸片区特点，因地制宜开发，加快形成独具魅力、特色鲜明、活力充沛的“大口岸经济带”，成为粤港澳大湾区的战略支撑点和重要发展极。

（一）大力实施“口岸 +”策略，发展口岸经济新业态

以“口岸 + 旅游”为主题，将沙头角口岸片区打造成国际旅游购物中心。全力推进轨道交通 8 号线建设，确保到 2020 年轨道交通顺利开通，积极融入全市轨道交通网络。利用中英街和盐田海鲜街品牌，推进“口岸 + 旅游”建设，布局特色旅游购物街区。加大对生活性服务业企业的引进和扶持力度，打造有品质有特色的消费热点。高标准打造中英街，加大中英街界碑、中英街博物馆、天后宫、古榕树、古井等历史文物的保护，和香港联手翻新中英街，将

其打造成为旅游购物及文化区。一方面简化出入中英街手续，延长通关时间，并将深圳一侧根据户籍地和居住地划分的出入中英街的申请人类别缩减，开放境外人士旅游购物；另一方面借此发展沙头角旅游文化，同时可借助电子商务的发展契机，将中英街边境购物街两侧商城发展成为线下实体店，鼓励和便利湾区和内地广大消费者通过线下体验+在线购买的O2O创新模式购物。

以“口岸+消费”为主题，在罗湖口岸布局国际性购物中心，将其打造成高端消费集聚区。借力罗湖口岸整体改造实施计划，打造世界级国际消费商圈。强化区域消费功能，引进消费新业态，全面导入文化、旅游、消费、休闲功能，规划建设新一代城市新地标，打造世界级的新消费业态集聚区和目的地。依托火车站西片区的开发，引入标志性的大型国际消费产业载体。延伸罗湖口岸、火车站客流集散功能，实现人流快速疏散与驻留消费相结合，构建过境通关、交通枢纽、高端商务、时尚消费、休闲娱乐、旅游生活等功能叠加的复合型功能片区，支撑罗湖国际消费中心功能。

以“口岸+文化”为主题，依托文锦渡片区生态优势，强化生活服务性功能和生态休闲功能，营造文化休闲氛围，将其打造成面向深港创新型人才的优质生活空间。充分发挥文锦渡口岸片区沙湾河、深圳河、唐排山、罗芳西山、东湖公园等生态资源聚集的优势，进一步合理有序导入城市高端休闲文化功能，与罗湖口岸拉开差距，打造安静、高端休闲功能区。借鉴渔人码头成功经验，深化片区文化氛围的打造，创设都市口岸高端特色休闲带，创建深港口岸特色休闲品牌。参照国际化标准建设，学习香港先进的管理模式，建筑设计采取国际前沿技术，配备齐全的功能、设置超前的配套设施，设置多元化、人性化管理。以开放型社区为依托，融合深港文化，打造舒适的人居环境魅力区。对标巴黎塞纳河左岸，营造文化休闲氛围，打造深港文化交流的优质生活圈。

以“口岸+创新”为主题，在莲塘口岸片区重点发展以互联网为主的创新型产业，同时配套服务创新创业的低成本创新空间，打造以创业文化为主题的创业公园。以大梧桐新兴产业带的建设和东部过境快速路建设为契机，发挥莲塘口岸片区互联网产业聚集优势，以互联网及其延伸产业为核心，打造以互联网产业为主，科技、金融、物流等产业联动的“四创联动”聚集地。依托深圳高新技术企业发展迅速、专业人才充足、创业成本低、用户市场大的优势，引进香港的公共服务支持体系，并借助香港庞大的资金流、信息流和国际化人才，联手打造深港互联网合作创新基地，为深港创业者提供优质创业空间，并且促进创新企业国际化团队的组建，为其国际市场推广提供据点。以电子商务为产业导向，形成产业集聚效应，推动电子商务应用和创新发展。深化电子商务在各领域的广泛应用，最终形成与实体经济融合互促的电子商务产业格局。借鉴硅谷发展模式，营造多样化的开放休闲交流空间，为创新创业人才提供优质的生活休闲和交往环境，营造大莲塘创业文化系统，以创业公园代替口岸概念，突出创业文化主题，让口岸成为附属功能，推动建成莲塘“创谷”。

扎实推进“口岸+特色产业、新兴产业”发展。在皇岗口岸、福田口岸片区打造信息技术协同创新载体、创新总部基地、湾区智能产城社区，重点聚集发展智能制造、智慧医疗、智慧能源、云VR/AR、无线家庭娱乐、智慧城市、北斗卫星应用等强关联产业。聚焦5G通信、光通信、物联网、集成电路等领域，主攻前瞻性器件、先进材料器件、智能处理芯片、射频毫米波器件、光电器件、通信系统器件等六大方向，打造世界领先的高端通信器件创新平台。打造专业服务业、人工智能、生物医药等若干个产业主题总部基地，定制合适的空间载体，营造优质的总部经济生态。强化南山深圳湾超级总部商业区向深圳湾口岸区域延伸，依托高新区、深圳大学、大学城的科技创新和研发功能，推动深圳湾口岸联合深圳湾超级总部基地，积极发展大湾区高端服务业和制造业。

（二）加快口岸片区更新改造

加快沙头角口岸重建工作，全力推进口岸片区城市更新，拓展发展空间。借鉴日本京都火车站站高密度、复合统筹开发经验，实施罗湖口岸片区大整合，对现有重要节点如火车站、口岸大楼、罗湖商业城等及其周边地区进行整体改造，从功能设置、空间布局、交通联系、形象色彩等方面进行提升，营造良好的整体感官，提升片区价值。尽快推动文锦渡口岸片区升级改造规划编制，加快推进文锦渡口岸及周边地区整体改造前期工作。加快莲塘片区城市更新项目建设前期工作，推动口岸周边老旧住宅棚户区改造，改善口岸周边居住环境和市容环境。尽快对福田口岸东广场进行改造升级，全面提升口岸综合环境和周边居民生活品质。以打造先进、智慧型口岸为目标，以深圳质量、深圳标准全面开展口岸土地释放、通关环境、交通规划、硬件设施改造，打造口岸亮丽环境。加快推动皇岗口岸整体重建改造，调整原址重建方案，按照深港货运“东进东出、西进西出”的构想，取消皇岗口岸货检区，整合皇岗口岸、福田口岸、福田保税区三大区块交通，提升跨境区域“轨道＋慢行”立体交通效率。

推动将穗莞深城际线从前海引入深圳湾口岸连通至皇岗口岸，形成东西向快速连通，将深莞增城际线引入深圳湾口岸，形成南北向快速连通，在深圳湾口岸形成“十”字形城际轨道线网骨架，加强深圳湾口岸轨道交通服务，打造以客运为主的深圳湾口岸综合枢纽。尽量减少深圳湾口岸货运交通配比，以减少货运交通对深圳湾中心城区的环境和交通带来的巨大压力。升级改造深圳湾口岸片区软硬件配套，规划建设标志性的重大科技创新配套设施，瞄准科技前沿，与国内外重点科研机构、高等院校合作，规划布局国家重点实验室、工程中心、技术中心等重大创新载体，或者是与政府合作建设国际知识产权保护中心类地标性建筑，配套安排相关科技服务企业。

三　构建生态休闲景观带

（一）分段布局不同主题景观

对口岸沿岸进行生态性开发，针对不同口岸片区的不同区段，根据其开发建设的主题不同，在环境保护的原则下，分段有主题地激发活力。利用沙头角口岸片区的山海资源优势，提升口岸片区生态、人文、景观价值建设，将鱼灯舞、疍家文化、盐运文化、港口文化等文化特色融入，形成功能配套齐全、景观形式与艺术风格多姿多彩的滨水空间。在罗湖口岸片区设置亲水平台，布局购物、特色餐饮等设施，形成商业性的公共开放平台，并举行小型户外音乐会、艺术节、音乐节等活动，丰富商业休闲氛围。在文锦渡口岸片区布局休闲观光、娱乐等设施，将生活休闲空间与滨水结合，提供优质的生活环境。在莲塘口岸片区实施生态景观营造，打造有特色、有文化的风情景点或线路。对福田口岸、皇岗口岸周边道路及立交绿化景观进行整体改造提升，改变口岸路侧绿带色调单一、层次混乱等问题，以乔木配以疏林草地，营造通透、简洁、清新的景观效果。在深圳湾口岸塑造教育科普展示空间，将科技展示和生态环保相结合，增强绿色科技的体验感。

（二）建设特色公园

大力实施公园建设计划，构建以市民需求为导向的优质公园体系。借鉴纽约高线公园，利用深圳火车站的重建改造，建设铁路公园。充分利用铁路轨道空间，进行上盖附绿，结合周边的商业业态和生活居住，融入旅游休闲、艺术展示空间、商业活动、艺术交流场所以及各种不同主题类型的体验空间，构建南达火车站、北接笋岗清水河片区的广深铁路高架公园，整体打造成为城市独具特色的空中花园式廊道。借鉴纽约中央公园，充分利用上盖空间，结合周边功能与环境，设置露天站台、中央草坪、活力大道等不同主题的休闲娱乐设施，同时植入展览、演出等商业要素，将东深供水廊道上盖打造为体育文化主题的城市公园。建设罗芳西山郊野公园，利用罗芳西山被深圳河和沙湾河所环绕形成“两河绕一山”的生态格局，在山脚处建设公园广场，结合周边商业、公共服务等设施，提供充分活动空间，形成亲民的城市绿色空间；在山体中部设置登山小径，以及山林探险类的体验式活动项目，在丰富山林景观的同时，实现人与生态的充分互动；在山顶设置登高瞭望台、休憩亭等设施，充分利用山顶开阔的视野，提供最佳的景观视觉，同时布置滑草等娱乐项目，增强山顶活动体验的多样性和娱乐性。通过山体多方位的规划布局，塑造多元的景观节点，增设多样化的、互动式的体验活动，实现生态价值最大化，打造成为具有趣味体验式的城市休闲观光公园，为周边生产生活提供优质的开放空间。

（三）丰富绿道体系

在口岸片区间设置生态式驳岸，创造丰富多样的绿道体系，增加植被覆盖率和植被品种，加大绿化美化力度，优化生态景观效果。通过湿地小径、海滨广场、滨水绿道、港口后方公共小径、沙滩漫步、登山眺望、丛林穿越等多种方式串联，形成市民亲水的公共空间，服务广大群众。补齐公共设施短板，增设垃圾桶、座椅、休息亭、指示牌等设施，规划建设文化服务、小型餐饮、咖啡吧、健身设施等，丰富滨水休闲主题内容，满足群众的休闲娱乐需求，提升公共服务供给质量，形成人文休闲风光带。努力把大口岸经济带打造成为城市亮丽的风景线和市民休闲的好去处，打造成为广东省“万里碧道”建设的示范工程。

第二节　加快建设全球海洋中心城市

深圳具有非常大的发展成为全球海洋中心城市的潜力。深圳地处亚太的主要航道，同时也是海上丝绸之路的核心枢纽城市，是距离南海最近的中国特大型城市。深圳拥有1145平方公里海域面积，将近280公里海岸线。深圳港共拥有各类泊位172个，其中万吨级以上泊位69个，集装箱专用泊位46个，2018年完成集装箱吞吐量2573万标准箱。深圳积极发展蓝色经济，海洋产业是重点支持的五大未来产业之一，2018年，海洋生产总值约2327亿元，同比增长4.63%，占全市生产总值比重近10%，海洋产业链正在加速向附加值高、经济效益好的高端配套延伸，海洋产业结构和层次不断优化提升。其中，海洋高端装备和海洋电子信息产业已与海洋油气、交通运输和滨海旅游业共同构成深圳海洋经济四大支柱产业。

一　建设一流海洋科技创新中心

（一）强化创新平台支撑

以创办研究型的世界一流海洋大学的总体目标加快创办国际化

综合性海洋高等院校，推动国际知名海洋大学与深圳合作办学。与涉海高校、科研机构合作，筹建海洋领域研究所，积极争取自然资源部的支持指导，加快组建国家深海科考中心，聚焦深海环境与海洋生物研究领域，规划建设南方科考船母港。加快筹建海洋信息获取与安全工信部重点实验室。鼓励有条件的涉海企业在深海技术与装备、深海渔业、生命健康、海洋精细化工等领域布局尖端产业（技术）创新中心，建设一批重点实验室和工程研究中心等研发平台。争取国家重大海洋科技基础设施落户，建设海洋大科学研究中心。加强与南太平洋地区的合作，建立海洋科技研发合作平台。

（二）实施重大科技创新工程

积极对接国家战略需求，加大海洋科技投入力度，开展天然气水合物成藏、全球海洋变化、深海科学等基础科学研究，在若干重要领域跻身世界先进行列。实施深海关键技术与装备重点研发计划，强化基础研究和应用研究衔接融合，突出深水、绿色、安全，重点在海洋生物和油气资源开发、深海运载作业、海洋环境监测、海水淡化和综合利用、海洋能综合利用等领域，每年启动实施一批高端海洋工程装备、深远海养殖、海洋药物与生物制品、海洋环保等重大科技创新工程，突破一批制约发展的重大关键技术。

（三）突出企业创新主体地位

培育壮大一批涉海骨干企业，探索建立以企业为主体、市场为导向的海洋产业技术创新联盟。发挥涉海骨干企业、产业技术创新战略联盟在集聚产业创新资源、加快产业共性技术研发、推动重大科技成果应用等方面的作用，深化“政产学研金服用”紧密合作的技术创新体系，促进产业链和创新链的深度融合。

（四）打造海洋人才新高地

利用组建海洋大学的契机，着力把深圳海洋大学打造成为世界一流的国际化、综合性、研究型海洋大学，重点发展海洋领域的技术应用、高端服务以及交叉学科和新兴学科，努力造就一批海洋领域战略科技人才、科技领军人才、青年科技人才和高水平创新团队。加大海洋职业技能培训、创新创业培训和企业急需高端技能人才培养，支持职业院校（含技工院校）增设海洋类专业。加大涉海领域高端人才引进力度，面向海内外遴选一批从事海洋基础研究、原始创新和共性技术研究的高层次创新人才，从事产业技术创新、成果产业化和技能攻关的领军人才。推进“21世纪海上丝绸之路”深圳国际海员中心项目规划建设，鼓励国际航运企业在深圳建立海员培训基地。成立全球海洋智库，让深圳成为海洋领域专业人才的“聚宝盆”。将海洋产业纳入深圳高层次专业人才认定范围，符合条件的按照有关规定享受住房、配偶就业、子女入学、学术研修津贴等优惠政策。

二 壮大海洋新兴产业

（一）壮大海洋电子信息产业

立足电子信息产业优势，打造海洋信息产业基地。围绕海洋环境检测与资源开发，大力发展海洋污染监测仪器仪表，海洋环境遥测、遥控、遥感设备和海洋调查设备，海洋生物资源实时监测设备的生产。推进回声探测仪、自动雷达标绘仪、无线电测向仪、探鱼仪等测量设备的开发和应用。大力发展浸渍纸包电缆、挤压式绝缘电缆和充气式电缆等各种海底电缆。积极发展海事电话、对讲机、通信发射机、移动通信、交换机、基站等通信设备以及海上卫星救助系统，拓展5G技术在海洋通信领域的应用。

（二）壮大海洋高端装备产业

面向深海大洋资源开发，主攻核心设备国产化，重点突破第七代超深水钻井平台、深海空间站、天然气水合物开发装备、核电装备、智能化深远海养殖装备等海洋工程平台的研发建造，发展深海智能输气输油管道、深海油气勘探、采油系统、超大型海上油田设施一体化拆解等海洋油气装备，创建综合性海洋装备制造基地，打造国际一流的海洋高端装备产业集群。

（三）壮大海洋生物医药产业

依托深圳国家基因库，加快建设南海微生物物种资源库和基因资源库、国家级遗传育种种质资源库、南海海洋药用功能基因资源库、亚热带海洋基因库等，打造全球最大的海洋生物综合性样本、资源和数据中心。加大海洋创新药物研发攻关力度，积极开发绿色、安全、高效的海洋生物医药新剂型和新产品，重点开发海洋生物蛋白、多糖多肽及其衍生物、海洋天然及合成小分子、海洋中药（复方）等具有自主知识产权、市场前景广阔的海洋创新药物和生物制品，推动试剂原料和中间体产业化。加快海洋功能性食品、化妆品等技术研发和产业发展，推动海洋胶原蛋白、鱼油、磷虾油、海藻生物制品、海洋特色酶制剂、海藻肥等优势产品提档升级，培育壮大一批具有较强自主创新能力和市场竞争力的龙头企业，建设一批海洋生物医药产业基地，推动海洋生物医药企业集群集聚发展。

（四）发展海水淡化产业

深入开展海水淡化及综合利用研究，加快海水淡化专用膜及关键装备和成套设备自主研发，实现规模化、产业化和全产业链协同发展。新建、改扩建一批海水淡化示范项目，大力发展海水淡化浓盐水高值化利用，积极探索开展海水制浆等技术可行性研究，支持大型海水淡化工程“水盐结合”一体化循环发展，实现淡化海水和海水冷却在沿海电力、化工、冶金等高用水行业的普遍应用。

（五）开发海洋新能源新材料

统筹海洋能源开发利用，科学布局海上风电、光伏发电、潮流能、波浪能等海洋能发电利用项目。大力推动海洋新能源示范应用，加强配套装备研发。构建大型可燃冰开采技术仿真模拟系统，建设综合性可燃冰技术研发基地。加快推进海洋新材料研发，重点研制用于海洋开发的防腐新材料、无机功能材料、高分子材料、碳纤维材料，大力发展海洋生物新型功能纺织材料、纤维材料等，超前布局研发海洋矿物新材料。

（六）积极发展邮轮游艇业

加快蛇口太子湾国际邮轮母港及公共服务设施建设，将太子湾邮轮母港纳入前海保税港区中，鼓励企业筹建邮轮产业发展基金。推动“粤港澳游艇自由行”有效实施，加强海上丝绸之路邮轮游艇旅游合作，探索国际游艇旅游自由港建设，打造海上丝绸之路的邮轮枢纽中心。推动游艇设计、培训、交易、展示等高端游艇服务业发展，加快建设国际游艇帆船展示交易中心和配套服务基地。推动公务艇、特种船舶的研发制造。推动深圳湾游艇保税仓、翡翠岛—避风塘湾区游艇展销服务配套基地市场化运作，逐步将深圳游艇展打造成国家级会展，构建游艇产业生态圈。

（七）拓展涉海高端服务业

鼓励运用云计算、大数据等新一代信息技术开展研发设计服务，发展在线研发、众包设计、柔性制造、个性定制新业态。加快筹建国际海洋开发银行，以中国政府出资为主，货币以人民币为主，适量吸纳外资和民营资本参与，创建以开发性金融模式运作的多边海洋银行，通过银行贷款、投资基金、国际智库建设、数字金融等多措并举，将其打造成为中国推进全球治理的新型国际金融平台、海洋智库、金融科技的结合体，承担提升人民币国际地位和实施“海洋强国”战略双重使命。加快筹建国际金枪鱼交易中心，建设蓝海股权交易中心、海洋产权交易中心等交易服务平台。大力发展涉海金融服务业，加强与国外金融机构的业务协作和股权合作，引进金融机构法人总部、地区总部和结算中心，大力开展离岸金融、航运保险等金融业务。支持发展涉海融资租赁业，拓展海洋工程装备、高端专业设备等领域租赁品种和经营范围。大力发展涉海总部集聚基地，引进海洋产业世界500强企业的区域和国际总部，建设海洋高端服务业集聚区。

三　巩固提升海洋传统产业

（一）打造全球最大智慧集装箱港，建设亚太国际航运枢纽

推进前海湾保税港区扩区，在更大范围内整合蛇口、赤湾等西部港区，加强与盐田综合保税区的联动发展，做大做强港口主业。全面推广国际贸易“单一窗口”标准版应用功能，推动“一单多报”、国际航行船舶进出口岸全流程无纸化申报和远程自主打印办理结果。凭借在机器人、无人驾驶、5G、大数据、人工智能等领域的发展优势，推进云计算、大数据、互联网、物联网、人工智能等信息技术与港口服务和监管的深度融合，加快自动化泊位、无人码头建设，探索自动导引运输车（AGV）、自动轨道式龙门起重机（ARMG）等装卸设备在新建码头的应用。同时，开展港航大数据研

究和服务，打造港航大数据服务品牌，成为航运技术研发孵化器。推进港口智能化改造和发展，加快港口信息数据联网和标准化建设，推进港口内部信息横向互联互通，构建集成化、一体化运营管理平台，将深圳打造成为世界最大的具有全球智慧集装箱资源配置能力的港口，研究制定智慧集装箱运输的“深圳标准”，不断提升全球影响力。积极采用新技术、新材料、新工艺，建设资源节约、环境优良、生态健康的新型港口，实现绿色低碳发展。

加快推进深水泊位、港区航道、疏港通道、海铁联运等港口基础设施建设，全面提升港口通航能力。构建覆盖粤港澳大湾区、辐射泛珠三角地区的港口集疏运体系，完善覆盖全球的航运网络。积极引进航运业务管理中心、单证管理中心、结算中心、航运中介等机构和业务，打造国际船舶运输中心、国际船舶管理中心与国际船舶代理中心。建立国际航运保险仲裁快速理赔服务中心，为航运业提供便捷、高效保险服务。引入海事法庭，增强航运配套服务能力，形成在航运管理、海事仲裁等方面的国际竞争力。

（二）建设南海油服运营中心

推动建设中海油南方总部，吸引国际大型油服企业来深圳设立中国区总部，以广东自贸区前海蛇口片区、后海、深圳湾片区为重点建设油气开采服务企业国际或区域总部集群。推动中海油利用国际油气市场和海工市场装备周期，进行深远海区块海洋油气合作开发模式创新，吸引国际大型石油公司进入，加快南海深海油气开发。规划建设“大空港海洋新城——前海”西部海洋科技走廊，搭建南海油气开发与海洋工程技术服务平台。

（三）建设华南远洋渔业基地

应用新技术新设备开展远洋渔场和鱼种探捕项目，加快开发金枪鱼、鱿鱼、鳕鱼、南极磷虾等远洋渔业资源。加强远洋渔船更新改造，推广远洋渔船液氮速冻技术，鼓励和引导远洋捕捞渔获产品回运。有序发展海外智能化、装备化生态牧场，鼓励有条件企业在主要作业海域沿岸国和地区建设一批集渔获物集散、加工配送、冷链物流、采购交易、船舶租赁与维修等多种服务于一身的海外渔业综合基地。

四　构筑全球最美都市海岸线

借鉴温哥华、纽约、旧金山、横滨、新加坡的海岸线建设经验，规划建设一条连通宝安会展新城、飞机场、深圳湾、深圳河到盐田，最终到达大鹏半岛西冲的一条“滨海地铁干线”，串联前海湾、深圳湾、深圳河、大鹏湾和大亚湾，将深圳滨海地带规划建设成为世界一流、全球最美的海岸线。

（一）加快深圳河改造治理

继续加快深圳河的改造治理，全力推进水污染治理攻坚战。由于城市高速发展过程中，污水收集处理设施不完善，流域内的部分污水直排入河，深圳河一度成了“排污沟”。自2015年底深圳全面启动治水提质攻坚战后，经过近几年集中攻坚治理，深圳河取得突破性改善，2018年12月以来水质已达到地表水Ⅴ类标准。但深圳河流域部分暗渠支流水质还未达标，对深圳河干流水质影响较大。要继续采取控源截污、垃圾清理、清淤疏浚、生态修复等措施，全面推进深圳河干支流综合整治，加大以河流为重点的黑臭水体治理力度，全面消除黑臭水体。重点推进深圳河流域“净口行动”，以入河排水口为起点，追根溯源，对市政及建筑小区内排水管网进行全面排查，改造混接点，取消点截污，消除总口截污，实现雨水管渠系统污水零直排。加快实现污水管网全覆盖，消除盲区。加快推进暗涵清淤及截污工程，加强对河道干流的清淤工作，减少内源污染，控制面源，严控菜市场、路边摊和路边汽修店等“三产”涉水污染源。继续推进防洪排涝工程建设，加快深圳河流域内涝点整治工程，加快排涝泵站工程的建设，实施局部内涝整治和环保清淤疏浚工程，分期分批开展小型水库除险加固工程建设，促使重点支流、重点区域全面达到规划防洪排涝标准。

（二）加强海洋生态景观建设

推进大鹏新区国家级海洋生态文明示范区建设，加快大鹏半岛国家级海洋公园申报工作，筹建华侨城国家级海洋公园，加快深圳湾、前海湾环境综合整治，推动红树林生态修复工程，建设珊瑚保育区，加快建设深圳湾自然保护区。加强重点生态节点的环境治理和生态修复，推进海岸带生态景观林带建设，提升自然岸线保有率。释放更多滨海公共空间，美化生态和人文景观，实现海滨栈道、都市绿道、海滨公园等相互贯通，打造人与自然和谐共处的高品质生态空间。

大力提倡滨海城市设计，包括滨海风格的建筑设计、滨海风格的园林景观设计和滨海风格的城市标识灯光设计等。充分利用优良山海资源，以国际一流滨海城市为标杆，根据不同滨海自然条件和发展定位，合理布局城市功能，调整岸线功能布局，优化岸线开发强度和梯次，彰显国际滨海城市风貌。打造西部前海湾、宝安珠江口东岸产城融合景观带，中部深圳湾国际大都会景观带，东部大鹏湾、大亚湾现代化海港风貌和滨海生活景观带。

（三）丰富海洋文化

全面增强海洋意识，推动海洋知识、政策、法律等进教材、进课堂、进校园、进机关、进企业、进社区，全面增强蓝色国土意识、陆海统筹意识、抱团向海意识、海洋环保意识和海洋安全意识，营造关心海洋、认识海洋、经略海洋的浓厚氛围。积极推进深圳海洋博物馆在大鹏新区的落地，利用大鹏市级自然保护区、坝光银叶树湿地园、大鹏半岛国家地质公园，及规划建设的东涌红树林湿地公园、国家海洋公园等，将大鹏新区打造为全国海洋环境教育基地。规划建设一批海洋科普文化馆、图书馆、展览馆等设施，在现有场馆中增加海洋科普、海洋文化内容。开展深圳海洋历史和传统文化研究，挖掘整理深圳“海盐城、海防城、移民城、贸易城”的海洋历史文化资源，同时结合深圳开放、创新、活力、年轻的城市文化，提炼深圳的海洋文化特质。制定现代与历史相融合、人工与自然相融合、本土与世界相融合的深圳海洋文化发展策略，强化提升深圳海洋文化品牌，促进深圳城市文化与国际海洋文化接轨，带动中国向蓝色文明转变。充分利用“设计之都”的品牌效应，结合海洋空间开发、船舶设计、海洋影视等发展的新趋势，培育一批行业领先、具有较高知名度的创意设计企业和品牌。推动市文化旅游主管部门提出以“海洋文化”为主题的深圳未来文化产业发展总体规划方案。

第三节　高标准规划建设光明科学城

一　光明打造科学城的基础

（一）区位优势突出，资源相对丰富

光明是连接南山大沙河科技创新走廊、深圳大学城、东莞松山湖高端产业基地的重要节点，拥有极为优越的区位条件。光明是广深港经济主轴上的节点、深圳面向珠三角腹地的桥头堡和重要门户，对外交通便利，龙大、南光高速北连东莞，南接福田、南山，地铁6号线（在建）、13号线（规划建设）纵贯南北，在建的外环高速横贯东西。广深港客运专线光明城站的开通，大大缩短了光明区与周边城市的时空距离。良好的区位条件加上便捷的交通，使得光明可以快速连接福田、南山中心区及广州、东莞等珠三角主要城市，高效联动广深港澳与珠三角经济圈。

光明区土地资源相对丰富，拥有深圳市最大的可连片开发区域，为经济社会发展留下了较为充足的空间。光明区具有得天独厚的生态资源，耕地面积20040亩，其中基本农田保护用地10560亩，占深圳全市的35%；生态控制区面积83.45平方公里，占全区面积的53.72%；绿地覆盖率占土地总面积的53%，主要公园绿地有科学公园、楼村公园、楼村学府公园、狮山公园、翠湖公园、光侨公园、东周公园以及木墩河、楼村水沿河绿地和沿路绿地等。

（二）经济发展质量不断提高，产业结构得到进一步优化

2018年光明区全年本地生产总值920.59亿元，比上年增长7.3%。其中，第一产业增加值1.74亿元，增长23.9%；第二产业增加值588.51亿元，增长7.7%；第三产业增加值330.34亿元，增长6.3%。三次产业比重为0.2：63.9：35.9。2018年战略性新兴产业增加值314.31亿元，占全区生产总值的34.1%，规模以上工业增加值483.87亿元。光明区产业转型升级步伐加快，在2017年度各区（新区）产业转型升级工作考核中位列全市各区（新区）第二。光明区聚焦优势产业和新兴产业，大力促进特色产业集聚发

展，增强核心竞争能力，初步形成了以新一代信息技术、新材料、新能源、生物医药等战略性新兴产业和模具、钟表等传统优势产业为主导的产业格局。

（三）综合创新生态体系不断优化

光明区主动承接广州、深圳创新核心区的技术外溢，更加注重打造深莞科技创新走廊上的重要发展轴和新廊带，通过加快创新载体建设和创新主体培育，营造良好的创新生态体系，争取更多高端资源和创新要素集聚光明。经过一番努力，光明创新主体持续增长。中国科学院深圳理工大学确定落户，省级石墨烯制造业创新中心投入运营。深圳湾实验室、托马斯·林达尔诺奖科学家实验室也已经落户。国家级企业创新平台已达3个、省级创新平台32个、市级创新平台34个。创新型产业用房加快建设，科润大厦已经封顶，科创中心开工建设。众创空间已达14家，总面积约1.4万平方米，基本涵盖了智能制造、文化创意、电子信息、生物医药、移动技术等多个领域。全年专利授权量8500件，增长86%，有效发明专利5050项，增长30%。光明区正朝着建设成为产业特色鲜明、创新资源丰富、创新体系完善的产业创新中心方向不断迈进。

光明区加速推进重大项目建设，坚持重大项目带动战略，优化招商引资体制机制，项目引进步伐加快。随着中山大学·深圳校区、天安云谷、华星光电G11等重大项目落户新区，光明正迎来各类创新资源和高端要素资源加速聚集的关键机遇期。在加强投资推广方面，加强与德国、以色列等国对接交流，有力对外推介新区营商环境。同时，紧跟重点项目，加快推进华侨城光明小镇、中集产城、海吉星、正威集团、振邦科技、蓝海华腾、鸿合科技、创新科、年富供应链、三利谱、中建科技等重点企业项目。

二　打造世界一流科学城

（一）超前布局一批重大科技基础设施

超常规布局多类型、多层次、相互协作支撑的世界级重大科技基础设施集群。推动材料基因组大科学装置平台、空间引力波探测地面模拟装置、合成生物研究设施、脑解析与脑模拟设施、空间环境与物质作用研究设施、精准医学影像设施等大科学装置加快建设。以荔湖公园为核心，再布局一批世界级大科学装置。积极争取具有内核生长功能的稀缺性重大科技基础设施以及“十四五”国家重大科技基础设施规划的设施落户光明科学城。谋划建设以光子源、电子源、质子源为基础的标志性、稀缺性综合粒子设施。争取采取央地共建等多种方式参与建设未来网络实验设施、空间环境地面模拟装置等重大科技基础设施。

积极落实《深化粤港澳合作　推进大湾区建设框架协议》，推动与香港在生命科学、空间科学等方面的协同协作，加快引进生命科学研究院、脑科学国际创新研究院、健康科学研究院等关联基础研究机构；注重交叉融合，着力在关键共性技术、前沿引领技术、现代工程技术、颠覆性技术方面的创新引领，力争引进一批国家重点实验室、国家工程实验室和前沿交叉研究中心。在信息科学、生命科学、空间科学、材料科学及新一代通信技术等重点方向和领域，规划布局重大工程实验室。依托中山大学·深圳校区、市先进石墨烯应用技术研究院、全国人工智能产业联盟（深圳）应用中心、微软深圳光明创新孵化中心、德国史太白技术转移中心、研祥国家特种计算机工程技术研究中心等，与国内知名高校联合共建一批诺贝尔奖科学家领衔的国际化、专业化实验室。注重发挥科研机构优势，建设高端科技智库。按照“教育＋科技＋产业”模式，加快推动更多国内外著名高校落户光明，加快推动武汉大学深圳校区落户光明，加快筹建中国科学院深圳理工大学，建设教学、科研、创业深度融合的创新型大学。充分利用中山大学·深圳校区的科教资源优势，加强与中国科学院、中国工程院、中国医学科学院、中国农业科学院等科研机构合作，聚焦重点产业，争取在光明科学城设立一批新型研发机构，建立成果转化平台，共同设计创新课题，联合开展创新活动。

（二）全力推进重点片区建设

加快光明中心区、装置集聚区与产业转化区等重点片区规划建设，按照“世界眼光、国际标准、中国特色、高点定位”的要求，建设一座开放创新之城（如图6－1所示）。

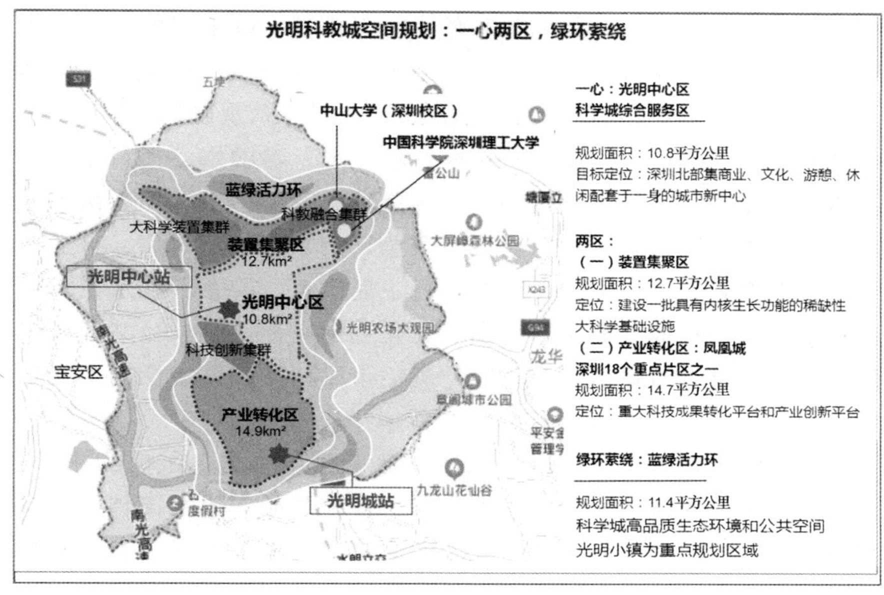

图6－1　光明科教城空间规划图

高标准打造深圳市科技馆，加快建设光明中心区科学城综合服务中心，打造深圳北部集商业、文化、游憩、休闲配套于一身的城市新中心。在装置集聚区重点布局科学设施集群、科教融合集群、科技创新集群“三大集群”。科学设施集群布局具有内核生长功能的稀缺性大科学装置，并为大科学装置衍生发展提供空间保障；科教融合集群布局多所高校和科研院所，为科学城输送创新人才，引入脑解析与脑模拟、合成生物等大科学装置及配套科研平台；科技创新集群布局产业创新条件平台、共享实验室、产业转化加速平台等，促进应用基础研究与产业创新融通发展。

以凤凰城为基础，在产业转化区建设成果转化平台和产业创新平台。顺应全球新一轮科技革命与产业变革趋势，以生命健康、航空航天、机器人、可穿戴设备和智能装备等领域为重点，培育和布局一批未来新兴产业，打造具有影响力的生命经济高地；机器人、可穿戴设备和智能装备产业制造、创新、创业和服务基地。

（三）打造绿环萦绕活力环

加快建设茅洲河一河两岸生态休闲文化带。以茅洲河干流为主轴，综合推进一河两岸沿线的生态治理、产业转型和景观塑造，建设一条自然亲水、富有活力的“城市中央滨水景观轴”，将其打造成光明的“塞纳河”。依托鹅颈水、东坑水、木墩水、楼村水、新陂头水、西田水、公明防洪渠等13条支流（排洪渠），串联深圳西湖及区域内主要公园湖泊，建成覆盖全区的城市绿道网络，打造若干条自然生态、传统文化、时尚创意主题廊道。沿茅洲河水系重要节点散点布局一批湿地主题公园、文化创意场所、小型公共开放空间，加快建设光明森林运动公园，满足市民休闲游憩生活的多元化需求。

加快打造光明小镇。以“文化＋旅游＋城镇化”战略为主线，充分利用东部的深圳西湖、基本农田、森林公园等山水田林生态景观资源，整合周边农科大观园、光明高尔夫、大宝鸽场、省立5号绿道，以及迳口社区古村落、碉楼、黄氏大宗祠、侨民旧居等人文景观，串联光明森林公园、光明农场滑草游乐场、光明农场大观园、光明高尔夫球场、光明名景花卉片区、光明畜牧场片区、古村落等主要旅游景区，引入行业龙头企业，着力打造以城郊水生态环境、乡村田园风光为基底，华侨文化、农耕文化、美食文化为特色，以生态涵养、休闲健身、游憩观光、乡村旅游为主要功能的生态文化旅游小镇。使之类比欢乐海岸和东部华侨城，成为光明科学城的一张名片。

（四）将光明城站打造为深圳北部综合交通枢纽

抢抓新一轮国家铁路建设机遇，争取更多铁路线路接入光明城站，以站城一体化的开发建设理念将光明城站打造为深圳北部综合交通枢纽，围绕高铁站进一步加大轨道交通、高速公路的建设力度，实现各类交通线路的交会。加快轨道6号线、6号线支线和赣深高铁施工建设，协调推动轨道13号线光明段、18号线、6号线支线南延段纳入全市轨道交通五期建设规划。高标准谋划枢纽接驳系统，构建快速接驳体系，将6号线R1支线南延至光明城站，同步规划建设公交接驳体系，强化光明城站交通外延对接功能。加快建设城市候机楼，推进立体智能综合停车场试点建设。加快“三纵三横”高快速路网建设，强化与周边区域联系。协调推进公常路中山大学段下沉式改造。大力发展跨区域公共交通，新增和调整跨区、跨市交通线路10条以上。加强光明科学城与南山大学城、深港科技创新特别合作区、东莞中子科学城等创新节点的交通规划研究，构建以光明科学城为核心、串联粤港澳湾区科教创新节点的综合交通体系。

三　建设深圳北部新城

（一）高水平建设观澜新城

观澜土地资源相对丰富，城市更新潜力巨大，跨越式发展大有可为，为深圳北拓奠定了重要基础。要积极打造融都市文化旅游城、智造及汽车产业城、高尔夫运动城和文化创意基地为一体的“三城一基地”，打造观澜中心，建设美丽观澜新家园。

观澜拥有特色文化品牌和人文优势。早在晚清时期，观澜就是岭南地区有名的文化之乡。汽车工艺文化、红木文化、版画文化、鳌湖艺术村、高尔夫文化等多元深厚的人文底蕴，使观澜成为龙华乃至深圳重要的城市名片。观澜街道的“特色小镇建设”行动正一笔一画变成大地上的刻画，已设计出包括观澜版画基地、中国版画博物馆、观澜山水田园、鳌湖艺术村、观澜湖高尔夫球会、观澜湖新城、观澜湖生态体育公园、观澜古墟等景点的“十大文化景致”串联线路。要推广“文化+”模式，加快壮大文化创意产业。以高尔夫和文化旅游产业为特色，携手塘厦通过高尔夫引领综合休闲产业群的创立，集中发展高尔夫制造、专业草坪生产、球具生产、高尔夫展销+服务+教学等关联产业。未来要高水平举办国际版画双年展、全国红木设计雕刻大赛等，推动建成国际知名文化创意与旅游休闲基地，提升观澜的知名度和品牌影响力，使北部呈现出特色鲜明的文化魅力。

观澜土地空间优势为承接高端产业集聚提供了有利条件。观澜要以打造梅观创新走廊为契机，全力引进重大项目落户观澜，培育壮大精品产业项目，强化观澜的产业支撑，成为梅观高速沿线经济带蓬勃发展的动力新引擎。要充分发挥银星科技“核心”作用，依托银星品牌、研发、智能制造、自动化控制优势，稳固以银星为代表的新一代高新技术产业集群的领先优势，坚持“四翼齐飞”，统筹推进东、西、南、北四大产业片区发展。坚持整体促进和重点扶持相结合，充分发挥大企业“虹吸效应”，加快总部经济集聚，推进银星高科技产业园、深圳国际现代城市物流港、龙华汽车产业城、深圳大学龙华生物研究院等总部项目加快建设，推动康淮物流园等产业项目建成开园。大力发展、引进生物医药、智能制造、高新技术等战略性新兴产业，推动新兴产业和高新技术产业集聚。推动金融、服务业、现代物流等配套产业发展，加速形成高端商贸服务集聚圈。

（二）将光明中心区打造为“深圳北部心脏”

以公常路、科学城大道、双明大道、华夏二路四条东西向干道，光明大道、龙大高速、光侨路三条南北向干道连接外围道路路网，疏解对外交通需求；内部交通按照人车独立路权的方式组织道路系统，道路断面设计上优先保证公共交通、自行车交通和行人交通路权。对外利用6号线和6号线支线、公交专用道，实现与周边地区长距离的公交联系；通过常规公交、支线公交两级公交线路，实现中心区与公明、光明科学城及光明北片区、光明小镇、光明凤凰城片区等周边地区的中短距离以及本片区内部短距离的公交联系。在轨道站点和主要公交枢纽周边，组织轨道、公交、自行车等多种交通方式的无缝对接和一站式换乘。除常规道路断面上与机动车分离、互不干扰的步行、自行车系统外，结合各层级的公共开放空间、社区公共广场等进一步完善步行、自行车系统，根据地形条件、建筑布局设置合理的人行天桥和地下通道，并按照服务半径设置自行车服务设施，引导步行、自行车等健康绿色的交通出行方式。

依托中央公园规划建设，突出科技、商务、政务、文化、社交等功能融合，打造中央公园活力商务带，推动建设高等级酒店、商业综合体、高品质写字楼，加快建设高端商务综合体，形成光明城市地标。以CAZ为开发模式，促进土地的混合使用、功能的高度复合、交通的人本化和立体化、景观和环境的人文生态化、流动空间的高效和整体结构的紧凑化发展，打造都市发展的新产业空间，建设成引领国际化都市发展的中央活力区。大力发展以知识经济、服务经济、休闲经济和都市型工业楼宇经济等附加值高、占据产业价值链高端的新兴产业，积极培育大型商业中心、五星级酒店、高级写字楼、公寓、住宅、国际影院、休闲餐饮等多重业态，加快形成新兴金融商务中心、文化产业园、会展中心、商业中心、文化娱乐中心等中心区、综合体、专业化街区三类新产业空间，实现中心区功能的多元化、高级化、集聚化，将其打造成现代服务业、文化休闲产业、知识产业、都市型工业的物质空间载体和国际化城市的象征性高品质区域。

（三）打造公共服务高地

跨越式发展高等教育。按照世界一流大学标准，高水平推进中山大学·深圳校区、武汉大学·深圳校区、深圳理工大学的建设工作，加快建成具备文、理、医、工等相对齐全的学科体系，具有全日制本科到硕士、博士研究生完备培养体系，以医科和新兴工科为主要办学特色的国际一流综合性大学，并在管理模式、运行机制、培养模式、人事制度等方面探索新的管理体制。重点建设四大学科群，即医科学科群（临床医学、基础医学、公共卫生、药学）、工科学科群（生物医学工程学、智能制造与控制学、电子与信息工程学、材料学、能源与动力学、航空航天学、环境科学与工程学、建筑与土木工程学、海洋工程与技术学）、理科学科群（数学、物理、化学、生命科学）、文科学科群（中文、历史、哲学、商学）。

特色发展职业教育。依托深圳市第二职业技术学校，打造职业教育培训基地，优化提升深圳市广播电视大学光明分校和办事处成人学校，探索在普通高中适当增加职业教育的教学内容。加大对民营职业技能培训机构的扶持力度，鼓励行业协会兴办职业教育，形成多层次、多形式的职业培训和创业培训体系，形成与光明人才需求紧密结合，企业办学、校企合作、工学结合的大职业教育格局。

高端发展综合医疗。以中山大学附属第七医院落户光明为契机，依托中山大学医学院优质资源，创新医院管理模式，打造国家级保健中心、医疗科研中心、危重症诊疗中心、深圳灾难急救中心、区域性医疗中心，充分发挥引领示范和辐射带动作用。加快建设深圳市中医院光明院区，打造融医疗、科研、教学、预防、保健、康复等功能为一体的三级甲等综合性中医院。加快迁址重建光明区人民医院，推动其向综合性三级医院升级；加快光明区中心医院建设工程进度，推动其向妇幼保健特色的三级甲等综合性医院升级。

针对深圳市及光明区医疗薄弱环节，吸引鼓励国内外知名特色专科医院在光明区落户发展。推动高端医疗服务发展，结合光明优越的生态环境，引导并鼓励社会力量在光明举办医疗美容、口腔、中医保健、健康体检等高端医疗服务或专科化医疗服务，支持社会举办涉外医疗机构。

以重大公共文化设施建设为抓手，全面提升公共文化服务能力和服务水平，加快构建覆盖均衡、便捷高效、保基本、促公平的现代公共文化服务体系。

推进公共文化设施建设。加快光明文化艺术中心建设，高标准建成一座集演艺中心、音乐厅、图书馆、美术馆、国际会议中心等功能于一身的一站式文化艺术中心。加快建设光明体育中心、深圳书城光明城、深圳青少年足球训练基地等文体设施。大力推动国家级、省级和市级公共文化机构与光明公共文化机构的合作，采取合办机构、合办项目等方式，探索设立文化馆、博物馆、美术馆的相关分馆。优化文体设施布局，重点补齐田寮玉律片区、光明北片区等薄弱地区短板。充分利用市政公园、公共绿地及城市空置场所等配建全民健身设施，合理设置绿道休闲体育驿站、生态体育活动站点。

打造光明文化体育品牌。依托光明良好的生态环境资源及特色产业基础，盘活用好各类文化体育场馆资源，办好 ITF 深圳国际元老网球巡回赛等既有特色文化体育品牌活动，瞄准足球、垒球、网球、马拉松及自行车、钟表、服装等领域，主动培育、承接一批高参与度和较大区域影响力的重大体育赛事或文化品牌活动，塑造文化形象。探索与市属部门联办或承办深圳读书月、深圳戏剧节、市民文化大讲堂等专项活动，积极引进文化下基层的资源，增强公共文化服务的品牌影响支撑。

加强光明文化传承与保护利用。加大光明历史文化遗产挖掘和保护力度，建立和完善城市文化遗产保护体系。妥善保护骑楼、碉楼、古窑、老墟、粮仓、宗祠等传统建筑文化，主动传承“公明醒狮”“公明太极拳”“玉律麒麟舞”等传统民俗文化。在新城开发和旧城改造、城市更新中，注重深入挖掘光明农场文化、华侨文化、岭南文化记忆和传统，依托历史街区、传统村落和特色资源，结合自然山水田园景观，将社区发展、产业转型与文化创意、生态休闲、田园观光相结合，活化利用历史文化遗产，重点打造一批历史文化街区和特色田园文化品牌。

（四）拓展城市发展空间

提高土地集约利用水平。加大土地利用强度，促进优质要素资源向产业基地和园区集聚，提高空间资源综合利用效益。合理安排土地供应规模、结构、时序，优先保障重点项目、支柱产业、民生工程等用地需求。遵循产城融合的理念，鼓励土地混合使用，适度提高产业用地建筑容积率，推动建设功能完善的城市综合体和复合型城区。结合轨道交通建设，加大地下空间综合开发力度。通过新增用地、城市更新等手段对建设用地功能进行合理调整，进一步优化土地利用结构，形成协调平衡的城市建设格局。

加快重点片区城市更新。立足保留城市历史肌理，引入“城市再生”理念，综合运用拆除重建、功能改变、综合整治等多种更新方式，实施片区成规模、功能复合的综合性城市更新，推动城市更新取得实效。坚持产城融合，在完善城市商业、居住、公共配套的同时，结合产业特色重点推动一批“工改工”项目，通过旧工业区升级改造为制造业发展留足空间。优化城市更新项目申报、建设、管理、运营体制，探索完善“城市建筑空间更新、发展模式更新、产业内涵更新、城市运营与服务水平更新”四位一体的城市综合更新体系。同时，将社区转型发展与城市更新有机结合，积极引导社区集体经济组织参与城市更新，使城市更新成为光明土地二次开发利用的重要抓手、深度城市化的重要推力、利益共享的重要平台。

全面释放城市土地空间。按照土地整备规划、计划，有序推进土地整备工作，重点保障光明科学城、中大城等重点区域开发建设用地需求。强力推进建设用地清退，重点清退深圳西湖、茅洲河流域及其他生态控制线内建设用地。实施重大产业项目用地保障专项行动，梳理整备出一批5公顷以上大型产业地块，满足重大产业项目用地需求。创新土地整备方式，加快研究第三方土地整备的可行性，加强土地整备力度。探索土地整备利益统筹试点，综合运用规划、土地、资金等多种政策工具，统筹解决原农村集体经济组织继受单位征地历史遗留问题，促进城市发展和社区转型。加大已出让闲置用地处置力度，优化基本生态控制线范围，释放更多城市土地空间。

第七章　中轴提升挺起城市“脊梁”

国际城市发展的经验表明，中轴线是一个城市的脊梁，主宰着城市的空间秩序，承载城市高端时尚的空间布局和大气开阔的发展视野，体现城市独特的内涵和魅力。很多国际城市的中轴线既是城市的国际文明线，也是聚合城市优质资源的国际生长线。巴黎、华盛顿等世界上很多著名城市都有着明显的城市中轴线，国内北京、广州、成都、温州等城市也非常注重打造自己的城市中轴，并且实际效果非常突出。

国内外知名城市中轴线建设的这一潮流，正迈步在国际化进程中的深圳有必要加入。今日的深圳经济实力比肩香港，可以通过提升城市发展能级进入全球城市前列。深圳经过40年的建设与发展，已经是中国经济中心城市，肩负起建设现代化国际化创新型城市、增强粤港澳大湾区核心引擎功能、加快建设中国特色社会主义先行示范区的光荣使命。面对新时代的挑战及新阶段的新定位，深圳迫切需要强力建设代表自己特色与发展高度的城市中轴线，依托中轴线把发展精华串接在一起，塑造明显可感知的空间效果，打造高品质的城市品牌，形成整体的竞争力，强化城市的脊梁，支撑深圳发展的国际化需求。在深圳40年城市发展中，以深南大道为标志的东西向轴线清晰可见，深圳还需要一条无缝接驳、引领未来、代表城市特色与高度的发展中轴，来撑起城市的骨架和脊梁，形成对东西向横轴的辐射带动功能。当前深圳资源紧约束瓶颈越发凸显，面临着城市空间改造与功能完善的内在要求，愈加需要以建设城市中轴的路径推进内涵集约发展。深圳实施中轴提升战略，将在挖掘城市发展潜力的基础上，整合资源，优化重构城市空间秩序，增强中部地区的发展能级。

第一节 实施中轴提升的现实基础

一 中部发展轴的界定与发展概况

（一）中轴的提出及界定

2010年深圳市城市总体规划明确，未来深圳的空间布局要南北贯通，构建西、中、东三条面向区域协调发展的南北向城市发展轴。中部发展轴由福田中心区通过广深港客运专线南联香港，向北延伸到龙华、东莞。具体说来，深圳中轴以福田中心区为核心，向北连接莲花山、大脑壳山，并向龙华延伸；向南连接皇岗村、深圳河、福田口岸，连接一系列重要的城市级大型公共设施和公共开放空间，形成深圳城市的中心轴带。从重点片区来看，中部发展轴主要包括福田中心区、梅林—彩田片区、深圳北站、龙华新城及龙岗坂田、龙华中心等重要地区。

（二）中轴发展概况

目前，中部发展轴的福田中心区段建设进展比较突出。福田中心区中轴线被喻为深圳的核心发展中轴，它承载着商业金融、行政中心、城市人文、交通枢纽、国际口岸及居住中心功能。这条轴线空间面貌已基本形成，以莲花山为背景，布置了行政文化中心和林荫绿带，两侧为商业、商务发展带，外侧则是居住发展带。其中，中央绿化带为复合型的城市生态绿地，地面是城市公共绿化空间，地下是结合地铁交通枢纽的地下综合商业区。立体空间序列上，以市民中心、山脉高空瞭望台为中心，两侧高层建筑限高100米，均衡对称布置，形成的城市天际线成为周围山脉轮廓线的延伸。公共空间的绿化设计上，中央区域是中心，采用九宫格的城市规划思想安排布局形式。交通上实行“竖向分层”，地面层为机动车活动层，公共人流在二层、三层及地下层活动。核心区内各街坊之间设置统一标高的过街连廊，在区内形成一个完整的架空步行系统。这条中轴线上，串起城市的精华——会展中心、CBD商务区、市民中心、深圳中心书城、图书馆、音乐厅、少年宫、深圳市当代艺术馆及城市规划展览馆、莲花山公园及邓小平雕像，等等。深圳中轴线（福田中心区段）集中展现了深圳作为国际性、现代化城市的风貌，其走向、布局延续了中国传统城市轴线的布局理念，堪称“传统与现代融合的典范”。

二　打造中部发展轴的现实基础分析

（一）经济发展态势良好，产业结构高端

由福田、龙华以及龙岗坂田片区共同构成深圳中轴地带，总面积约 282.75 平方公里，约占全市总面积的 14%；2018 年常住人口约 397 万人，占全市的 30%，人口密度更是全市的 2 倍多（如图 7－1所示）；2018 年深圳本地生产总值 24221.98 亿元，其中中轴区域为 8828.63 亿元，占全市的 36%；用地均产值来计算，中轴区域地均产值则是深圳市平均水平的 2.6 倍，远大于其他地区（如图 7－2 所示）。从这些统计数据来看，中轴区域有着良好的经济发展基础，与其他地区相比领先优势十分显著。

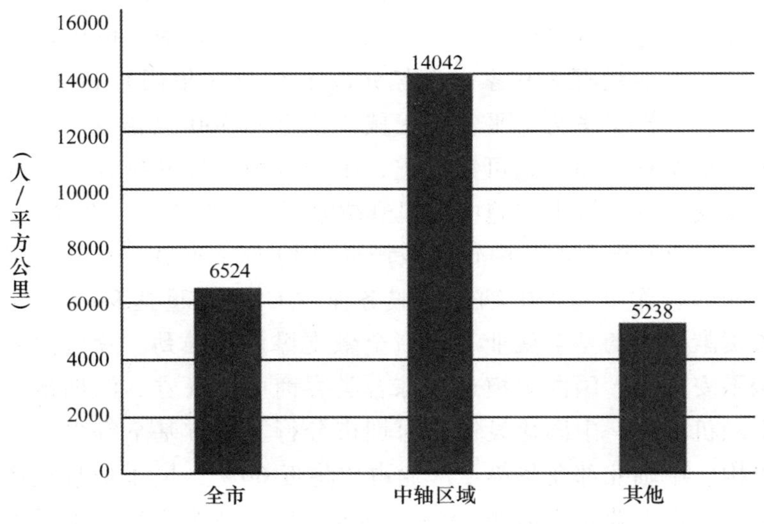

图 7－1　2018 年人口密度对比

从固定资产投资方面看，2018 年中轴区域完成固定资产投资总

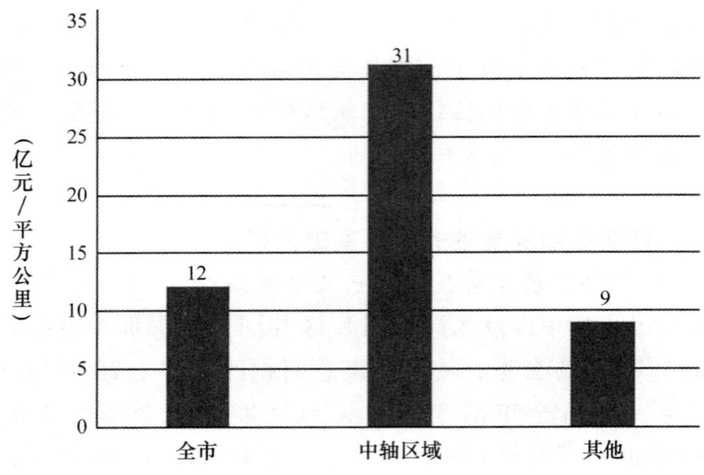

图 7－2　2018 年地均产值分析

额 1414.46 亿元，约占全市的 22%；以地均固定资产投资来统计，中轴区域地均固定资产投资远高于深圳市其他地区，也高于深圳市平均水平（如图 7－3 所示）。截至 2018 年，中轴区域国家高新技术企业总数达到 3796 家，占全市的 26%。仅龙华、坂田片区年产值超亿元企业就有 419 家、十亿元以上企业（集团）达 43 家。中轴地区已汇聚了华为、平安、正威 3 家世界 500 强企业。通过以上数据分析统计与测算，可以看出，中轴区域发展基础较好，为打造中部发展轴助力深圳实施中轴提升战略提供了强有力的保障。

从产业发展来看，中轴区域产业结构差异明显，互补性强，具有广阔的合作空间。中轴南部服务业占 GDP 比重达 94%，对经济增长贡献最大的是金融业，创新金融支撑作用强劲。片区内聚集了中国平安集团、国内规模最大综合类券商中信证券、深圳最早设立的金融机构之一中国建设银行深圳市分行及南方基金等多家大型金融机构。中轴北部龙华第二产业占比将近 60%，电子信息业产值超千亿元，占工业总产值的 75%，形成了以工业为主导、电子信息业为支柱、外向型经济特征显著的发展格局。龙华辖区内拥有富士康、富士施乐、长安标致雪铁龙、观澜湖高尔夫球会、永丰源等一大批品牌企业，华润三九药业、英飞拓、稳健等一大批高科技企

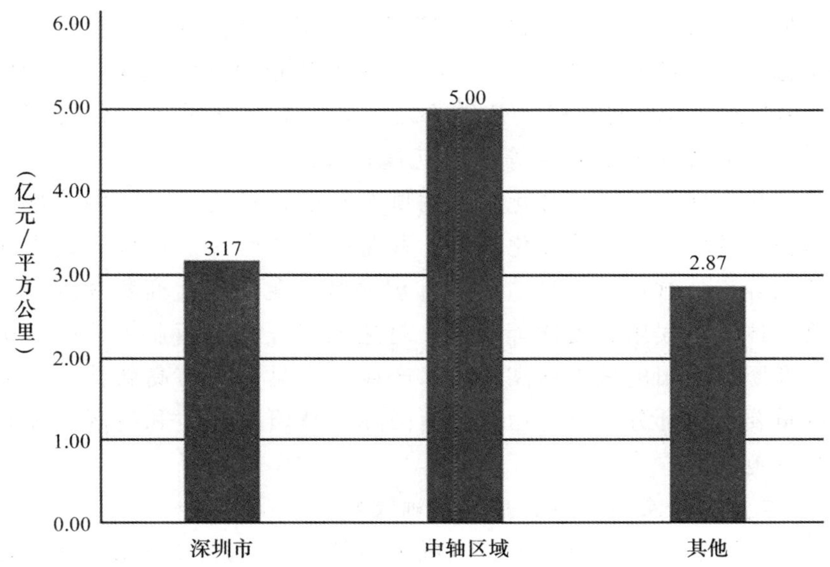

图7－3　2018年地均固定资产投资分析

业，宝能科技园、锦绣科学园等一大批高端园区，中航九方、星河COCOCITY、观澜湖商业中心等一大批大型商业综合体。龙岗坂田则是全市电子信息、生物技术、新材料等先进工业生产基地，片区内“一核四翼”产业布局逐步成型，华为公司辐射带动效应不断扩大，中软国际等上下游企业汇聚坂田，世界级新一代信息技术产业集聚区基本成型，神舟、航嘉、康冠等已形成集团化运作、多元化发展模式。中轴区域可以充分利用这些有利条件，紧密合作，优势互补，逐步形成科学有序的产业分工，共同建设先进制造业集群和现代化经济体系。

从重点片区的发展来看，中轴地区南部福田保税区、梅林—彩田片区等重点片区开发加速推进。梅林—彩田片区被确定为全市第16个重点开发片区，该片区地处CBD北部，串联福田—罗湖城市主中心和东西部发展新中心，处于深港中部发展轴以及“莞—深—港”区域性产业发展走廊，是福田区“十三五”规划中的三条产业带中北部梅林产业带的重点区域，也是深圳市实施中轴提升战略的重要支点，未来将打造“深圳中部发展轴创新基地”。北部龙华也已经形成六大重点发展片区，按照组团集聚、功能互补、错位发展的思路，全面铺开建设，未来将形成总面积超50平方公里、年产值超3200亿元的新增长极。龙华北站商务中心片区重点强化总部经济、国际商务、金融服务等核心功能，打造“国际会客厅”；鹭湖科技文化片区突出科技文化服务的城市功能，打造辐射深圳北部及周边城市的区域性科技文化中心；九龙山产学研片区融合现代大学城和国际科技城功能，打造创新知识城区。龙华现代商贸片区提升购物、休闲、娱乐、餐饮等功能，打造人气旺盛、商业繁荣的市级高端商圈。坂田的坂雪岗高新技术产业片区是深圳市高新技术产业带的重要组成部分，努力培育打造国际科技研发高地和特区一体化先行示范区。

（二）内外交通畅达，建设基础较好

从交通来看，中轴区域已形成了内外畅达、高效便捷的现代化城市综合交通体系。中轴区域有广深高速公路和梅观高速公路起点站、深圳地铁中心枢纽站、深圳新建设的口岸——福田口岸以及亚洲最大、国内唯一全天候通关的陆路口岸——皇岗口岸和全国最大的融地铁、长途、公交、出租车和社会车辆为一体的综合大型交通枢纽——福田综合交通枢纽换乘中心，深圳北站是华南地区面积最大的特大型综合交通枢纽。广深港客运专线、厦深铁路、赣深铁路将极大提升中轴地区交通能级，深莞城际铁路及深惠汕轻轨的建设将更大地加强中轴地区与周边交通便利。地铁4号线与香港地铁网络对接，往来深港十分方便，与香港、广州形成“半小时生活圈”，南北走向途经福田、龙华，北延至观澜段预计2020年底开通运营，将覆盖观澜片区和龙华中心区；5号线连接龙华和坂田。地铁6号线、10号线在建中，10号线途经平湖、坂田坂雪岗科技城、梅林关，覆盖了深圳整个中部发展轴，经梅林关后4站即达福田中心区，将结束坂雪岗片区、梅林关以东片区地铁空白的状况。深圳市首条现代化有轨电车试验线落户中轴龙华，覆盖龙华商贸区、观澜—龙华高新区、观澜北汽车产业区等人口集聚区，并实现与轨道4号线无缝接驳。规划建设22号线、25号线、27号线，轨道交通运行能力将大步提高。梅观、龙观、清平、福龙等高快速路穿越，承担纵向交通联系。

（三）城市功能不断提升，景观品质初现

随着产业、人口、资本、技术等诸多生产要素的聚集，经过多年的发展建设，中轴区域已成为功能基本完善的区域。它是市政府所在地，文化娱乐休闲设施完善。中轴区域除具备城市的一般基本功能外，聚集了大量的企业，消费能力和生产能力强大，形成了较强的经济功能。中轴南段主要承担着金融、商务、文化等综合服务功能，并朝高端服务功能转型；中轴北段承接了南部的生产制造功能，在整个城市的经济发展中占据主导地位。

深圳中轴区域还呈现出“山、林、城、海”景观格局。中轴北部三面环山、依山傍水，拥有羊台山森林公园、观澜湖高尔夫球会等生态旅游资源，观澜河是全市唯一穿越主城区的生态景观河流。在龙华北站商务中心区与福田中心区之间耸立着梅林山，山体呈东西走向，东西向与银湖山、塘朗山相连，向北与羊台山相连。大脑壳山是梅林山最高峰，位于三区交界处，主峰海拔 385.4 米，是深圳中心城区生态环境的绿心及城市 360 度全景最佳观景平台。中轴南部福田中心区有莲花山观景平台，再往南有皇岗、福田口岸。中轴区域为中轴线的打造提供了山、河、城、海、口岸等重要的城市空间资源，形成了能够全面体现深圳城市特征与精神气质的代表性空间。此外，中轴区域现拥有百余座公园，绿道总里程达 300 多公里，已规划打造长达 135 公里的环龙华绿道和全市最长的观澜河“凤凰红飘带”。

三　中轴提升存在的困难

（一）深圳城市中轴整体尚未形成，脊梁作用不明显

深圳城市中部发展轴虽然早有规划，但目前中轴线主要由福田中心区段构成，除了福田中心区段外南北两端的建设还比较滞后，城市中轴尚未完全形成，中轴线地区未有效联动起来。福田中心区中轴线给人实际的空间识别性有待加强，目前能够在高处（恰当位置）俯瞰中心区中轴线的位置只有莲花山观景台一处。此外，宽阔

的轴线开敞空间（东西向宽度250—500米不等），以及相对较短的轴线长度（南北向长度2.5公里）也使整个轴线空间的视觉线性感较弱。福田中心区中轴线的核心空间被设计为南北连续的公共步行空间系统，但目前轴线被多条东西向横向交通打断，造成轴线方向的“行为不连续”，行为活动以片区聚集为主，沿轴线流行性不强。会展中心落户于中轴线南端后，从视觉上阻碍了中心区中轴线的南向延伸，即使是人行系统可以南延，滨河路形成强大的横向阻隔需要结合南部皇岗村的改造进行积极的引导。深圳城市中轴线整体尚未形成，中轴线的“脊梁”支撑作用还未发挥出来。

（二）城市中轴战略通道建设不足，南北交通连接不够

从地理位置看，福田、龙华、坂田都位于深圳经济特区的中部，但连接福田区与中轴北部的只有福龙路、梅观路、龙观大道、观澜大道、五和大道、坂雪岗大道等少数几条交通大动脉，轨道也只有4号线和5号线，以至于从中轴北部到南部的交通拥堵状况十分严重。因中轴北部到南部的职住分离现象显著，对外通道潮汐交通特征明显，重点路段交通运行趋于饱和，主要通道以及沿线节点高峰时段交通负荷很重。由于历史欠账等原因，龙华和坂田的交通事业发展相对滞后，交通设施建设与市中心存在较大差距。自设区之后，龙华的经济和人口迅猛发展，在北站商务核心的强力带动下，交通需求增速突出；坂田近些年来也发展较快，交通压力显著增加。

（三）中轴区域内部发展不平衡

中轴南北差异明显，南强北弱现象显著。南部福田是深圳核心城区，是深圳质量的排头兵，第三产业发展优势突出，经济质量水平较高；北部作为原特区外区域，近年来虽定位有所提升，先进制造业和战略性新兴产业发展加速，但仍远远落后于南部的发展。因南北联动不够，加上行政区划不同，合作欠缺，这种南北脱节的现象给中轴提升战略的实施带来一定困难。

（四）国际科技、产业创新能力不强

深圳是以高新技术产业发展为特征的科技创新城市，但城市中轴地区国际科技、产业创新能力却不强，未能发挥应有的创新支撑

作用。科技领域大型企业除华为深圳基地位于中轴北段外，中兴、腾讯等知名科技企业都位于其他区域，中轴南段缺乏大型电子通信类科技企业的布局。落户在中部发展轴的大项目、大企业总部也不多，相对于兄弟城市与兄弟城区都有较大提升空间。此外，深圳近些年来引进的南方科技大学、香港中文大学（深圳）、哈尔滨工业大学（深圳）、深圳北理莫斯科大学、深圳吉大昆士兰大学等高等院校也主要坐落在中轴之外的区域。科技企业、重大科技基础设施和大学、科研机构的缺乏导致中部地区的科技、产业创新能力不强。

第二节　打造科技产业中轴，强化中轴的科技创新支撑功能

一　推进创新能力提升

（一）加快创新资源集聚

加强创新基础平台建设。推动高等院校在中轴线上开办分校或独立学院。以提升源头创新能力和支撑重大科技突破为目标，瞄准科技前沿与提升中轴地区创新能级相结合，聚集深圳国际科技、产业创新中心战略需求和中轴区域创新发展相结合，在新一代信息技术产业、机器人、可穿戴设备和智能装备产业、生物医药产业、新能源产业、新材料产业等领域超前布局一批重大科技基础设施和科研机构。积极争取国家支持建设5G、人工智能实验室等国家级科学研究平台，推进国际量子研究中心、国际生物医药基地、深港国际科技园等载体建设，积极参与国家重大科学计划和工程，打造引领未来发展方向的战略科技力量。依托行业龙头企业加强同香港高校及国内重点高校和科研院所的合作，鼓励在梅观路沿线区域设立新型研发机构，建立成果转化平台，共同设计创新课题，联合开展创新活动。围绕创新型产业及相关核心技术领域发展工程实验室、企业技术中心、公共技术平台。加大高端创新载体支持力度，鼓励外资设立全球研发中心。

支持引导社会力量参与创办各类孵化器，打造一批国家级、省市级创新创业孵化示范基地，扶持一批孵化器专业化运营服务机构。提升宝能孵化器等市级孵化器和留学生创业园等区域性服务型综合科技创新园区发展水平，加快新一代信息技术产业园、广田深港国际科技园、国际生物医药产业园和银星智能机器人产业园、锦绣文化科技城等新型产业载体建设，形成一批集孵化器、加速器、产业园于一身的综合科技创新园区。

加强高校、科研机构、企业、政府等多主体协同创新。鼓励符合市场需求的创新成果转变为现实生产力，推动高校、科研机构与企业之间的创新成果转化与产业对接。探索以企业为主体，高校、科研机构、社会资本多元融合的协同创新模式、成果转化机制和利益共享机制。

加强创新人才队伍建设。在欧美日设立海外招商引智联络点，推进对高端人才的寻访、引进。充分利用中国（深圳）创新创业大赛、高交会、国际人才交流大会、文博会等平台，发挥高层次人才及团队、高端企业、社会组织、海外猎头机构作用，依靠“以才引才”“以企引才”等市场化力量，多渠道、有重点地集聚创新人才资源。加快培养一批具有战略思维、世界眼光的国际化创新型人才。建立以用人单位为主体、以市场为导向的产学研结合的人才培养模式，拓宽人才培养渠道，加快形成高质量的创新型人才队伍。

（二）推动核心技术突破

开展核心技术自主创新，以企业为主体实现重点领域关键技术突破，实施重大科技专项计划，支持围绕重点领域开展原始创新活动。

实施核心技术自主创新。发挥在新一代信息技术、互联网、生物、新材料、高端装备等产业领域优势，依托相关领域骨干企业，鼓励在通信集成芯片、移动互联关键技术与器件、云计算与大数据管理技术、新型显示材料、智能机器人、3D 打印、干细胞等领域攻克核心关键技术。

围绕区域重大核心关键技术实施若干重大科技专项，支持科技企业、科研机构、高等院校承担国家及省市科技计划重大专项。根据区域科技发展的战略需要，实施战略性新兴产业和未来产业发展科技计划，选择战略性新兴产业和未来产业的若干优势领域，组织该领域的优势企业，重点在新一代信息技术、互联网、生物、新材料、智能制造、机器人等领域实施战略性新兴产业发展专项计划。

针对新一代信息技术、智能制造、新材料、生物医药等重点产业领域的重大共性需求，支持企业、高校、科研机构等创新主体开展产学研用联合攻关，重点支持开展行业基础和共性关键技术研发，取得自主知识产权和实现产业化。

（三）发展壮大创新型产业

大力发展高新技术产业。重点布局物联网、智慧城市、大数据、云计算、软件开发、智能制造等研发和产业化，引入和培育一批优势企业，形成集聚化、全产业链发展。以中国电子第一街华强北为依托，抢抓智能硬件快速发展契机，推动智能手机、平板电脑、智能家居、智慧医疗、可穿戴设备、机器人、无人驾驶汽车规模化发展，完善全球性智能硬件生产供应链建设，打造世界级的智能硬件研发设计、供应链管理中心。依托鹭湖科技文化片区和九龙山产学研片区，打造深圳北科技引领的辐射源。依托坂雪岗科技城打造新一代信息技术高端产业集聚高度。聚焦3D打印、虚拟现实、人工智能、生命健康、脑科学等前沿技术，提前布局前沿技术研究，大幅提升中轴区域科技创新能力。

提高企业创新竞争力。构建“金字塔”形企业创新体系，突出大型企业在技术创新中的龙头作用，发挥中小企业在技术创新中的中坚力量，加快培育自主创新型中小企业群。提升大企业自主创新能力和国际影响力，进一步扩大有条件的大企业国际国内市场占有率，积极布局前沿基础领域。推动更多大企业开展跨行业、跨区域兼并重组，投资海外创新项目，在境外设立高技术企业或与境外企业开展技术合作。在产业重点领域培育发展一批成长性好、细分市场国际竞争力强的专业化中小企业，提升中小企业自主创新能力和国内外细分市场占有率。建设若干高水平的中小企业集群，共同打造产业链。

增强新技术应用创新能力。促进新技术向市场、设计、生产等环节渗透，推动经济模式向柔性、智能、精细转变，缩短新技术到产业化周期，提高新技术回报率。在城市应急、新能源和智能监控、远程教育、远程医疗等城市管理和公共服务领域，率先应用一批关键技术和创新产品。鼓励企业承接信息基础设施、高技术服务、新能源示范、物联网、大数据等国家、省、市的重大工程、示范项目和产业化项目。促进产品制造过程的智能化、个性化、服务化、高端化制造，推进设计研发、生产制造和供应链管理等关键环节的柔性化改造。鼓励制造企业利用物联网、云计算、大数据等技术整合产品全生命周期数据，形成面向生产组织全过程的决策服务信息，为产品优化升级提供数据支撑。

（四）完善创新支撑体系

引进和培育科技组织、行业协会、科技团体和产业技术联盟，创新科技服务模式。推动深圳市产业技术创新联盟、深圳市3D打印产业创新和标准联盟、产业创新促进会等联盟和协会做大做强。探索新型智库培育发展模式，广泛开展与国内国际智库的合作交流，加快健全智力成果转化渠道。

加大知识产权运用、保护和管理力度。推动深圳国际知识产权交易所（专创板）落户，争取挂牌华南高科技和知识产权仲裁分中心，争取设立知识产权法院和知识产权纠纷调解中心。加快中国（南方）知识产权运营中心建设，充分发挥福田“国家知识产权集聚服务业发展试验区”优势，探索建立中轴知识产权公共服务平台，系统整合区域知识产权代理，专利信息发布，知识产权金融、保险以及法律服务等资源，高效推进知识产权服务集聚发展，实现各类知识产权申请、缴费、投诉、法律查询等“一站式”服务。探索知识产权证券化，强化专利评估、专利保护等工作，开展知识产权证券化试点，探索可复制可推广的知识产权证券化业务模式，为更多创新型企业提供知识产权融资服务。充分发挥全市2/3知识产权服务机构集聚福田的优势，积极举办及承办行业沙龙、知识产权论坛、知识产权人才招聘会等系列活动，创新知识产权和科技成果产权交易模式，推动知识产权和科技成果商品化、资本化、产业化发展，建成影响力和带动力强大的知识产权和科技成果产权交易中心，进一步优化中轴区域知识产权服务。

二　建设现代产业引领区

（一）加快布局新兴产业

大力发展新一代信息技术、数字经济、高端装备制造、绿色低碳、海洋经济、新材料、生物医药等新兴产业。推动以人工智能、大数据、云计算为代表的新产业新业态落地。

对标美国GENI项目和欧盟FIRE项目，建设大规模通用未来网络试验设施，构建世界首个以链路层虚拟化为基础的深度虚拟网络，为新一代信息基础设施建设提供基础理论和关键技术验证平台。大力发展以5G为代表的新一代信息技术产业，加快5G商用步伐，率先建成全球领先的高质量、全覆盖5G通信网络，加快建设一批应用示范标杆项目和若干示范街区。全面落实新一代人工智能发展行动计划，加快突破算法、芯片等人工智能核心技术。构建“1+1+10”的人工智能应用示范体系，即建设区人工智能应用技术支撑体系+制定人工智能应用政策支持体系+推进重点领域示范应用，在金融、医疗、教育、交通、水务、城管、应急等领域，形成一批高水平的人工智能应用示范项目，促进人工智能与管理服务的深度应用，打造成为粤港澳大湾区乃至全国一流的人工智能应用示范区，不断创新更加智能的工作和生活方式，为全市智能经济和智能社会发展发挥示范引领作用。在中轴南部率先打出“5G+AI”发展的组合拳，率先打造5G应用示范区，把华强北打造成为5G生活体验街区，由南向北推动中轴区域进入全新的智慧应用阶段，带动人工智能、通信技术等战略性新兴产业高速发展。

围绕海量数据存储、数据分析挖掘、数据可视化等大数据关键技术与应用领域，建设各级重点实验室、工程实验室、工程技术中心、企业实验室等大数据科技创新载体。积极发展大数据的获取、清洗、存储、挖掘、展示和安全等关键技术。鼓励支持大规模分布式终端的高速可靠的数据采集或抓取技术，高可靠、高能效的分布式存储技术，新一代大数据分析引擎的混合计算模型技术，面向社交网络的大规模图像数据管理技术，大数据建模和可视化技术，数据脱敏、加密、销毁、访问控制等技术，数据真伪识别和取证、数据完整性验证等技术。选取移动互联网、医疗健康、金融服务、智慧交通、公共安全、智能制造等具有大数据基础的领域，推动信用分析、健康分析、用户情感分析、网络行为分析、机器翻译、图像与语音识别、智能辅助医疗、智能推荐等大数据技术应用。

鼓励支持云计算基础设施层高效节能核心技术、新一代应用引擎关键技术、众核计算与 GPU 加速技术、异构计算技术、内存计算技术、云计算安全关键技术，提高云安全保障、降低运营成本、支撑多元应用云服务等。面向福田综合治理、公共安全、大健康、工业智能化、网络舆情分析等领域，建设一批公有云和私有云平台，促进互联网信息资源大规模、个性化、高效率开放和开发。

（二）打造更具竞争力的国际金融中心

1. 强化 CBD 金融核心区总部功能

以福田现有 CBD 金融区及深南大道两侧金融资源为基础，突出“总部+集聚”，引增量、强存量，提高金融总部、龙头企业的能级规模，通过政策互通、项目对接、信息共享等方式，提升金融国际化水平。创新金融招商引资机制，采用定向招商、市区联动招商、政企联动招商和以商引商等方式，进一步提升金融机构在福田产业链式聚集的程度。重点支持金融机构提升总部功能，助推其做大做强。培育引进创新金融领域、特色金融领域的国内领军企业总部，确保福田金融规模再上新台阶。大力吸引创业投资机构入驻，建设创投基金集聚区。重点支持国内外知名的天使投资、风险投资、股权投资、并购基金等金融机构。推动深交所与海外资本市场联动发展，探索多元化的创投渠道，打造完善的创业投资金融体系。

2. 高规格打造香蜜湖新金融中心

一要构建金融总部集聚区。充分利用金融开放措施和深圳毗邻香港的优势，在香蜜湖新金融中心引进国际知名投行、基金公司等机构，争取国际海洋开发银行、亚投行深圳总部等国际金融机构落户，争取人民银行在此设立南方（深圳）总部，从而壮大金融生态建设；注重鼓励金融线下活动，形成金融界的集聚效应。除吸纳金融机构总部迁入之外，也可以将吸引知名金融机构第二总部甚至第三总部落户作为总部经济的内容之一，同时积极培育已注册的现有金融机构做大做强，即培育内生性力量的新总部成长。

二要构建金融新业态集聚区。大力发展专业金融，加大对大型企业集团财务公司、租赁公司、消费金融公司等非银行法人机构的引进力度，继续保持总部经济的优势地位。积极吸引商业银行的区域总部、财富管理中心、产品创新中心、信用卡中心等落户福田香蜜湖。鼓励银行机构在香蜜湖设立科技型专业支行、外贸专业支行等专业化机构网点，提高金融服务效率和效益。

三要构建金融综合服务功能区。做强做大金融关联产业，积极引进和发展会计、律师、资产评估、信用评级、保险代理、经纪和非上市公司产权登记中心等中介服务机构，大力发展证券、期货等投资咨询服务机构、金融资讯信息服务机构和产权经纪机构，培育和扶持优秀的地方性中介机构，促进专业服务机构做大做强。

3. 积极发展金融新业态

推进金融和科技融合发展，打造金融科技集聚发展示范区。提高梅林片区湾区国际金融科技城的影响力，打造成全国金融科技发展的名片。探索建设沿中心公园金驰科技产业带、八卦岭片区金融科技城、安托山片区大数据支撑中心，打造金融科技产业发展全国先行示范区。积极推进国家绿色金融改革试验区创建工作。探索发行全国首个境外市政绿色债。探索开展国际绿色金融交流与合作，引导金融资源投向绿色产业领域，促进企业开展绿色信贷、绿色债券、绿色保险、碳金融等金融产品推广应用。探索设立中轴区域绿色金融联盟。推动全球金融中心城市绿色金融联盟所属绿色金融服务实体经济实验室落地福田，提升深圳乃至全国在绿色金融领域的国际影响力。

（三）合力打造梅林山信息经济产业带

梅林山信息经济产业带地处“三区交界”，位于中轴核心发展区以及“莞—深—港”区域性产业发展走廊上，同时串联福田—罗湖城市主中心和东西部发展新中心。梅林山信息经济产业带以梅林山绿肺为中心，包含龙华电子信息产业集群、福田的梅林—彩田信息经济产业带和龙岗坂田新一代信息技术产业集群在内，是实施中轴提升战略的科技产业核心支撑区。

梅林山信息经济产业带要努力打造成深圳中轴创新基地。南边的梅林—彩田信息经济产业带通过云计算、互联网、物联网等技术的广泛应用，实现产业进一步向着“互联网+”的方向深入发展，集聚发展信息经济、现代金融、专业服务、智能研发，形成新的经济增长点。北面龙华要做强电子信息产业集群，着力推动产业升级，力促以富士康等龙头企业向智能制造转型，积极引进生命健康、机器人、可穿戴设备等未来产业，在深圳智能制造版图上加大龙华的分量。东边坂田继续做大做强新一代信息技术产业，扩张产业链，加大对周边地区辐射带动作用。

（四）建设梅观创新产业超级走廊

借鉴美国128公路转型经验，以梅观高速龙华段市政化改造为契机，着力整合释放梅观路沿线土地资源，优化沿线两侧用地用房布局，以梅观路为中轴，以深圳北站、观澜高新园未来产业集聚区、九龙山产学研片区为战略支撑，联动西丽湖国际科教城、光明科学城等源头创新资源，依托富士康、华为等具有全球影响力的企业，打造连接港澳、辐射全球、具有国际影响力的科技创新走廊。重点布局新一代信息技术、智能制造、生物医药等高端业态，形成辐射珠三角、产值超万亿的中轴产业创新带。以深圳北站为载体，对接深港高端创新资源，打造领军人才创新创业服务平台与科技成果转移转化高地。同时依托深圳北站汇隆中心、汇德大厦，打造具有影响力的世界级CBD，向北可利用龙坂片区成熟产业资源，向南可及时洞察和分享福田CBD行政金融资源，打造千亿级的深圳北总部基地和深圳北金融中心。以富士康片区为核心，建设以智能硬件、智能制造为主攻方向的AI重点实验室和产业，打造人工智能产业核心区，并协同坂雪岗科技城打造万亿级产业集群。以观澜高新园未来产业集聚区和九龙山产学研片区为依托，重点布局生命健康、智能装备制造等未来产业，促进基因工程和健康保障相关领域的源头创新及其科技成果转化与产业化，打造生命健康和智能制造未来产业集聚区、高新技术企业总部经济集聚区和自主创新基地。

第三节　铸就行政文化中轴，打造城市公共服务中枢

一　优化福田行政文化中心功能

（一）推进“数字政府”改革建设

大力推进信息基础设施、信息资源、政府治理和政务服务一体化，推广普及掌上政府、指尖服务、刷脸办事，提高政务服务智慧化水平。建设完善政务大数据中心，加快推进数据归集、开放和共享。优化政务服务水平，推进智慧政务建设，全面推行“一网通办”。推动“互联网+监管”改革，加快实现信用监管数据可比对、过程可追溯、问题可监测。

（二）提升公共文化服务品质

规划布局一批重大文体设施，建设国际一流文化地标。加快香蜜湖、安托山等新一轮文化地标建设，推进中国改革开放博物馆、深圳国际交流中心、香蜜湖国际演艺中心、安托山国际雕塑艺术公园、福田国际体育文化交流中心、福田文化发展中心等重大文体设施建设。积极争取国家级博物馆、美术馆等在福田建设分馆，探索引进国际知名文博展览。综合提升莲花山、八卦岭、香蜜湖等片区的文化和体育设施。

凸显城区文体品牌效应。全面打造展现福田高雅文化、大众文化、传统文化、青年文化、国际文化的代表性文化品牌，创新培育郎朗·深圳福田国际钢琴艺术节、中国深圳双钢琴四手联弹邀请赛、WDC世界杯国际标准舞世界公开赛、中国（深圳）国际嘻哈文化节、深圳国际打击乐文化节等有国际影响力的文化活动品牌，优化“名人+”品牌运作模式。共享港澳等国际大都市文化资源，引进国际文化体育赛事，完善城区间文化品牌延伸交流机制。培育和促进文化消费，推动公共文化服务向优质服务转变，培育扩大高雅艺术消费市场，实现公共文化服务标准化和个性化的有机统一。

实施文艺精品创作工程，加大文艺作品扶持力度，推进原创音

乐“飞歌福田”、原创文学“文学福田”、摄影艺术“多彩福田”、美术艺术“大美福田”、书法艺术“书香福田”等原创活动，推出更多原创精品。加强国际传播能力建设，积极推动优秀文艺作品“走出去”。引进和培养文艺领军人才，支持民办团队发展，激发群众创作活力。

推进公共文化服务与科技融合发展。加大文化科技创新力度，不断提升公共文化服务数字化水平。推进数字文化馆国家级试点建设工作，搭建线上线下互动服务平台，探索公共文化场馆信息化管理，打造文化馆数字文化服务新模式。优化升级公共数字文化即时通信惠民平台“福田文体通”，充分整合辖区公共文体资源，开拓和完善演出门票、体育场馆预订等在线服务功能，积极提升用户体验。

开展多层次文化交流。以深港专业文化艺术领域为重点，扶持开展境内外多层次、多种类的文化交流与合作。建立与发达国家人员互访机制，培养熟悉国际惯例的文化管理干部和业务骨干。鼓励艺术家跨国跨境开展学术访问和创作交流，邀请国外艺术团体参加区内品牌节庆活动等。

（三）打造高端文体产业集聚区

升级优化文化产业结构，重点发展创意水平高、科技含量高、附加值高的产业门类，形成创意设计业领航，新媒体及文化信息服务业、广告业、影视演艺业、时尚产业、文化会展业、高端工艺美术业快速增长，文化旅游业和文化遗产开发业加速发展，高端印刷、图书出版业稳步提升的良好格局。借助文博会、创博会、室内设计文化节、艾特奖等，鼓励发展建筑装饰和服装、平面、工业创意设计，开展创意设计品牌展示和交易活动，支持企业拓展市场。发展以“三网融合”为基础和运作平台的数字化传媒产业和文化内容服务，培育新兴文化业态。依托新媒体广告产业园资源和政策优势，形成广告业的核心竞争力。以报业、广电、出版三大集团为依托，发展媒介拓展、影视剧创作、原创音乐、数字影视、动漫游戏内容开发等，推动数字技术在传媒、影视、演艺产业的研发和应用。推广“文化+”业态，鼓励文化创意产业与其他领域跨界融合，推动文化产业与科技、金融、互联网等产业深度融合，提升品牌文化形象和价值。

打造国际时尚中心。开展创意设计、动漫、数字新媒体和时尚产业等领域品牌展览、会议、论坛活动，延伸会展业及其相关产业链条。实施品牌化战略，提升文博会专业化和国际化水平。打造以车公庙—天安—下沙、深业上城—岗厦天元、华强北、世模国际总部为核心，集合时尚生活、消费、展示、发布、创意设计为中心的时尚产业总部集群，构建完善的时尚产业服务价值链，打造具有区域影响力的时尚设计高地和发布展示交易平台。建设专业时尚媒体平台，支持举办时尚盛典和时尚赛事，提高时尚流行信息发布的专业性与商业性，打造融时尚产业创意、设计、发布、展示、消费为一体的时尚中心。

强化文化产业载体建设。推进园区运营模式创新，引导社会力量创建文化产业园区，建设一批文化产业基地、试验区、示范园区，打造区域性特色文化产业群。加强与中国文化产业投资基金和深圳文化产权交易所两个国家级文化产业平台的联系，加大融资与孵化力度，鼓励优秀作品版权、优质项目产权交易。在福田保税区、新洲南、华强北等区域培育建筑设计、装饰设计、工业设计、平面设计等产业集群。

加大力度发展体育产业。充分发挥体育产业关联度高、产业链长的特点，促进体育与文化、旅游、传媒、会展、时尚等业态融合发展，鼓励康体结合。培育多元市场主体，鼓励社会力量参与，积极引导著名体育品牌落户，打造一批具有竞争力的知名企业和国际影响力的自主品牌。支持各种体育赛事活动，培育一批有国际影响力的赛事品牌。

二　发掘高铁经济发展潜力，推动建设北站深圳行政文化副中心

广深港高铁的建设和运行极大地提高了龙华区的地位，扩大了经济腹地范围，可以在更大范围内获取发展资源。龙华可以借力高铁经济带来的发展机会，高标准推进深圳北站片区规划建设，大力开拓深圳北站地区未来行政文化、商务服务发展潜力。

（一）加快打造北站现代化高端商务区

为借力高铁经济提升发展能级，充分发挥高铁枢纽的带动催化作用，龙华区可参考日本京都火车站的做法，围绕深圳北站建设大型的多功能综合体，建设具有国际水平和现代化特色的综合型服务片区。着力搭建资金、技术、管理、信息等要素集聚平台，打造现代化高端商务核心区，形成辐射泛珠三角的总部集聚区和外溢发展基地。通过集聚产业金融、信息服务、电子商务、专业服务等高端服务业，以及购物、餐饮等多元商业业态，建设综合性高端商务圈。依托龙华区先进制造业较为发达的优势，大力引进高新技术企业总部和先进制造业企业总部。同时以北站交通枢纽建设为契机，在口岸设置、综合服务配套等方面作出相应安排，可实现与香港对接，促进深港同城化发展。

（二）推动部分党政机构迁移至北站片区

考虑深圳市部分党政、文化机构由福田迁移到深圳北站地区的可行性，这将一方面加强深圳城市中轴线建设，提高中轴城区地位，促进龙华新城建设；另一方面为福田区集约发展提供更大空间。结合党的十九大有关推进部分地区党政合署办公的精神，参考国内外城市功能疏解和整合的经验做法，考虑深圳市委、市政府有关机构在市民中心等地优化整合的可能性，可规划将部分党政机构及工业展览馆、深圳博物馆迁址到龙华区高铁深圳北站片区。目前深圳市委所在的上步—红岭行政文化片区规划建设于深圳特区建设初期，市民中心建成使用后市政府已经迁出，只留下市委机关。在市委机关附近还有市府二办、深圳市政协机关大楼、深圳会堂、老干部中心、博物馆及原深圳图书馆等行政文化单位。这些单位所占据由上步中路、深南中路、红岭中路、红荔路所围成的行政文化片区及附近地区，有着相当大的土地空间规模。这个原行政文化区的存在，客观上也阻隔了从华强北到蔡屋围、东门的商业片区的联结，不利于福田与罗湖商业街区联合形成规模可比肩香港的商业街区，也不利于沿深南路的东西发展轴特色功能片区建设。参考北京等城市疏解城市功能、建设雄安新区等经验做法，如果深圳市把市委主要机关迁入市民中心，进而将部分其他党政文化机构搬迁龙华有一定的必要性和可行性，如此将全面调整上步—红岭这个原行政文化片区的功能定位，一方面利用加强中轴地区城市中枢功能，推动深圳北站规划建设新的中轴核心区，使深圳中轴可拥有福田及龙华“一南一北”“一主一副”的双行政文化中心；另一方面也利于提升福田中心区能级，为福田乃至深圳市中心城区的集约发展开辟更大空间。

（三）着力布局重大文化体育设施

加大布局公共文体设施工作力度，积极助推市美术馆新馆、市第二图书馆（调剂书库）、深圳书城龙华城、自然博物馆等重点文化设施建设，并规划建设大型特色会展、会务场馆。加快建设区级文体项目，确保龙华文体中心、观澜体育公园、民治公共体育中心等项目投入使用。扶持民办博物馆做大做强，全方位打造现代超一流文体服务设施群。此外，加大创意设计人才培养，引进世界高端创意设计资源，创办创新创意设计学院，加快启动合作办学框架协议签订工作，引进美国帕森斯设计学院落户。利用创意、时尚产业方面的优势，打造特色艺术学院。引进重点大学分校或其他高等学府入驻龙华，支持华为、富士康等大型科技企业筹办1—2所特色学院，加大专业化人才的培养力度，打造特色人才高地，提升中轴教育软实力。

根据实际需求情况建设综合性公共文体设施和场所，搭建群众公益性文化活动平台。充分挖掘客家文化资源，擦亮麒麟舞、白石龙大营救等特色文化名片，鼓励本土文学创作，打造一批有全国影响力的文艺精品。积极承办汇丰杯高尔夫世锦赛、ITF国际女子网球公开赛等国际赛事，扩大体育运动的群众参与度，打造在全市有影响的大型群众性“品牌”活动（赛事）。

第四节　打造内外畅达的立体交通中轴

一　加快轨道交通规划建设步伐

（一）打造高铁枢纽

以国家高铁快速发展为契机，加快推进赣深铁路、深茂高速铁路、汕深港铁路的规划建设，开展沿海高铁客运专线的占位布局规划，加快推进深惠城际线、深惠汕轻轨的建设，积极争取深肇、深珠城际线的规划落实。优化城市轨道网络布局，构建层次分明的换乘接驳体系。以深圳北站为核心，打造融高铁、城际、城轨及地面公交为一体的国家高铁枢纽，强化枢纽在轨道网络的核心地位。

（二）加快市内轨道建设

争取市内轨道建设的倾斜支持。结合中轴交通提升大会战，加快中部交通基础设施建设，促使中部轨道交通运能快速提升。加快轨道22号中轴线、宝龙线、18号线、25号线、27号线前期研究，谋划深圳北站机场专线、前海快线；加快推进轨道6号线、10号线、3号线南延、4号线北延；推进观澜有轨电车对接坂田地铁10号线，连通观澜老城到观澜高新区、宝能科技园、天安云谷，分流观澜到地铁4号线的人流；加快轨道四期6号线支线前期工作，积极争取轨道22号线、25号线、27号线纳入轨道四期规划调整，增加重点区域的轨道覆盖，加强轨道站点TOD开发。建议新增中轴快线，17号线西延。全面打响轨道交通建设大会战，加强中部地区内部的轨道联系，提高轨道线网在中部地区的覆盖面和连通性，缩短中部与全市各区的时空距离。

二 全面提升中轴路网完备通达性

（一）开辟新的战略通道

落实中轴提升战略，完善战略通道功能，提升交通设施承载能力，满足高密度人群交通出行需求。扩建新洲路并向北延伸到龙华；选择拓宽或者建设二层高架形式，提高梅观路通行能力。考虑在福龙路与皇岗路之间增加一条福田—龙华直接联系的新通道，研究新洲路、中康路、香梅路下穿梅林山，与龙华现有玉龙路等道路对接，疏解梅林关压力。加快坂银通道、深华快速路、清平高速二期（北段）等工程建设；加快推进梅观高速市政化改造、广深高速福田段市政化改造、福田保税区改造、皇岗路快速化改造、龙海大道、侨城东路北延等工程工作；开展龙沙通道前期规划研究。重点推进滨河大道改造、侨香路改善、石清大道、观澜桂香路、民乐路、高尔夫大道、观天路改造等工程，打通断头路。建议新增宝龙快速路，将龙观快速路向北延伸；将梅龙路向南延伸，通过高架与皇岗路地面层进行衔接；利用坂澜大道，向北延伸接观平路和桂花路，并与东莞沙湖大道进行衔接，向南延伸接玉龙路；新增观福大道，承担大浪时尚创意城、九龙山科技园、龙华科技文化及公共服务中心等重点片区的交通联系；新增玉龙通道，北接玉龙路，通过隧道穿过南坪快速，南与福田区北环大道（或香梅路）进行衔接；新增人民路通道，将龙华人民路向西南延伸。

（二）加强重点片区交通整治，优化整体交通运行环境

打造多层次、立体化、综合性交通系统，优化城区交通体系。加强重点片区交通整治和优化工作，打通福田保税区、梅林等片区对外通道，完成福田综合交通枢纽等工程建设，推进福田口岸交通综合整治、皇岗口岸整体改造、皇岗路北段改造、快速公交网络及公交场站建设；改善口岸片区出行条件，研究皇岗、福田快速连接通道（电梯模式），打造通关口岸双子星；加大坂田交通整治力度，推动坂田与龙华间的高快速路连接；提升 CBD 中心区慢行系统，增加中心区内福中路、福华路、民田路、益田路、金田路等和连接中心区外梅丽路—新洲路、中康路—莲花路—彩田路、莲花路和红荔路等的自行车道；改善提升华强北电子第一街微循环系统。

全面推进中轴路网综合整治，加强交通拥堵治理，减少交通拥堵点，完善次干道和支路网，提高路网密度，打通道路微循环，缓解主干道交通压力，提升中轴沿线交通环境；开展局部道路地下化规划改造工作，对切割中轴区域联结的高速、快速路启动下沉研究，释放沿线土地空间；推进中轴交通管理及服务智能化，打造覆盖中轴的智能交通管理及交通信息服务系统；改善静态交通环境，加快配建地下公共停车空间，在人口密集的商业区、办公区和居住区增加地下公共停车场。全方位打造中轴无障碍交通运行系统，依托立体交通，建立中轴道路层级化、换乘方式多样化、绿色出行便捷化的多元复合交通体系，实现畅通无阻的中轴交通快捷圈。

第五节 构建世界一流景观品质中轴

一 高标准建设南北连贯的中轴连廊

最初建设的城市空中连廊是为了实现零售业商业价值的最大化，随着时代发展，连廊的内部空间更趋于人性化，外部空间也更注重景观和美观，空中连廊已成为世界各地许多城市的重要功能之一。空中连廊使得行人可以自由漫步于城市空间，提高车行交通效率，实现车行和步行系统的和谐，达到友好的人车分离；空中连廊为市民提供了绝佳的城市观景平台，空间导视更直观，既便于行人辨别方向，又可欣赏城市风景；空中连廊网络化的复合公共空间，可以集约空间利用，将分散的公共服务设施、城市公共空间及商业办公建筑等连接成网络，形成休闲、娱乐、教育、购物、交流和交通集散的立体场所，增加城市空间价值。深圳也应借鉴美国、中国香港等地的做法，建设连贯、便捷、舒适及充满活力的中轴空中连廊系统。通过高标准建设南北连贯的中轴连廊加强中轴南北两端的空间联系，同时挽救福田 CBD 某些空间规划上的不足，比如南北的连接不畅和公园的景观欠佳，等等。

（一）建设山海步行公共通廊

以需求及问题为导向，构建立体步行系统的无缝衔接，以中轴为核心打造国际级城市客厅。依托福田中心区中轴线步行及公共空间系统，北延轴线二层步行及公共空间，有效连接福田 CBD 和龙华，完善基于轴线的步行和公共空间系统，建设山海步行公共通廊，实现轴线“山海连接”目标。具体应加快滨河路节点空间改造，结合皇岗村现状保留空间设置轴线二层步行系统；对皇岗公园一街进行局部步行化处理，引导轴线空间和公共活动进入皇岗公园；结合地区更新改造完善益田路、保税区轴线步行系统，并与深圳河（湾）岸线步行系统实施对接；建设和完善中康路和大脑壳山轴线步行系统，加强莲花山—中康路、中康路—大脑壳山的轴线步行及公共空间节点的有效衔接；沿中轴线建设莲花山—梅林—大脑壳山的二层步行系统。

（二）推进空中连廊系统与建筑的有机结合

现代空中连廊系统的特点决定其与城市建筑具有紧密的空间与结构关系，同时对城市景观、街道空间以及市民对于城市的感知具有相当程度的影响。建设中轴连廊，应考虑大型商业综合体、高层办公楼、会展演出建筑、地铁上盖建筑等的应用，将中轴线与办公、商业、文化建筑立体有机联系起来，增加服务设施和功能元素，同时采用特色化与艺术化的连廊设计，与周边建筑实现风格与审美的协调，赋予中轴线多姿多彩的休闲体验和人文魅力，创造有活力的国际级城市客厅。

二　推动城市地标建设

（一）规划建设梅林山深圳观光塔

地标性建筑对一座城市而言意义重大而深远，众所周知，上海有东方明珠，广州有小蛮腰，深圳作为国内一线城市坐拥许多知名的商业性大厦，然而随着深圳未来发展的超前定位，深圳缺乏一座集旅游观光、餐饮、文化娱乐和环保科普教育等多功能于一身，具有丰富文化内涵的大型景观地标性建筑。应借鉴广州、首尔等城市的经验，积极推动规划建设深圳观光塔。深圳观光塔要赋予城市地标、观光、娱乐、购物、监测、指挥等方面功能，要成为深圳中轴标志性建筑，成为响亮的城市文化品牌。深圳观光塔可选址在福田、龙华交界处的梅林山的一座主峰之上，包括此前拟议的大脑壳山。考虑到便捷交通安排的需要，应该把深圳观光塔主入口设在龙华方向。

（二）将大脑壳山打造为深圳版“太平山”

深圳经济特区自建立以来，大脑壳山所处的梅林山，与西边的塘朗山、东边的银湖山一道，东西走向筑成了原特区的天然屏障。大脑壳山横亘福田区梅林和龙华区民治之间，主峰海拔 385. 4 米，是观澜河的源头和特区内外（福田与龙华）的天然分界线。但特区一体化以来，原来的“特区屏障”已然不再构成屏障，而是成为深圳市域范围内、中轴线上的一片绿肺。大脑壳山也从城市边缘山体变成核心生态资源，连接福田、龙华两大 CBD，成为城市中轴线上不可多得的“绿色明珠”。大脑壳山是城市 360 度全景最佳观景平台，作为特区一体化发展的门户节点，大脑壳山连接深圳发展的历史与未来，也是体验特区一体化成就和见证改革创新试验的最佳地点，有望成为比肩香港太平山的集旅游、休闲、观景等多功能于一身的重要城市景观地。

大脑壳山应以生态、城市观景为主题，成为中轴线及深圳市的生态休闲新名片，并努力在两个方面成为深圳第一：城市观景的第一峰、郊野探险的第一径。在大脑壳山周边建设跨越梅观路、南坪快速路的生态廊桥，将梅林山与银湖山、羊台山及塘朗山连接成生态系统和远足径，串联羊台山森林公园、塘朗山郊野公园、银湖山郊野公园等游线路径，配以基本的路标、指示牌、补给处等设施，打造深圳第一探险路径，满足徒步爱好者的需求。利用山脚下的平坦用地建设城市公园，重点发挥文化、体育和科普等功能，以城市公园对接周边城区，通过与龙华区内山体连接，与北站中心区连接，构建从山到城的特色景观系统。同时，将城市公园作为大脑壳山顶公园的入口公园，实现郊野公园与城市公园的连接、自然山体与城市空间的融合、自然生态景观与城市人文景观的合一。另外，完善山顶旅游观光配套设施，使大脑壳山成为可以俯瞰全市美景，并可远眺深圳湾、前海等海景的中轴线上地标性景观点，成为深圳的“太平山”。

（三）打造景色宜人、绿意环绕的中央山带

在深圳地理中心区域横卧着一条绿色山带，东临清平高速，南接泥岗路和北环大道，西靠沙河西路，北临南坪快速路，四周是高度发展的城市片区。山带西部为塘朗山，最高海拔 430 米；中部为梅林山，最高海拔 396 米；东部为银湖山，最高海拔 445 米，仿佛深圳中央散落的一条绿链。由于历史规划原因，过去山带位于特区内外分界线上，一直处于边缘化位置上，甚至是严控地位，得不到应有的保护和发展。目前尽管特区内外已经一体化，但是这片区域依然没有完整的山地保护和生态发展规划，仅有少量公园（如银湖度假区、梅林公园）和少量山地住宅项目。近些年来，为了疏通城市南北交通，先后开凿了塘朗山隧道、福龙路隧道、新彩通道以及坂银通道，但通往山上的道路非常少，基本处于无人区状态。深圳应以世界级中轴的视角和标杆，打造中央山，对中央山进行全面的城市价值定位和全方位规划，结束中央山与城市的隔离状态，将它与周边区域城市功能进行合理融合，让中央山发挥出巨大的城市中枢生态功能和经济文化功能。

一方面要丰富和改善中央山植被系统，使中央山成为深圳最佳位置的城市绿肺和城市绿色景观空间；在现有隧道基础上，继续规划若干条新通道，以有效缓解深圳城市南北交通压力，强化城市南北交通通行能力。另一方面可建设深圳中央公园，使其成为市民最亲近的养生和休闲宝地；修建环山绿道系统和山地路网系统，让市民从各个位置都能非常方便地进出中央山观景、锻炼、休闲、度假；对山地原有的功能进行重新梳理，强化中央山的复合型、高端型城市中心功能。通过高起点高标准高规划将中央山打造成深圳城市最大的绿色花园、深圳的中央区位价值所在地、中国响亮的城市名片和市民心中的生态生活胜地，甚至成为新时期深圳全新的城市文化精神象征。

（四）打造别具一格的现代化国际化标志性建筑

建筑作为城市的重要组成部分，也是城市重要的形象和名片，深圳中轴区域需要建立一座地标性建筑，以代表深圳中部形象，体现独一无二的特色。应利用北站交通枢纽优势，借鉴国内外城市知名地标性建筑打造经验，邀请世界级大师在北站商务片区建设一个将空间、结构和功能设计有机统一，集总部办公写字楼、国际酒店及精品购物中心等多种业态于一身的独具匠心的新地标性建筑，彰显国际魅力。同时在外观设计方面赋予建筑充分的艺术审美价值，将理性工程学与诗意美学完美融合在一起。

三　建设城市绿廊，打造环境优美的滨水景观

通过生态与城市复合功能的滨水空间塑造，建设融生态、景观、文化、商业、居住等功能为一体的中轴旅游休闲文化长廊，使之成为带动经济社会文化协调发展的景观轴线。

（一）打造怡人滨水景观

在新洲河北部低洼的地方修坝蓄水，设法对北部笔架山、莲花山的山体渗水收集后对河道进行补水，恢复河道生态基流。全面提升新洲河景观，将新洲河塑造成福田区水生态文明建设标杆。加快实施观澜河“一河两岸”环境景观提升工程，加快完善污水收集管网，推进龙华、观澜污水处理厂提标升级改造，加大雨污分流管网建设力度。推进一级水源保护区茜坑水库隔离围网建设和面源污染控制，加强小型水库保护，划定小型水库管理范围和保护范围线，实施水土保持生态文明示范工程。完成坂田河、牛湖水等支流综合整治，将观澜河打造为龙华区的“清溪川”，对河流进行治理改造，充分释放天然滨水景观优势，实现观澜河重点河段主要水质指标达Ⅲ类，全面消除黑臭水体。以观澜河及其支流水环境整治与提升为基础，结合两岸城市功能布局，强化滨水空间的规划控制与景观设计，形成贯穿龙华区的滨水休闲景观轴带。同时沿观澜河、梅观高速、机荷高速、城市主干道、生态廊道与山谷，预留城市通风廊道，以观澜河为主轴，科学开发周边16个水库，串联形成链珠式滨水景观带。

（二）营造中轴绿廊

充分发挥福田和龙华景观资源的良好优势，推进基本生态网络和体系建设，加强重要生态空间保护和修复，融合城市生态保育和休憩功能，使人的活动与自然景观完美结合，全面建设“中轴绿廊”生态生活网络。通过建筑、绿化、公共空间的合理布局，营造良好的局地微气候环境，打造清新恬静的绿环中轴。

以让市民能“出门见绿、500米见园”为目标，加强公园建设，利用城市更新契机，积极推进社区公园、街心公园建设，大加强海滨公园、湿地公园等专类公园建设，完善老旧公园配套设施，提升公园品质。通过绿道贯通、地铁复绿、河流廊道的连接，形成景观性与生态性并存的公园体系。加快实施立体绿化项目建设，通过绿道网络将居民住宅区、各类公园、城市主干道和商业区有机串联起来，实现景观之间的相互映衬，达到“串珠成链”的效果。以打造精品绿化道路为主，推动交通干线周边生态景观林带建设，为城市居民提供可供休闲游憩的精品慢行系统。依托绿道和慢行网络，贯通全部公园、绿色廊道、水系，扩大中轴区域“山、林、城、海”生态资源一体化综合效应，构建亲水、亲绿、亲自然“三亲”生态格局。

第六节　加强中轴区域联动发展

一　推进福田、龙华分工和合作

福田、龙华是深圳中轴的最重要组成部分，作为中轴南部与北部要实现差异化互补式发展，深入优化产业分工与合作。

（一）推进北站 CBD 与福田 CBD 联动发展

福田 CBD 是深圳的行政、文化、金融、信息和国际展览中心，集中了大量的金融、商贸、文化、服务及大量的商务办公楼和酒店、公寓等设施。北站 CBD 占地 6.10 平方公里，规划总建筑面积约 997 万平方米，北站商务区规划规模及起点已高于福田 CBD 750 万平方米的规划，可容纳高端办公人群约 80 万人。应依托地处深圳几何中心的区位优势和北站高铁商务优势，以总部经济、产业金融服务及综合商业为主，建设与福田中心区商务体系相衔接的高端服务集聚区。如此南北联动，协同发展，改善南强北弱现象，极大提高南北向贯通效应，建立起新的战略支撑。

（二）加强龙华对福田功能外溢的承接

进入 21 世纪后，大批写字楼、高星级酒店、购物中心及高端住宅填满福田 CBD，作为深圳智慧型、高品质的国际化先导区域的福田区，目前几乎没有拓展空间。由于土地供应趋于饱和、资源承载力不足，深圳福田 CBD 区域内土地和交通的承载力已近极限，亟待扩容寻找新的商务区承载。龙华应该立足自身产业特色及发展规划，携手梅林—彩田片区积极承接福田 CBD 的功能外溢，如福田中心区的金融服务业、总部经济和高新技术企业外溢，强化与福田中心区的联系，加强双方在商务、金融、生活配套等方面的联系合作，接受福田—罗湖中心的高端服务功能辐射带动，合理优化配置产业资源，扩大产业纵深合作领域与范围，共同促进深圳中轴地带融合发展。龙华承接福田 CBD 功能外溢一方面有利于避免资源浪费，提升龙华整体实力，加强龙华与福田之间的联系，打造北部都市核心区、产业创新主力区、现代宜居生态区、民生幸福活力区；另一方面也有利于更科学合理地梳理福田 CBD 的核心功能，疏散不利于中轴整体协调发展的部分功能，优化功能布局，调整资源配置，打造内部分工明确，外部辐射带动强劲的高效率协作中轴。

（三）加强中轴南北两端产业合作力度

中轴南北两端要科学合理地加大区域协作力度，充分明确福田和龙华的发展重点差异。应坚持区域协同，统筹推进福田与龙华的合作，发挥资源禀赋和区位优势，明确主导产业和特色产业，逐步形成横向错位发展、纵向分工协作的发展格局。福田努力打造金融高地、专业服务高地、创新创业高地、智慧人文高地，建成一流国际化中心城区和首善之区；龙华要加快高端要素集聚，发展高铁经济，打造高端服务和智能制造集聚高地，加快建成现代化国际化中轴新城。

龙华应积极推动深圳北站商务中心联合梅林—彩田片区进行整体升级改造，以此作为供给侧结构性改革的重要抓手，大力发展研发、品牌等高附加值环节，重点布局信息经济、智能研发，汇聚高新技术创新资源，加快实现转型升级。同时配套服务业，建设创新引领、业态丰富、要素聚合、环境优质、产城融合的梅林山国际科技、产业创新带，打造深圳中轴提升战略重要支点，形成新的经济增长极。

二　加强龙华与坂田的联动发展

依托天然的地理相邻优势，应着力改善龙华与龙岗坂田间的交通通达性，缩短实际交通时间。在中轴发展带上，坂田的地位不容忽视。东轴（由罗湖—盐田向龙岗—坪山—大鹏延伸）和中轴（香港—福田—龙华—光明向北）两条轴线的建成，确立了坂田重要的战略位置，同时聚集了华为、航嘉、新天下、康冠、驰源等 10 多家国内外知名企业，坂田在龙岗乃至全市的重要地位不可动摇。龙华和坂田应抢抓新一轮科技和产业变革战略机遇，充分释放大型企业及产业园区对区域产业的引领作用和辐射效应。依托清湖转型升级示范园和1000万平方米的北站商务区，加快推动“深圳北站—龙岗坂田—龙华清湖”高新技术产业片区协同发展，共同打造全球高端电子信息产业基地。同时联手坂田天安云谷、宝能科技园（南区）、神舟智园、江南时代大厦等载体，布局高端电子信息产业，高标准高要求打造以云计算、互联网、物联网等信息产业为主导的合作先导区；依托龙华时尚创意产业和观澜文化产业园，开拓产融结合新模式，联手坂田星河WORLD、云里智能园、万科星火online等载体，打造集文化创意、高端金融、先锋时尚、战略性新兴产业等为主导的产融联盟引领区；依托观澜战略性新兴产业园、龙华汽车产业城和福民低碳产业示范园，联合坂田坂雪岗科技城战略性新兴产业基地集聚区和牛牯岭工业区“工改工”、上雪科技园升级改造项目，打造以新一代智能制造等产业为主导的新锐协作链区。龙华和坂田应联手大力发展总部经济，稳妥转移、淘汰低端产业，打造集企业孵化、上市培育、总部经济于一身的高层次新型科技产业合作园，为企业引进、项目落地搭建承载和发展平台，引导沿中轴经济转型发展带的自发形成。同时也要不遗余力地增强园区、企业、创客等与世界其他创新中心之间的创新创业交流和良性互动，形成内部交流态势良好，外部合作环境和谐的环动发展局势。另外，龙华要积极推动两地间差异性产业的优势互补，大胆分享发展经验，实现共同进步。通过推动龙华和龙岗坂田的全面合作，提高中轴的科技实力，夯实中轴的产业基础，巩固中轴的持续发展动能，为建立基础雄厚、辐射强劲、实力过硬的中轴持久续航。

第 三 篇

共建大深圳都市圈

第八章　做强粤港澳大湾区深港发展极

深港有唇齿相依的地缘关系，深圳特区从建立伊始就与香港开展合作，深圳崛起和快速成长的关键因素就是充分利用毗邻香港的优势和改革的先发优势，实现了区位优势和体制优势在特定时空条件下的有效结合。中央政府在制度安排上给深港深化合作预留了巨大空间。经过多年的不断发展和逐步深化，深港合作涉及经济、社会、文化、人员往来、跨境建设与城市管理等各个方面。近年来，在 CEPA 和粤港合作框架协议下，深港双方基础设施与制度平台的对接日趋完善，在不同范畴的合作都取得重要进展。

进入新时代，伴随着粤港澳大湾区建设的推进，深港合作正站在新的起点上。深圳应更好发挥比较优势，积极谋划推动深港更紧密合作的新思路、新举措，努力做强粤港澳大湾区深港发展极，推动大湾区打造成世界一流湾区。

第一节　高水平建设合作发展平台

一　高标准打造深港科技创新合作区

2017 年 1 月，深港政府签署河套地区共同开发合作备忘录，明确联手打造深港科技创新合作区。合作区面积约 4 平方公里：位于香港一侧的河套 A 区，面积约 0.87 平方公里；包括皇岗口岸、福田口岸及周边配套功能区在内的河套 C 区位于深圳一侧，面积约 1.67 平方公里；福田保税区面积约 1.35 平方公里（如图 8 – 1 所示）。深港科技创新合作区是《粤港澳大湾区发展规划纲要》中唯一定位以科技创新为主导的特色合作平台，也是唯一一个双方跨境接壤互联互通的合作区。《中共中央　国务院关于支持深圳建设中国特色社会主义先行示范区的意见》专门提出，要加快深港科技创新合作区建设。因此，建设深港科技创新合作区是粤港澳大湾区国家战略的重要组成部分，是中央支持深圳建设中国特色社会主义先行示范区的重要举措和重要载体。搭建国际一流科研创新平台，建设国际科技创新中心和综合性国家科学中心，是合作区的重要使命和目标。

图 8－1　深港科技创新合作区

（一）聚集科技前沿与优势领域发展，加快科研平台建设

把握国家科技发展战略，重点布局生命健康与生物医药、人工智能、金融科技、新材料等领域的研发与产业化发展，鼓励研发设计、技术咨询、科技推广、技术贸易、检验检测等科技服务业发展。着力基础科学研究和应用基础科学研究，在生命科学、信息科学和材料科学等重点领域建设一批突破型、引领型的国家实验室、国家重大科技基础设施和重大科学装置等，引入粤港澳大湾区药品医疗器械审评检查中心等一批面向国家重大战略需求、突破产业关键核心技术环节的优质项目。加快深港协同创新中心、深港国际科

技园、国际生物医药产业基地等创新载体建设，布局一批香港优势学科重点实验室等高端科研项目，组建一流技术创新平台、产业创新平台，建设深港国际实验室集群。大力发展知识产权专业服务，共建国际科技成果转化和技术转让平台，发展科技银行、跨境科技保险、知识产权证券化、丝路创新基金等科技金融服务。重点吸引集聚国际知名孵化器、创业投资机构。建设一批世界级的公共研发平台、知识产权平台、技术转化平台、技术及大数据交易平台，构建覆盖创新全链条的国际科技合作平台网络。

（二）推进要素融通改革

积极争取国家政策支持，建设国际离岸创新中心，创新合作区监管模式，在法律、税收、就业、社会保障等方面先行先试，实行人员、科研物资出入境便利政策，积极对接香港科研管理体制机制，建立科研资金跨境使用管理模式，试行跨境通信试点，探索开辟国际互联网数据专用通道。加快推进合作区深圳园区发展规划及空间、科研、交通等专项规划落地，与港方协同推进基础设施建设和园区运营管理，加快推进皇岗口岸整体重建改造，通过空间梳理工作，强化土地利用。

（三）打造深港青年就业创业示范区

按照政府引导、市场运作、共享共建的原则，整合集聚政策资源，健全公共服务平台，加大生活配套投入，着力打造一批深港青年创新创业示范基地，为深港两地优秀青年加强技术合作、联手创新创业铺路搭桥。持续完善创业辅导、投融资、技能培训、成果展示转化等长效机制，构建优质高效、多元化的项目培育服务体系，提高创业团队孵化质量。成立深港青年文化创意创业交流中心，设立以青年为目标对象的一站式创新创业服务办事处，让创业者快捷方便地获取创业与营商的信息服务；组织和搭建交流和活动平台，促进香港与内地青年之间的文化交流，吸引更多香港青年来深港科技合作区创业、就业。

二　优化提升前海深港现代服务业合作区功能

（一）强化前海合作发展引擎作用

深化前海深港合作，建设国际高端航运服务中心，创新深港监管合作模式，探索建立口岸监管共享机制。设立地方金融监管机构，推进金融开放创新。在前海合作区实行香港的工程管理模式，探索创新有关工程咨询、监管、评价等机制。学习香港商务秘书公司经验，完善前海企业住所托管管理机制。在数字前海、电子签名等领域，加强深港合作，推动信息互通、签名互认。

（二）加强深港法律事务合作

加强与香港法律服务业深度合作，建设国际法律服务中心。完善诉讼、调解、仲裁等多种纠纷化解机制，构建国际商事争议解决中心。打造知识产权保护高地，探索建立统一的知识产权管理和执法体制。在产权保护、公益诉讼等领域探索司法合作交流，建立与前海现代服务业发展相适应的司法体制。

三　打造深圳河跨境经济带

深圳河是深港合作的最早见证之一，随着深港交流日渐频繁以及深港科技创新合作区建设，深圳河无疑已发展成为连通深港两地的经济走廊。“深圳河跨境经济带”是指以深圳河为主轴，自东向西串联深港毗连的沙头角、莲塘—香围园口岸、文锦渡口岸、罗湖口岸、落马洲—河套地区、古洞北、坪輋等新界北发展区、前海深圳湾超级总部基地和后海中心区总部基地等地区。深港深度合作自西向东逐步推开，未来有望形成西有“前海粤港澳大湾区合作示范区”、中有“深港科技创新合作区”、东有“沙头角罗湖深港国际旅游消费合作区”的深港更紧密合作战略新格局，整个深圳河跨境经济带有望成为粤港澳大湾区的战略支撑点和重要发展极。

（一）构筑深港一体化先行区

立足于深圳河两岸经济发展与合作基础，结合深圳罗湖口岸经济带、福田大河套片区、南山前海等重点区域的开发建设新需要，以及香港 2030 + 规划发展北部经济带、东部知识及科技走廊的新态势，点线结合，借助深港双方共同采取一系列相互协调的政策和措施，促进深圳河两岸在科技创新产业、金融及现代服务、国际经贸旅游等领域更多地良性互动，推动深圳河沿河地区由阻隔两地的边界地区转变为加强合作的纽带地区，构筑成粤港澳大湾区联结深港的核心区域、广深港科技创新走廊关键节点，使之成为深港两地经济一体化、制度磨合以及社会文化调适的切入平台和先行区。

（二）推进重点区域联动发展

通过罗湖、文锦渡和莲塘三大口岸分工协作，联动人民南和深南东片区，吸引跨境电商、专业服务、科技研发等产业资源集聚，打造集多元、休闲、体验、创意于一身的绿色城市空间。以皇岗口岸、福田保税区和河套C区为核心，结合深港合作中交通枢纽地位的进一步强化，重点推进福田口岸交通综合整治、皇岗口岸改造，促进大河套片区开发，着力将大河套地区打造成要素自由流动试验区、科研成果转化基地、知识产权保护示范区。以前海片区为核心，深推“大前海”联动发展战略，推进前海与蛇口、后海、深圳湾片区融合发展，通过高端服务业、金融业、总部经济的发展，建设珠三角的“曼哈顿”。

结合香港2030+规划及东部知识及科技走廊、北部经济带的打造，发挥两地独特优势，共享两地资源，构建多层次、多领域、全方位的合作平台，在口岸升级改造、要素流动、科技创新及金融、教育、医疗、养老等方面重点部署谋划。

第二节　深化深港金融合作，建设国际金融中心

香港是重要的国际金融中心，也是全球离岸人民币业务枢纽、国际资产管理中心及风险管理中心。深圳也已位列全球前十大金融中心，有望与香港携手打造亚洲最大的金融中心。

一　推进深港金融业深层次协作

（一）促进金融市场合作与对接

推动信贷市场对接，鼓励深圳银行机构与香港银行同业开展跨境银团贷款业务，共同为大湾区重大基础设施建设和大型骨干企业、港澳资企业转型项目提供信贷服务。推动深圳企业和驻港窗口企业在香港发行人民币债券、“双币双股”股票、房地产信托投资

基金，拓宽境外融资渠道。加快推动资本市场的双向开放，提升内地和港澳资本市场活力和影响力。以“深港通”为抓手，鼓励深交所与香港联交所在证券信息、产品开发、技术联盟等方面开展深层次合作，加快推动深港债券通、新股通及交易所买卖基金等业务互联互通。

（二）加快金融机构合作和金融基地建设

进一步推动金融机构跨境互设。引导香港金融机构在深圳设立法人银行、各类业务营运中心或分支机构，发起设立消费金融公司、金融租赁公司、汽车金融公司，设立信息服务中心、数据处理中心、客户服务中心等后台服务机构。鼓励深圳金融机构利用港澳的桥梁作用，通过并购、设立营业机构和代表处等方式“走出去”。另外，鼓励深港金融机构开展跨境兼并重组，组建跨境金融控股集团。

充分利用当前 CEPA 的优惠政策以及深圳的优势，以更大的力度吸引香港金融机构在深圳设立法人机构或总部，强化福田区、前海自贸区的金融资源聚集效应，打造金融总部基地。

（三）推动跨境人民币业务

积极推动跨境贸易人民币结算和创新发展跨境人民币业务。把推动跨境人民币业务发展作为深化金融合作的重要内容，在进一步做大跨境人民币结算业务规模的同时，大力推动跨境经贸往来以人民币计价，积极在跨境人民币投融资、个人跨境人民币业务、支付机构跨境人民币支付、金融要素平台跨境交易以人民币计价和结算等领域创新试验。鼓励深港金融机构合作推出以人民币计价或交割的各种创新性金融产品。

二　加强深港金融科技合作

（一）联合推动金融科技技术创新和应用

以企业为主体发挥深港科研优势，加快推动金融科技关键技术的发展，加快新技术的应用推广。充分发挥深港信息产业发达优势，促进移动互联网与金融功能的全面融合，鼓励银行、保险等金融机构充分应用物联网。利用大数据、云计算、人工智能等技术推进金融支付服务向移动化、智能化、场景化、电子化方向发展。着力推动运用密码技术、量子技术、生物识别技术提升金融安全保障水平。推动深港金融机构利用新技术实现金融产品创新，开发更多金融科技类服务产品。鼓励银行、保险等金融机构利用人工智能、大数据等技术，实现智能营销与精准服务，提升服务效率。探索区块链、大数据等技术在供应链金融、普惠金融、贸易金融、征信、保险等金融领域的深度应用。

（二）推进金融科技创新与产业集群发展

将深圳 IT 科技和香港健全的金融体系相结合，着力建设金融科技的创新业态和创新平台，完善金融科技基础设施建设，聚焦金融安全与监管、支付清算服务、融资产品与服务、智能营销与服务优化、身份认证、风控与反欺诈、智能投顾与智能投研、金融征信与社会信用服务等重点领域，推动相应金融科技企业集聚发展。大力发展金融科技底层技术，培育和聚集人工智能、大数据、云计算、区块链、生物识别等金融科技底层技术企业，打造金融科技底层技术创新集群；积极吸引香港银行保险机构的金融科技子公司及为银行保险机构提供软件开发、大数据应用、云计算服务等新技术服务的领军企业入驻，打造银行保险科技产业集群；发挥香港高校优势与深圳企业自主创新优势，吸引数据安全、网络安全、信息安全、系统安全等方向的金融科技企业集聚发展，打造金融科技安全产业集群。

积极引进法律规范、信用评价、知识产权、人力资源、创业孵化等国内外知名专业服务机构以及金融科技顶尖研究机构、行业组织，形成布局清晰、功能明确、协同联动的产业空间发展格局，争创金融科技创新示范区。

（三）优化金融科技监管与风险防控

鼓励科技企业面向金融安全增加技术研发投入，积极推动新技术应用于监管活动的全流程，助力监管效率与效益提升。加强跨行业、跨市场交叉性金融产品的监管，吸引监管机构、地方政府、技术企业、高校与研究机构、行业组织等参与，有效探索金融科技的安全边界与创新路径。深入研究金融科技活动可能带来的潜在风险，建立风险预警、防范和处理机制，提升应急响应水平，构建多元化多层次金融科技风险防范体系。

第三节　联手打造宜居宜业宜游的优质生活圈

充分发挥前海等重大平台的作用，积极推动口岸等基础设施互联互通，提升交通口岸互联互通水平。加强在社会民生方面的共建共享，推进在教育、医疗、污染防治、旅游观光等方面的合作，尽可能地让港澳居民享受到国民待遇，联手打造宜居宜业宜游的优质生活圈。

一　提高跨境通关效率，改善口岸环境品质

（一）促进交通基础设施连通，优化跨境交通安排

结合深圳湾口岸改造、莲塘口岸建设、皇岗口岸改造和河套地区开发建设开展新的跨界轨道通道研究。加快设立前海口岸，加强沙头角口岸、文锦渡口岸、罗湖口岸、皇岗口岸、福田口岸、深圳湾口岸与香港口岸之间的合作，推动双方同步加大口岸交通配套设施建设力度。开通多条深圳口岸至香港的往来公交专线，便利两地居民往来，促进两地深度融合和同城化发展。构建灵活高效、简单便捷的人员出入境管理制度，推广 24 小时通关口岸范围，推动落实 24 小时过境旅客免检，推广“合作查验、一次放行”查验模式，施行境外人士在内地居住的时间认定，出入境往返当日不计入境内居住天数等政策。

进一步优化东部通道设计方案，加快推动起于莲塘口岸的东部过境高速公路早日完工，完善东部通道与市政网络的接驳，改善交通组织，缩短香港至深圳东部的车程。跟香港有关方面协调，结合莲塘口岸建设，考虑除了公路以外的交通方式，研究布设东部轨道走廊，作为大运量的交通方式。

（二）调整口岸查验方式，提高通关效率

首先，争取实行“一地两检”“单边验放”政策措施。大力推行“一地两检”“单边验放”等通关模式，结合罗湖、文锦渡等口

岸改造和莲塘口岸建设，争取采取“检入不检出”政策措施，过境旅客和车辆只需经过深方或港方的边检和海关两道查验通道，以提高通关效率。

其次，针对深港通勤人员等人群开辟特殊的便捷通道。为深港通勤人员、跨境学童等经常出行的人群特地开辟便捷通道，允许其使用APEC商务通道，争取对这部分人群率先实行“一地两检”“单边查验”，实现快验快放，节省这类人群在口岸的停留时间，努力为广大进出境旅客提供优质高效的通关服务。

另外，提升口岸电子自助查验体验。扩大口岸电子自助查验通道规模，推广人员“卡式化”自助通关，采用大数据、互联网、人脸识别等先进技术，升级和完善口岸旅客自助通关系统，提供智能化通关服务和“无感通关”体验，提高口岸通行能力。

（三）加强口岸环境改善

完善口岸公共标识和公共资讯设施，设置更为明显的中英文标识和停车诱导系统，提供较充足的停车区和候车区，设置人性化的过境人行桥与车行桥，布置快速通道、贵宾通道、残疾人通道等满足特殊需求。在口岸设置发布公共信息的电子屏幕，并指派工作人员为特殊人群提供引路、咨询服务或者其他必要的帮助。

加强两地口岸通关软硬件建设的同步衔接，避免形成瓶颈。加强深港口岸功能协调，促进深圳和香港在口岸功能布局调整等方面的同步衔接，共同做好节假日高峰期间的口岸通关协调和跨境学童等特殊群体的通关服务保障工作。

着力提高口岸卫生标准，完善垃圾分类处理设施，加强对过境旅客的绿色环保宣传，提醒过境旅客自觉维护口岸卫生的意识，定期对出入境交通工具、饮食服务单位及公共场所进行全面卫生检查，确保口岸食品和公共场所卫生安全。健全口岸治安防控体系，强化公安牵头、各方配合的口岸综合治理机制，继续推行社会治安监督员制度，确保良好的口岸安全秩序。

二　推进深港跨境医疗、养老服务合作

（一）加快推进香港和深圳医院一体化

探索在香港和深圳医院之间实行“双向转诊”制度。在深圳就

医的病人因医院医疗设备和技术有限，可让医生开转诊单到目标香港医院预约就诊。香港的居民也可以让医生开出转诊单，北上到目标深圳医院预约就诊。可先在小范围的大型医院实施“双向转诊”机制，慢慢拓展到其他医院。整合香港和深圳两地医院的医疗信息，建立统一的信息系统，让病人清晰知道每间医院的信息，以及每间医院的优势，使医疗资源高效利用，达到医疗资源共享的目的。另外，在这个信息系统里，不仅可以让相关医院的转诊病人预约挂号，还存有病人的电子病历，医生可以直接调阅病人的资料，提高看病效率，方便医患双方。两地政府应结合双方保障制度的优缺点进行改革优化，使香港和深圳居民到双方的医院就诊，都可以根据其参保情况和医院制度得到医疗保障。

（二）鼓励港澳医疗机构和个人在深圳开设医疗服务

鼓励港澳非牟利公共服务机构到深圳开设港式医疗服务，并参考港澳非牟利公共服务的运作模式，允许港澳政府跨境资助由港澳机构或港澳人士开办的医疗机构/诊所和港人福利可携带等政策可行性，如可考虑容许在深圳居住的港澳长者使用长者医疗券。针对在内地设立港澳独资医院手续烦琐、办医成本高等问题，出台特殊政策简化办医手续，允许港澳医师在深圳按照港澳办医的习惯，医师办诊所直接持医师执业资格相关证照开业，企业办门诊参照港澳的标准要求自由选择规模。

（三）加强医疗教育和技术合作，提高医疗服务水平

推进在深港科技创新合作区建设具备国际一流水平的重点实验室，联合香港进行医疗产品研发和公共卫生研究，积极参与国际生物医学研究、生命健康等国际大科学计划和工程。加强香港和深圳的医疗教育合作。邀请香港相关专业人士来担任教师以及合作开办课程，开展相关游学项目。借助香港较完整的教学系统，建立更加适合培养实习生的教学系统。开展“公共卫生与医疗机构管理”专题培训项目，培训师资由香港公共卫生和医疗管理方面专家、学者组成，开展现场交流、专题研讨、个案分析等多种形式的培训。引进港澳先进的医疗技术和理念，建设港澳医疗园区。通过提高深圳医疗设备和医疗技术水平，为在深居住的港澳人士提供更加优质、

高效的医疗服务。

（四）推进医养结合，打造养老服务高地

推进医养结合，争取来深的香港人参与举办非营利性服务机构的政策支持，明确港澳与内地共同举办非营利性机构的合资、合作方式等问题。鼓励、推动香港社会服务机构，如东华三院、伸手助人协会、明爱等，在CEPA框架下，以独资民办非企业方式在深圳开展安老、残疾人士福利等社会服务业务，在深居住的港澳永久居民亦可以获得特区政府资助，享用这类社会服务，享用资格和资助方式与在香港享用同类的服务一样。深圳市可以借此机会转变高端医疗、养老机构匮乏和高端医疗资源覆盖面不足的状况，打出自己的品牌，建立深港医疗、养老中心。在提高整体医疗、养老行业水准，与国际标准对接的同时，也可以服务在深工作、生活及养老的香港人士。

三　深化深港教育合作交流

（一）做好基础教育的衔接和合作

继续做好“姊妹学校”缔结工作。更广泛地推动深港两地各类学校缔结“姊妹学校”，以校际的合作为切入点，争取两地基础教育部分的课程和教学评价，在更短时期内打通和互认。多途径解决深港跨境学童问题。对于港人子女学校，继续给予包括教育用地在内的必要支持和保障；认真办好港人子弟班，采取港式标准及体系。扩大港人子弟学校招生规模，为更多在深圳置业的港人子女提供就学便利。做好在深圳就读的港人子女参加“全国港澳台联考”等各类考试的服务工作，为港人子女就读内地学校创造条件，鼓励深圳各级各类中小学招收在深居住的港人子女就读。加强国际学校合作。组成专门小组对香港现有国际学校进行考察调研，充分了解香港各国际学校的办学风格、办学特色，创造条件，支持它们到深圳设办国际学校，并纳入深圳国际学校发展总体规划。合作建立深港教师联合培训学院。深港教师联合培训学院可分设在深圳、香港两地，依托深港两地基础教育各自的学科优势，采用先进的培训方式，共同开展两地中小学教师的专业培训。

（二）积极引进香港高校在深圳设立分校

在深圳设立的分校可定位为港澳大学办学试验区、高层次创新人才培养教育区，融入西丽湖科教城、光明科学城的建设中，形成环境优美、交通便捷、国际一流的深圳高等教育区，并与高新区交流互动，构建资源集聚、要素流动顺畅的产学研结合示范区。与内地高校在深设立分支机构不同，设立在深圳的香港各高校的分校，具有独立法人资格和办学自主权。这样，教师可以分别在两个校区内的分校授课，学生可以在两个校区内的分校选课修读，两个校区内的分校与设在香港的本部资源可以统一协调和分配。

四　建设开放型国际化社区

结合深圳特色和港澳元素，提供社区用地，规划建设可供港澳人士居住的开放型国际化社区，解决港澳人士来深的落脚问题。强化社区的基础建设，采取国际化的服务管理体系，通过营造社区文化及协同共治，增强港澳居民的归属感和认同感。

（一）加强国际化社区的基础建设

进一步完善社区居民服务的配套，加强生活配套设施的建设，如商场、街市、戏院、图书馆、公园、公共泳池、24 小时咖啡吧、酒吧等，形成相对独立、完善的服务体系，满足港澳居民与本地居民休闲娱乐需求。进一步加强国际化学校和医院的建设，解决港澳人员就学就医等现实问题。

重点打造双语标识完善项目，在社区重要路口，设计制作国际通用标识的“地区信息服务双语导引牌”，涵盖辖区地图，以地图设立点为圆心步行 5 分钟、15 分钟路程为半径的区域图。其中步行 5 分钟路程区域图以突出公共服务和便民服务设施信息为重点；步行 15 分钟路程区域图以突出交通设施、地标性建筑信息为重点。同时，街道开展商户双语牌匾标识规范、社区双语公共服务设施审核、餐饮服务业双语菜单校队翻译、环境优美规范大街建设等项目，制作周边交通、医疗、商场、美食等相关生活配套双语国际化社区服务手册，系统完善居住环境，向进入辖区的港澳人士提供规范的双语居住环境。

（二）搭建与国际接轨的服务管理体系

推行国际化便民服务理念。开展平安小区建设、空巢老人安全、道路交通大讲堂、安全体验式培训等针对性项目，建立国际水平的社会安全体系。提升社区工作者的语言沟通能力、知识结构、人文素养、工作技巧、专业素质和职业修养，建设一支专业化、职业化和国际化的社区人才队伍。充分运用云计算、大数据、移动互联、物联网等新一代信息技术，真正确立社区服务“智慧模式”，提升社区国际化品质。同时建设国际社区服务中心，加强网络服务和热线服务的双语能力建设，按照“公共 + 便民 + 特殊”模式，面向社区居民提供多元便捷的政务与信息咨询环境，不断完善社区的国际化生活服务系统，让港澳人士更好地感受到深圳的友好、包容、和谐。

（三）营造开放、多元、包容的社区文化

培育自由开放的交往氛围，增进港澳籍居民社区归属感。开展社区汉语讲堂和英语沙龙，作为本地与港澳居民互动交流的平台。以语言培训为切入点，拓展本地与港澳居民沟通交流的途径。以社区内各类自治组织为主体，以社区各种文化活动为载体，通过“居民大联欢”“家庭才艺展演”“文化大讲堂”等一系列别样风情的社区文化活动，加深港澳居民对内地的理解，拉近本地与港澳居民的距离。密切邻里关系，开展“邻居节”“友好家庭结对”等睦邻行动，构建和谐的邻里关系，推行“邻里互助公约”制度，培养互助精神。利用社区里的中心广场等地，举办纳凉晚会、烟火晚会和西式派对等，以相对集中的形式展示“社区一家人”的良好氛围。大力发展楼院文化、广场文化、家庭文化，组织开展社区活动时，多考虑港澳籍居民的偏好，多举办交谊舞、书法、太极、插花、茶艺、绘画、桥牌等人际交往功能强的活动，营造祥和友爱、理解互助的社区氛围。

（四）调动港澳居民积极性，实现协同共治

选举港澳人士进入居委会工作班子，共商社区治理事务。邀请港澳人士加入社区调解委员会，利用他们的语言优势和文化背景优势，协调本地居民与港澳居民之间的矛盾与纠纷，增强调解工作的说服力和实效性。提高社区建设与发展的民主决策程度，搭建有港澳人士共同参与的议事平台，给予他们充分民主、平等的权利，听取他们对社区建设和管理的意见、建议。最大限度地调动港澳居民参与社区的志愿者活动，提供社区服务，为国际化社区的建设献计献策，使他们树立起共同为社区建设而努力的责任感和使命感。通过加大港澳居民的参与自治力度，推动港澳居民与本地居民共同参与的自治组织建设，提升他们在社区治理中的权力份额，从而使港澳居民增强社区意识和主人翁意识，并在分担社区发展责任的同时，促使文化逐渐融合，共建和谐家园。

五　打造国际滨海旅游目的地

（一）共同打造滨海黄金旅游带

目前，深圳旅游业正从“景点旅游”向“全域旅游”转型。未来，将重点聚焦滨海旅游资源开发，打造滨海黄金旅游带，着力将宝安中心区、西湾公园、大空港新城、海上田园等连点成线，构建生产、生活、生态深度融合的“西部活力海岸带”；结合南山、福田高科技产业集聚与科技创新优势，强化深圳湾超级总部基地片区、后海中心区、太子湾邮轮母港与深圳湾的城海联系，依托深圳河跨境经济带，协同香港共同打造中部科技旅游海岸带；依托东部优良的海滨自然资源条件，创造融文化体验、度假休闲为一体的综合性海岸特色空间，并大力发展滨海休闲体育产业，打造国家级体育产业示范基地，建设世界级的东部生态休闲旅游海岸带。

深港两地可联手大力发展滨海旅游，共建深圳太子湾、香港启德港邮轮母港集群，重点发展邮轮游艇、在线旅游等高端业态，培育假日游、运动休闲游、滨海生态游、出境游等特色品牌，加快旅游基础资源开发类项目建设，打造国际特色旅游目的地。

（二）推进旅游路线的开发

联合广深港、厦深高铁等其他沿线城市筹办旅游营销推介活动，以及推动建设“一带一路”邮轮港口城市联盟，推动发展“新丝绸之路”等跨地和跨国旅游精品线路。充分发挥香港“世界购物中心”、中西文化交汇之地的优势，依托城市自身及优质旅游产品，形成绝对优势，吸引更多海内外游客。以深圳为龙头，利用珠江东岸丰富的滨海旅游资源，探索“森林+疗养”以及“森林+探险”等森林创意旅游。联合周边城市加快“海洋—海岛—海岸”旅游立体开发，建设贯通广东、连接港澳的滨海景观公路，开发更多精品旅游线路。

第九章　加强广深两地重大战略合作

在“双区驱动”背景下，2019 年 9 月 5 日，广州、深圳共同签署《广州市深圳市深化战略合作框架协议》，这是继 2013 年后广深再次签订合作协议。广东省深改委在《广州市推动综合城市功能出新出彩行动方案》中也明确提出，强化广州、深圳“双核联动、双轮驱动”作用，深化产业、科技、金融、基础设施等领域合作，共同做优做强做大珠三角核心区。广州、深圳这两座彼此邻近的双子星城市，正联手打开更多的合作想象空间。

第一节　加强广深交通基础设施“硬联通”

在构建大湾区 1 小时快速交通圈的基础上，广州、深圳两市要进一步加强交通基础设施“硬联通”。加快建设更紧密的城际直连轨道、更高效的市域轨道快线和更高覆盖率的城市轨道线路，形成快捷连接广深两地重要交通节点的格局。

2019 年 12 月 15 日，时速 140 公里的穗深城际铁路正式开通，全线从广州东到深圳机场设有 15 个站点，乘客从广州东站到深圳机场站最快仅需 1 小时 11 分钟，大大压缩了乘客往返穗、莞、深三地的时空距离，这是广深两地的铁路联系主要通道广深港高铁、广深铁路之外又一重要城际轨道。广深间时速 600 公里的高速磁浮列车——广深第二高铁也已经着手规划设计，届时广深之间将有四大轨道交通串联。这些重大交通基础设施建设加强了广深“硬联通”，推动并支撑广州东进，深圳、东莞西拓，对构建粤港澳大湾区“1 小时经济生活圈”、打造世界级城市群有着极其深远的意义。要加快广深第二高铁规划建设步伐。在广深之间再建一条高铁线路意义重大，广深第二高铁强化广深港主轴高速通道功能，线路全长 132 公里，串联宝安机场与白云机场，可以弥补当前广深铁路速度上的不足。广深第二高铁如果建成高速磁浮铁路，可实现广州南沙 30 分钟直达深圳中心城区，强化珠江两岸的交通联系。

第二节　推进重大跨境战略平台合作

推进深圳前海合作区及广州南沙的战略合作。自 2010 年以来，国家先后赋予深圳前海合作区及广州南沙新区重要跨境合作使命。在粤港澳深化跨境合作和扩大开放方面，深圳前海与广州南沙需要进一步探索与港澳共同打造要素流动通畅、科技设施联通、创新链条融通、人员交流顺畅的跨境合作重大战略平台。

前海、南沙要协同推进包括投资、贸易、金融、知识产权、医药等领域的制度创新，并进一步联合争取国家相关政策支持。深圳前海与广州南沙发展重点在于深化深港现代服务业合作，其中金融的突破是重中之重。2012 年起，国务院支持前海在金融改革创新方面先行先试，建设中国金融业对外开放试验示范窗口。目前，汇丰银行、东亚银行、恒生银行三家最具影响力的港资机构已经进驻前海，在跨境金融业务方面，跨境人民币贷款、跨境人民币债券、跨境资金池、跨境股权投资和不良资产跨境转让等“五个跨境”已形成前海跨境金融特色体系。而广州南沙金融业发展态势良好，2019 年有金融和类金融机构 6429 家，持牌法人金融机构（11 家）占广州市的 1/5，成为华南地区最大飞机船舶租赁集聚地，成为国际金融论坛（IFF）永久会址。深圳前海与广州南沙未来可携手探索推进金融开放创新，积极开展以服务实体经济为重点的金融体制机制改革和业务模式创新。首先是拓展离岸账户（OSA）功能，及时借鉴上海自贸试验区自由贸易账户体系（FTA），探索资本项目可兑换的有效路径。进一步携手探索拓宽境外人民币资金回流渠道，配合支持香港人民币离岸业务发展，联合打造跨境人民币业务创新试验区。推动设立在前海、南沙的银行机构发放境外项目人民币贷款；在《内地与香港关于建立更紧密经贸关系的安排》（CEPA）框架下，适当降低香港金融企业在前海及南沙设立机构和开展金融业务的准入条件，研究香港银行机构对设立在前海、南沙的企业或项目发放人民币贷款，进一步推进前海与南沙金融市场扩大对香港开放，加快提高金融国际化水平。

前海、南沙要联手推进香港、澳门国家重点实验室，工程技术研究中心建设，打造离岸创新创业平台。依托前海湾保税港区、西部港口和广州保税区，共同推动药品跨境制度创新，促进港澳台及境外上市药品进入内地，建立国内药品出口海外审批绿色通道机制，积极推行医药卫生改革先行先试或项目。

前海、南沙还要共建开放合作平台，为改革创新协同发展示范区集聚国际化资源。深圳前海合作区及广州南沙在“双区驱动”背景下，依托“粤港合作＋‘一带一路’”跨境投资与贸易综合服务平台，通过整合公共服务及市场化资源为改革创新协同发展示范区企业提供“一站式”跨境投资与贸易综合服务。前海、南沙两区可携手构建国际跨境合作网络，展开与“一带一路”其他重要节点国家乃至日韩、欧美等其他区域相应国家的合作联动。

第三节　协力打造先进产业集群

广深产业协同发展必将带来产业及技术外溢效应，从而向周边城市圈层扩散，带动粤港澳科技创新资源向产业链高端聚集，形成产业空间扩张效应。深圳前海与广州南沙需要共同瞄准产业发展新动向，引导传统产业向价值链高端发展，加快培育创新型产业，突出数字经济、绿色经济、海洋经济发展导向，着力发展特色金融、汽车制造和人工智能、新一代信息技术、生命健康和新能源、新材料等战略性新兴产业，推动制造业高质量发展。

一　优势互补做强做大广深金融业

推动深圳、广州两市扩大金融合作，实现优势互补、错位发展。

2019 年全年，深圳金融业实现增加值 3667.63 亿元，占 GDP 的比重为 13.6%，广州市实现金融业增加值 2041.87 亿元（相当于深圳的3/5），占 GDP 的比重为 8.6%。深圳引进和培育了包括小额贷款公司、股权投资基金、创业投资公司、融资担保公司、融资租赁公司、信托公司、消费金融公司、科技银行等在内的各类新型金融机构，形成了以银行、证券、保险机构为主体，新型金融业态为辅助的较为健全的现代金融组织体系。截至 2019 年末，深圳地区持牌金融机构为 490 家，其中法人金融机构为 196 家；广州地区持牌金融机构为 323 家，其中法人金融机构为 54 家。广州市传统金融机构数量多，银行业、保险业相对发达，但是金融新业态发展缓慢，地方法人金融机构数量少、资产规模小、综合实力弱，多层次资本市场发展相对滞后。

广深两市有必要加强信贷市场合作与对接，推动两地银行机构合作开展银团贷款业务，共同为大湾区重大基础设施建设和大型骨干企业项目提供信贷服务。广深两市可协力发展专业金融，增强金融服务功能。大力发展产业金融，构建产融互动共生发展格局。依托广深两市产业体系和资本实力，大力发展科技金融、汽车金融、会展金融、文化金融、旅游金融和航运金融等现代产业金融。

广深两市需要携手提升民生金融服务水平。发挥深圳新金融优势和广州的资产规模优势，共同加大对教育、医疗、养老、环保、社会保障、救灾救助、慈善公益、社会福利等重点民生领域的金融支持力度，满足广大人民群众对便捷、高效、个性化金融服务的需求。

健全广深绿色金融体系。发挥广深科研、产业、金融创新等综合优势，在大湾区率先探索建立集绿色金融机构、绿色金融产品、绿色金融市场、绿色金融中介服务组织于一身的绿色金融服务体系。鼓励深圳金融机构开发与环保、气候、能源等相关联的绿色金融产品，积极推动排污权、碳排放权、节能、清洁发展项目、自愿减排项目等交易市场建设，逐步探索建立国内领先的绿色金融市场体系。

二　打造对标世界级标准的先进产业集群

依托深圳、广州良好的制造业基础，打造先进的高端制造业集群。深圳市应与广州联合打造电子信息、汽车制造、超高清视频及新型显示、新材料、都市消费工业、高端装备制造、生物医疗等先进制造业集群。推动现代服务业与先进制造业深度融合发展。深圳、广州共同打通制造业、服务业、创新平台、工业互联网和5G等产业的融合通道，带动湾区先进制造业产业协同发展。

深圳、广州携起手来，着力增强电子信息产业的自主配套能力，不断完善核心部件及软件的自主配套，提升终端产品价值链，打造全球领先的电子信息产业基地。加强深圳华为、腾讯、大疆、比亚迪、光启等龙头企业与广州各方面的合作，共同探索“汽车+电子信息”“检验检测+新产品”“5G+车联网”等方面深度合作。发挥深圳、广州汽车产业研发、生产、配套、服务等优势，打造2—3条以骨干企业为核心的汽车产业链，以深圳、广州为整车生产中心，建设具有国际竞争力的汽车产业基地。发挥深圳、广州装备制造业基础优势及辐射带动作用，加快建设广州南沙核电装备制造基地，与深圳电子信息产业带融合互补发展，发展壮大装备制造产业链，建设具备国际竞争力的先进装备制造业基地。

借助港澳在生物医药方面优势，加快建设深圳和广州国家生物产业基地，打造生物药、化学药、中药及高性能医疗器械产业基地。推进广东医谷、深圳国际生物谷入驻生命健康等领域企业，发展生命健康与医疗产业。以深圳为重点，发挥家具、家电、纺织服装、绿色食品等产业优势，着力打造先进轻纺制造产业基地。

第四节　切实推进科技创新合作与发展

加大“广州—深圳—香港—澳门”科技创新走廊广深段建设力度，协同推进国家级和省级制造业创新中心、重点实验室、工程实验室、产学研协同创新中心等创新平台建设。着力促进科创产业提质增效，进一步引导深圳、广州的天使投资、创业投资、跨境风投进入广、深科技创新领域，促进科技成果转化，培育战略性新兴产业。发挥深圳在科技研发和成果转化方面的优势，积极复制和推广深圳产学研协同经验，推动科技成果转移转化，推动企业与高校、科研机构合作共建科技成果转化和国际技术转让平台、国家和省级技术转移中心等，共同开展成果应用和推广。依托深港国际科技创新中心建设机遇，不断完善科研成果转化的制度建设。支持包含财会、税务、法律、金融等全体系的第三方专业服务机构等关键要素在两地跨区域流动。支持双方共建科技成果转化体系，推动两地科研单位、科技企业和科技人才在学术交流、孵化培育、产业落地等各方面的交流合作，打造互联互通的科技成果转化体系，提升两地孵化器专业化与协同化水平。

深圳、广州携手建立更为有效的以企业为主体、市场为导向、产学研深度融合的技术创新体系。发挥广深行业骨干企业、转制科研院所主导作用，联合上下游企业和高校、科研院所等构建一批产业技术创新联盟，加强行业共性关键技术研发和推广应用。广深共建知识产权保护和运用开发平台。基于广州南沙、深圳前海等平台，先行探索知识产权保护和运用开发平台。充分发挥中国（深圳）知识产权保护中心和中新广州知识城国家知识产权运用及保护综合改革试验优势，加强知识产权保护运用等领域合作。

第五节　共同推进会展业集群发展

深圳建设中国特色社会主义先行示范区，“举办国际大型体育赛事和文化交流活动，承办重大主场外交活动”，“组织举办大型文创展览”，都是重要使命担当，全球第一大会展中心——深圳国际会展中心 2019 年建成启用。而广州建设国家中心城市，以广交会等大型会展的举办为代表，具有雄厚的会展业发展基础，正加快建设国际交往中心。这意味着，未来广、深两地均需在国家扩大对外开放、增强国际交流合作中发挥更大作用，因此，广深双方应共同争取重大展会落地，推进会展业集群发展，从资源共享和互补中实现双赢。

近年来，广州以打造国际会展之都为目标，加快推进广交会第四期展馆、琶洲会展塔综合体、物流轮候区、客运口岸码头建设，积极引进国际品牌展会活动落户。深圳在建设国际会展中心基础上，也加快了城市西部“国际会展城”的规划、建设与运营，大力发展会展经济，将国际会展城建设成为世界级会展经济中心。因此，从硬件上看，广州、深圳两地都有运营相对成熟的展馆场所，完全有条件轮流承办或者共同承办一些国际国内重大展会。况且已有一些重大展会和论坛在广深之间轮流举办之先例，如深圳刚刚承办的第7届海博会，第1届就是在广州办的。中国风险投资论坛从2017年开始，就在广深之间轮流举办。因此，借助广深大型展馆，支持“广交会”提升影响力和辐射面，建设高水平会展综合体，与深圳共同争取国际国内重大展会落户两市并合理布局。围绕深圳建设开放引领的国际会展门户区的目标，打造具有影响力的国际会议品牌，广深应携手办好世界港口大会、中国邮轮产业发展大会、海上丝绸之路博览会、海博会、中国风险投资论坛等国际会议及论坛，推进广深会展业集群发展。

第十章　深莞惠（3+2）经济圈建设

第一节　从深莞惠一体化到深莞惠（3+2）经济圈建设

一　深莞惠一体化目标与合作进程

（一）深莞惠一体化的目标

1. 建设粤港澳大湾区重要战略支撑

粤港澳大湾区意欲比肩世界三大湾区，成为中国对外的经济航空母舰，成为国际经济版图的突出亮点。粤港澳大湾区的建设要达到预期目标势必要求湾区内各城市加强彼此之间的联系与合作甚至融合发展，推动人流、物流、资金流、信息流等生产要素在湾区内的快速流动和高效配置。从区域范围上看，粤港澳大湾区的主体部分就是“深莞惠”“广佛肇”“珠中江”三个都市圈及香港、澳门两个特别行政区，因而推动湾区内次级都市圈的一体化是大势所趋。在湾区经济体中，最有活力、发展最为迅速的无疑是深莞惠都市圈。深圳在全国的地位举足轻重，具备成为粤港澳大湾区核心城市的条件与实力，近几十年来在深圳强大的辐射带动作用下，深莞惠都市圈成为粤港澳大湾区中发展最好、联系最紧密的城市群，在粤港澳大湾区中应该靠前站位、使命担当。推动深莞惠都市圈一体化，使之成为珠江东岸一个强劲的增长极，并为湾区内其他城市的融合发展做出表率，将为粤港澳大湾区的建设提供重要支撑。

2. 建设具有全球影响力的城市群

深圳从城市人口到经济规模，已经具备了发展成为大都市圈的条件。如今深圳发展正遇上土地等资源匮乏的瓶颈期，可持续发展迫切需要经济腹地的支撑，要突破困局必须调动深圳以外的相关资源为其补充短板。深莞惠三市同处珠江口东岸，深圳是经济特区和全国经济中心城市，有人才、产业与资本活力，具备辐射莞惠的强大实力。东莞是全国制造业名城，面临着环境污染和产业升级转型的巨大压力；惠州虽然近几年来发展速度较快，但是与深圳、东莞相比差距太大，同时还存在市内经济发展不平衡的问题。推动深莞惠都市圈一体化，东莞有望在交通、产业等方面与深圳全面对接，实现城市的升级转型；惠州也可以承接更多产业转移，提升经济实力。

随着深圳东进战略的实施、城市轨道交通的建设，以深圳为核心，连通惠州、东莞的发展已成趋势。加快深莞惠都市圈一体化，实现在规划、产业、交通、生活等方面的全方位对接，既能解决深圳自身发展瓶颈，保持竞争力，又能拉动外围经济增长，提高整体辐射带动力，促进深莞惠都市圈逐渐发展成为具有全球影响力的世界级城市群。

3. 带动后发地区实现协调发展

党的十九大明确提出实施区域协调发展战略。推进一体化发展，打造深莞惠共同体是解决区域发展不平衡实现协调发展的必由之路和理性选择。要实现后发地区的大发展，后发地区必须主动融入发达地区，通过发达地区的辐射带动，发展自己的优势产业，进而做大做强自身经济。深圳的经济实力十分雄厚，对周边城市有很强的辐射作用。推动深莞惠都市圈一体化，通过充分发挥深圳的辐射带动作用，后发地区承接产业转移并进行产业淘汰升级，可以实现后发地区的倍增发展、乘数发展，从而构建全面的、均衡的、可持续的、和谐的、科学的发展区域，发挥珠三角核心区域的龙头作用。

4. 为区域协调发展探索路径

党的十八大以来中国以“一带一路”、京津冀协同发展、长江经济带发展三大战略为引领着力推进区域协调发展。党的十九大报告将实施区域协调发展战略作为今后一个主要任务，全国各地纷纷响应号召探索推进区域协调发展的有效举措。珠三角一直以来被赋予“探索科学发展模式试验区”先行先试的重任，有必要在区域协调发展方面做出表率。深圳作为一个经济大市，作为改革开放的排头兵，理应率先承担起为全国区域协调发展探路的重大使命。推动深莞惠都市圈一体化，部分地区借势新经济、新科技，依靠新模式、新路径超常发挥，成功摆脱了原有产业基础和经济基础的羁绊，构造或是重造了经济体系，在比较短的时间内完成了追跑到并跑再到领跑的过程。这些地区总结出来的“无中生有”“弯道超车”等经验值得发展较慢的地区研究借鉴，也值得作为探寻缩小地区差距、促进区域协调发展的重要路径认真对待。

（二）深莞惠一体化进程

从深莞惠一体化推进以来，深莞惠一体化进程取得了重大进展，特别是在基础设施、产业发展、科技建设、环境保护、公共服务等方面。

1. 基础设施对接加快推进

三市积极推进交通基础设施对接和运输服务一体化，在建立工作机制、推进项目建设、发展城际公交和统一管理政策等方面取得显著成效。三市以党政联席会议为平台，签订了《边界道路建设及连接工作的协议》等一系列协议，通过了《深莞惠交通运输一体化规划》，在交通基础设施方面推进实施了多个合作项目。通过高速公路、轻轨、港口等的对接，深莞惠逐步实现了从“两小时经济圈”向“一小时经济圈”“半小时经济圈”迈进。

首先，路面交通联系十分密切。赣深高铁等轨道交通项目有序进行，城际轨道建设加快推进，深圳地铁12号线西延穿越东莞凤岗，深圳地铁8号线、14号线、16号线、19号线和21号线延伸线，将实现深惠地铁对接，三市多条边界衔接线路建成通车；开通多条毗邻乡镇间城际公交，出租汽车动态位置信息共享率达到90%以上，三市之间边界普通公路收费站全部取消。区域公共交通管理协调方面，三市在经营模式、线路及站点方案、车型与技术标准、车辆标识等方面达成共识。

其次，机场建设合作持续推动。三市推动编制深莞惠都市圈航空发展规划，推进深莞惠东部机场“第二机场”在区域内选址，依托第二机场，发展航空客运、货运、物流、机场购物、休闲度假、商务旅游、高新技术等相关产业，做大做强第二机场的飞地经济，构建具有临空经济特色的产业集群。同时，深圳机场向国际化、高端化转型，成为国际性航空枢纽，其部分国内航线转移至惠州，惠州机场成为区域重要航空枢纽，珠江东岸有望出现分别主打国际、国内航线的机场“双雄”。

最后，港航服务业和港口物流领域的合作不断加强。港口集疏运体系建设持续推进，深圳港南山港区、惠州港荃湾港区、虎门港沙田港区等重要大型港区的疏港通道建设不断成熟，盐田、南山、大铲湾等主要集装箱港区进港高速公路建设逐步展开，深圳港的散杂货中转运输业务逐步向虎门港、惠州港转移，集装箱运输走向纵深合作。

2. 产业协调发展逐步加强

深莞惠三市的产业结构差异较大，产业合作的互补性强。深圳作为区域中心，创新能力较强，有良好的创新平台；东莞作为世界制造基地，产业基础扎实，有完善的配套基础；惠州作为资源大市，拥有珠三角 1/4 的土地面积，丰富的水资源、石化资源等。三市正充分利用这些有利条件，逐步形成科学有序的产业分工，共同推进产业结构的优化升级。

多年来，深莞惠三地在产业发展方面建立了诸多合作。一是联手推动产业升级，打造高端产业基地群。深莞惠三市正共同提升家具、服装、玩具、鞋业等传统制造业，合力打造国内外知名品牌，打造先进制造业基地；共同发展电子信息等高端产品制造业，共同打造全球电子信息产业基地；整合三市资源，大力发展生物工程、新材料、新能源汽车、装备制造、精细石化等产业，建设高新技术产业和石化产业基地，推进珠三角东岸地区产业的可持续发展。二是推进产业转移园的建设和发展。落实省委、省政府实施“双转移”的部署，莞惠联手共建惠东、龙门两大产业转移园。TCL 集团与深圳市政府共建华星光电 8.5 代液晶面板生产线。深惠两市合建的服装生产加工及物流仓储园区、谟岭新型产业园等项目顺利推进，“坪新清”产业合作示范区规划建设取得阶段性进展。成立了莞深产业合作促进会，华为、宇龙酷派、金立等企业在东莞松山湖形成了产值超过千亿元的通信产业链，带动了深圳通信产业在国内乃至全球话语权的快速增大。与东莞、惠州进出口贸易、通关合作全面深化，惠阳等地七成引进项目来自深圳。三是积极推进旅游合作。惠州分别与深圳、东莞签署了旅游紧密合作框架协议，先后到深圳和东莞开展了专场旅游推介。三地基本实现旅游信息交流的正常化，三市旅行社导游可异地带团，异地旅游投诉受理机制和旅游投诉通报机制更加完善。惠州还与深圳、东莞共同参加香港国际旅游交易会，合力开拓香港市场，取得了良好效果。四是推动深莞惠金融合作。三市金融办签订了《关于加强深莞惠三市金融业合作的协议》，建立金融合作交流机制，共同推进三地在金融机构、服务、网络、信息和人才等方面的对接。招商、民生、光大等股份制商业银行总行已批准由深圳分行在惠州设立分支机构，东莞银行、东莞证券等地方金融机构已经或者即将在惠州设立分支机构。

3. 科技一体化建设实现了有效对接

在科技管理体制方面，每半年三市科技局领导组织一次碰头会，就科技政策出台、科技资源共享和科技产业合作等问题进行商讨，每季度由三市相对应的科室或处室就具体的科技业务进行会商。三市争取在扶持科技企业、组建研发平台、科技投融资和科技招商等方面的科技政策上相互给予同城待遇。

在数据信息方面，三市对各自高新技术企业、民营科技企业、专利、技术成果、公共创新平台、行业创新平台、企业研发机构（工程中心、技术中心）、重点实验室、科普场馆、风险投资机构、科技担保公司、技术产权交易机构、科技评估机构等做一次全面具体的调查，建立数据库和统一的数据信息平台，实行三市共享。

在科技产业发展方面，推动科技产业链的延伸，实现错位发展，通过组建科技企业加速器，承接深圳已完成孵化和正进行中试的科技企业来莞、惠发展，形成相互呼应的高新技术产业带。推动三市科技产业园区的交流与合作，实现三市科技产业园区优势互补和资源共享。跨地域联合组建产业技术联盟和产学研合作联盟，推动重大共性和关键技术创新，加速科技成果转化。

在科技创新平台建设方面，支持共建公共科技创新平台、公共检测平台、国家重点实验室、企业工程技术研究开发中心等，科研仪器设备和技术创新资源开放共享，联合开展重大科技项目攻关，减少重复投资建设，实现优势互补，发挥科技创新平台对三市经济社会发展的支撑和引领作用。

在发展科技服务业方面，引导深圳投资管理机构、金融服务机构、科技培训机构、评估机构等在东莞、惠州设立分支机构，为企业自主创新活动提供便利高效的服务。东莞市正与深圳华南技术产权交易中心进行接触，准备在东莞设立分中心，进一步完善技术产权交易体系。

4. 环保合作积极推进

三市逐步贯彻推进实施《深圳市、东莞市、惠州市界河及跨界河综合治理计划协议》内容，重点推进界河和跨界河流的综合治理工作，多年来进行了深惠跨界河流“龙岗河坪山河—淡水河”、深莞跨界河流“观澜河—石马河”以及深莞界河“茅洲河”3 条河流的水污染治理和防洪排涝整治，大力推进水污染设施建设、垃圾填埋场整治、内河涌治理、畜禽养殖业清理、污染企业淘汰等措施。同时，多次召开深莞惠环保合作会议，签署了《深莞惠环保合作协议》《深莞惠落实〈深莞惠大气污染防治区域合作协议〉工作备忘》《饮用水源与跨界河流水质监测工作一体化协议》等近十项协议。三市对龙岗河、观澜河、淡水河等流域实施每年淘汰 20% 重污染企业计划，在 2015 年底前实现了关闭流域内所有重污染企业的目标任务。环保合作长效机制的持续完善为三市实现碧水蓝天、共创优质生活圈奠定了基础。

5. 社会公共事务合作逐项开展

深莞惠三市都属于外源型经济占主导地位、外来人口倍于本地户籍人口的城市。特殊的经济结构和人口结构给三市社会管理带来了特有的矛盾和问题，社会治安、生态环境、公共安全等都面临重大的挑战，实现公共服务均等化的难度较大。深莞惠三市正在加强社会管理和公共服务方面的紧密合作。

一是建立警务协作机制。三市公安机关联合签署了《案件管辖移交及办案协作规定（试行）》和警务紧密协作备忘录，在警务信息资源共享、联动协调指挥、侦查办案、道路交通管理、区域联动执法、打击犯罪领域、流动人口管理与服务等方面建立了广泛合作。

二是加快了养老保险的对接。按照省政府的统一部署，三市正在推进实施《深莞惠三市医药品安全监管紧密合作框架协议》和《深莞惠三市医疗卫生紧密合作框架协议》，确定建立了医疗保障卡的异地使用。

三是加强了工商管理合作。三市联合签署了统一市场监管体系的框架协议，逐步推动市场准入、执法办案、消费维权、信息共享等方面的对接合作。

四是推进了城乡规划建设合作。三市签署了《推进珠江口东岸地区城乡建设紧密合作框架协议》，推动三市之间互相开放工程承包市场，互认工程业绩，共享企业管理信息和有关市场信息资源，率先实现建筑市场信用信息的互联、互通、互用、互认。

五是稳步推进人事人才工作的对接和合作。珠三角九市签订《珠三角人才工作联盟合作框架协议》，三市人才网站确立了链接机制，建立深莞惠互派干部挂职机制，开展人才互动培训，签订了深莞惠三地合作培训协议，建立了三地共享的师资专家库和现场教学基地。

六是推进了公共卫生服务的对接合作。建立深莞惠突发公共卫生事件联动机制，成立突发公共卫生事件联动协调小组，建立例会制度、信息通报制度、联合演练制度和应急救援联动制度，实行突发公共卫生事件就近先行救治原则。三市食品、公共场所从业人员健康证明、卫生培训合格证明实现互认。

二　深莞惠（3+2）经济圈的由来与进展

（一）深莞惠（3+2）经济圈的由来

深莞惠地处珠江口东岸，总面积达1.56万平方公里，原本同属惠阳地区。1979年，成为特区的深圳与惠州分开。1988年，东莞和汕尾也分别设市脱离惠阳。为减少城市间盲目竞争，广东在1995年的珠三角现代化建设规划中提出了“城市群”概念，随着东部深圳东莞、北部广佛、西部中山珠海江门三大构想出现，深莞惠一体化融合发展的思路由此形成。

2008年底，国务院批准实施《珠江三角洲地区改革发展规划纲要（2008—2020年）》（简称《纲要》）。《纲要》明确提出以深圳市为核心，以东莞、惠州为节点的珠江口东岸地区，要提高核心竞争力和辐射带动能力。这为深莞惠一体化的推进提供了依据。

2009年2月，深圳联合东莞、惠州首次召开联席会议，签署了《推进珠江口东岸地区紧密合作框架协议》，以加快推进以三市为基础的珠江口东岸城市群建设与协调发展，争当珠三角区域经济一体化的先行区。该框架协议就发展规划、产业发展、区域创新、交通运输、能源保障、水资源及城市防洪、信息网络、环境生态、社会公共事务、加强与港澳合作十项内容进行重点合作。同年5月、9月，深莞惠分别在东莞、惠州召开了第二次、第三次联席会议，签署了一系列协议，确立了更多合作领域。此后，一直到2013年，深莞惠三市每年召开一次联席会议，推动一体化向纵深发展（如表10－1所示）。

直到2014年10月，深莞惠经济圈扩容，汕尾、河源两市加入，“3＋2”也就是“深莞惠＋汕尾、河源”格局形成。汕尾、河源的加入使深莞惠经济圈区域面积翻番，经济总量接近全省的40%，发展空间进一步拓展，珠东新型都市圈的蓝图更加广阔。

表10－1　　深莞惠（3＋2）联席会议召开情况

会议名称	会议时间	地点	会议重点	重要签署文件
深莞惠第一次党政联席会议	2009年2月27日	深圳	决定年内推进战略规划、产业协作、交通建设等八个方面的工作；要求建立健全三市党政联席会议制度	《深圳市、东莞市、惠州市贯彻落实〈珠江三角洲地区改革发展规划纲要〉推进珠江口东岸地区紧密合作框架协议》
深莞惠第二次党政联席会议	2009年5月16日	东莞	建立“三市党政主要领导联席会议”的三级组织管理架构；建立发展规划、交通运输等十个专责小组	《深圳市、东莞市、惠州市界河及跨界河综合治理计划协议》

续表

会议名称	会议时间	地点	会议重点	重要签署文件
深莞惠第三次党政联席会议	2009年9月24日	惠州	1. 公共服务方面，将重点推进教育、劳动就业及社会保障等9个方面的37项合作意向的研究和论证；2. 交通运输方面，将新增8个跨界道路桥梁建设项目和1个城际轨道建设项目	《规划一体化合作协议》《社会公共服务一体化合作框架协议》《交通运输一体化补充协议》和《界河及跨界河综合治理专责小组章程》
深莞惠第四次党政联席会议	2010年4月8日	深圳	深莞惠将在各自"十二五"规划编制中纳入"三市一体化"的有关内容；现场考察了龙淡河（惠州段称淡水河）龙岗段水污染综合治理情况	《界河综合治理工作协议书》《边界道路建设工作协议书》
深莞惠第五次党政联席会议	2011年4月19日	东莞	通过了深莞惠《三市党政主要领导联席会议办公室协作机制（试行）》；通过了包括引水工程规划建设、农产品质量安全监督、产业转移招商引资合作机制等在内的13项《三市近期共同推进的重点工作事项》	《深莞惠边界地区坪新清片区规划开发合作框架协议》《深莞惠关于产业发展合作协议》《深莞惠信息化合作框架协议》《深莞惠加快推进交通一体化补充协议三》《关于加强深惠合作的备忘录》
深莞惠第六次党政联席会议	2012年5月16日	惠州	通过了莞惠合作共建产业转移"园中园"、共同推广新能源汽车、建立深莞惠三市劳动监察执法合作机制、加快推进茅洲河界河段综合整治、建立跨界河流防洪治污联防联治机制等九项重点工作	《深圳市东莞市惠州市加快推进交通运输一体化补充协议四》《深圳市东莞市惠州市共建深莞惠区域创新体系合作协议》《深圳市东莞市惠州市农产品质量安全监管合作协议》《深圳市东莞市惠州市三地文化联动合作协议》

续表

会议名称	会议时间	地点	会议重点	重要签署文件
深莞惠第七次党政联席会议	2013年8月7日	深圳	审议通过了《深莞惠区域协调发展总体规划（2012—2020年）》、三市近期共同推进的13项重点工作事项	《三市汽车零部件产业合作框架协议》《应急管理区域合作协议》《大气污染防治合作协议》和《2013年深惠合作备忘录》
深莞惠第八次党政联席会议	2014年10月16日	东莞	以“3+2”的形式加入汕尾、河源。会上通过《深莞惠交通运输一体化规划》，并确定五市近期推进的21项重点合作事项	无
深莞惠第九次党政联席会议	2016年2月18日	惠州	提出了五市加快区域创新体系的目标，通过社会信用体系建设合作，营造市场化、法治化、国际化营商环境	《共建区域创新体系合作协议》《区域社会信用体系建设合作框架协议》
深莞惠第十次党政联席会议	2016年12月28日	汕尾	审议通过了五市近期共同推进的47个重点合作事项和《深圳、东莞、惠州、汕尾四市海洋产业经济协作示范区建设纲要》	深圳、惠州、汕尾签署了三市《共建海上旅游航线发展粤东滨海旅游框架协议》，深圳与河源签署两市《农产品质量安全监管合作协议》
深莞惠第十一次党政联席会议	2018年4月21日	河源	审议通过了五市近期共同推进的46项重点合作事项，主要涉及机制共建、交通运输、生态环保、产业合作、民生事业等5个领域	无

（二）深莞惠（3+2）经济圈的进展

汕尾、河源的加入提升了经济圈的辐射广度，珠三角与粤东北之间的要素通道进一步打通，为珠三角地区优化发展和粤东西北地区加快发展提供了有力抓手和合作平台。

首先，交通网络加快对接。在深圳市的大力推动和支持下，深圳至汕尾利用厦深铁路的城际捷运正在积极筹备，届时深圳到鲘门仅需43分钟，深圳到汕尾市区仅需1小时5分钟。汕尾到深圳的水上客运交通、深汕高速扩建、珠东快速、深圳和汕尾鲘门之间的城际线、汕尾机场、汕尾港等正在抓紧筹划。赣深客专途经河源、惠州、东莞、深圳市，终点接入深圳北站。届时，深圳到河源的时间将由现在的接近3小时压缩为不到1小时。深惠城际铁路延伸至河源段正在规划研究中。河源对接深莞惠的高速路网骨架也基本形成。“3+2”经济圈交通运输一体化衔接规划正在抓紧制定。

其次，产业合作不断深化。深圳与汕尾建立了联合招商工作机制，已举行了四届招商推介洽谈会，比亚迪、香雪制药等电子信息产业、生物医药、新能源产业项目落地建设或投产。深汕两市签订《深圳、汕尾两市产业园区共建合作协议》，“深圳总部+汕尾基地”产业共建成效显著。汕尾新区红草、海丰县和陆河县3个园区获省批准纳入省级管理。大批龙头企业被吸引至汕尾，深圳维业、深圳伟泰、深圳广美、深圳安星等纷纷落户。深河产业共建加速推进，深河共建产业园已经形成了河源国家高新区、江东新区、源城、东源、龙川、和平、紫金、连平等8个产业共建园协同发展的园区集群，其中有5个获省级产业园表彰奖励，河源国家高新区在国家高新区排名中更是两年上升了17位。深河共建产业园区已形成“总部+基地”“研发+孵化”“创新+产业化”“产能扩大+产业承接”等区域协作新模式。

最后，社会、民生建设协同推进。就业、社保、文化、人才等方面加快对接。深圳市人才网汕尾分网顺利开通，企业用工信息与深圳人力资源市场实现实时对接、动态更新，高校毕业生就业管理和服务逐步实现互通。五市养老保险实现无障碍转移，在定点医疗机构实现异地即时结算。五市签署了《珠三角深莞惠一体化+河源汕尾5市文化合作联动备忘录》，加快推进区域文化资源共享、共同发展。深汕教育“人才驿站”正式挂牌，深汕两市建立常态化的师资交流机制。环保共治扎实推进，处置城市医疗废物、生活污水厂污泥等问题加快推进。警务协作不断深化，五市公安机关的警务信息共享、交流协作机制进一步完善，逐步实现对犯罪活动的打击、社会治安防控管一体化。

第二节　推进深莞惠联动发展

一　共建深莞惠科技创新圈

（一）合力建设综合性国家科学中心

深圳作为先行示范区，未来将在大湾区中发挥核心引擎功能，发挥示范带头作用。《中共中央　国务院关于支持深圳建设中国特色社会主义先行示范区的意见》明确提出以深圳为主阵地建设综合性国家科学中心。东莞是广深港澳科技创新走廊重要节点，目前已建成大科学装置散裂中子源，加上松山湖、滨海湾新区的创新发力，为东莞参与到综合性国家科学中心建设创造了重要机遇。惠州先进能源科学与技术广东省实验室启动建设，将对标国家实验室，瞄准国际一流；同时占地约186亩的中科院强流重离子加速器装置和加速器驱动嬗变研究装置两大科学装置总部区正式开工建设，谋划打造具有国际领先水平的科研基地和高新科技成果转移转化基地。惠州在粤港澳大湾区国际科技创新中心建设过程中的角色逐渐凸显。未来可发挥深圳龙头带动作用，着力共建大科学装置集群，吸引高端创新项目、平台入驻，共同谋划打造具有重大影响力的综合性国家科学中心。

（二）以深圳为龙头，合理布局创新主体

深莞惠的科技创新发展需要深圳继续发挥科技龙头的引领作用，充分发挥深圳企业创新能力强、开放程度高、创新环境好的优势，加快深圳优势创新资源向东莞、惠州辐射扩散，共同推进莞惠的科技创新发展；同时，需要补足深莞惠创新发展中的短板，提升科技

创新能力。深莞惠都市圈应增加高校数量，提升高校质量，合理规划学科设置和层次结构。深圳应加大财政力度，建设以深圳大学为引领的高水平大学，加强与国内外著名大学的联合办学，建设国内和国际一流的大学和学科；东莞和惠州应加大财政力度，建设国内和广东省一流的大学和学科，并不断向国内高水平大学方向努力。

深圳应充当都市圈领头羊，充分发挥创新和研发的核心作用，联合莞惠共同争取国家重大科研项目，提升区域原始创新能力。重点围绕新产业新技术，积极引进高层次创新团队和人才，在重点学科和关键产业技术领域，建设一批国家级、省级、市级重点实验室、工程实验室、工程中心、企业技术中心、质检中心等重大创新平台。深入开展与国内外著名科研机构和高校的全面合作，推动院市、校市共建研究机构。东莞和惠州临深的国家级园区则充当创新次中心，应重点围绕高新技术产品制造，培育和引进一流的技术应用研究机构。

（三）优化区域创新发展环境

推动科技创新资源开发共享。建设科技创新资源共享平台，让平台资源能够在三市政府、企业、科研院所、高等院校之间共享，吸引企业、高等院校和科研院所在线注册，实现大型仪器设备预约共享。探索建立创新平台资源共享的运作机制，使平台资源能够更好地为企业、高等院校和科研机构服务。加强对科技数据库建设的投入，对于基础性、综合性、公益性数据库的建设费用应列为科技基础设施建设的长期投入项目。在科研项目费中应规定一定比例用于获取科技信息资源，重点支持和组织建设好实用技术项目、高新技术产品、产品市场动态等数据库。

推动深莞惠市级以上高新技术企业互认。市级以上高新技术企业可在三市之间流动，建立分支机构，以及部分生产、研发、销售等业务需要在异地开展的，都可以享受当地高新技术企业的相关待遇和优惠政策，无须再重新予以认定。对于各地企业获得的各项关于科技方面的荣誉称号，在三市流动时也不需要再重新认定。

加强知识产权保护，加快实施知识产权战略、品牌战略和标准化战略，共同加大对知识产权的保护力度。推动建立区域知识产权联合行政执法，实现深莞惠三市行政执法监管系统对接。加强融资服务合作，推进金融与科技创新融合，大力推广适合高新技术企业发展的金融产品和服务。鼓励和支持金融中介机构参与异地科技创新融资项目，不断增强金融服务科技创新的能力。促进科技中介服务体系共享，加强科技中介服务机构的交流与合作，完善科技中介服务体系，增强和提高科技中介服务体系服务企业、经济的能力和效率。

（四）推动跨区域协同创新

推动三市企业在高新技术产业、先进制造业、物流和科技服务等领域开展合作，着力培育和壮大新能源、智能智造、新材料、环保、海洋、精细化工、生物等产业，形成区域经济新的增长点。支持三地企业以资本为纽带，推动跨市经营、并购重组，发挥深圳智力资源优势，制订出台鼓励深圳高层次人才带项目、带资金派驻东莞、惠州的创业计划。协调产业调整和转移政策，推进产业结构优化升级，构建区域服务和创新中心。

加强人才交流与合作培养。加强三市之间专家学者、博士、“海归”人才的交流，鼓励高层次人才通过柔性流动的方式到异地参与项目开发、成果转化、知识创新、产业培育和管理咨询。支持联合招才引智。定期组织三市有关领导出访国内外主要经贸合作地区，联合招才引智，实现引资、引技、引智的有机结合。加大人才信息共享。加强三市各类专业人才储备库的资源共享，共建三市“两院院士”、国家级有特别贡献中青年专家等高层次人才名录，以项目合作为主要载体促进高层次人才合作交流。

二　推进产业链条深度连接

（一）做大做强产业链条

纵向方面，一是大力推动深圳向产业高端环节转移，增强科技研发、高端服务功能。深圳在着力发展通信、生物工程、新材料、新能源汽车等先进制造业、高新技术产业和战略性新兴产业的同时，必须占据研发设计等高端环节，只有这样才能强化辐射带动作用，在推进深莞惠区域经济一体化发展过程中，更好地服务于东莞的电子及通信设备、电气机械及器材等制造业和传统产业，更好地服务于惠州的石化产业、电子及通信设备、汽车等制造业，促进珠江口东岸地区加快实现打造全球电子信息产业基地等目标。二是三市联手共建深莞惠产业发展联合创新区。将前海中心商务区拓展成为珠江东岸地区合作创新区，利用前海地区深港合作服务业创新区的功能，依托深莞惠协调发展试验区，吸引企业总部落户该地区。利用规划建设深惠边界的坪山—大亚湾合作产业园，深莞惠边界的坪新清合作产业园等条件，打造更多三市产业合作创新区。

横向方面，一是吸引配套企业投资落户。深莞惠三市可以利用自身主导产业或产品的优势，吸引这些配套企业落户，扩大产品零部件的产业发展规模，在制造环节形成产业集聚。二是吸引龙头企业投资落户。深莞惠三市可以在现有产业集群的基础上吸引具有研发设计能力的龙头企业投资落户，围绕龙头企业整合产业配套资源，扩大研发设计的产业发展规模，在研发设计环节形成产业集群。三是三市共同做大做强若干区域产业链条。三市目前可以共同规划和布局，先重点推进电子信息产业、先进制造业、汽车产业、石油化工产业和服装产业的产业链整合，联手做大做强区域产业链条。

（二）优势互补，联合推动产业升级

深圳经济实力雄厚，形成了以战略性新兴产业、先进制造业、现代服务业为主的产业结构，在创新能力、经济实力上具有绝对优势，但土地资源有限严重阻碍其发展。改革开放以来，东莞以建设现代制造业名城作为长期的根本性目标，形成了门类齐全、配套完善、技术先进、涉及多个行业和多种产品的制造业体系，涌现出虎门服装、厚街和大岭山家具，大朗毛织、长安五金模具等具代表性的产业名镇，但制造业研发力度弱、创新能力不够强大，产业结构亟须优化升级。惠州土地面积广阔，资源较为丰富，石化产业、电子产业较为发达，但工业支柱较为单一，经济规模对比深圳、东莞还有较大差距。综合深圳经济特区的体制、资本、技术、信息的优势和东莞的全球重要制造业基地优势，惠州的资源、市场和发展重化工业后发优势，深莞惠要在差异中找互补，共同推动实现产业升级。

深圳要巩固提升战略性新兴产业的支撑作用，推进战略性新兴产业高端化、融合化、集聚化、智能化发展，壮大互联网、生物、新能源、新一代信息技术、新材料、文化创意和节能环保等战略性新兴产业。拓展未来产业发展空间，加大生命健康、航空航天、机器人、可穿戴设备和智能装备等未来产业培育发展力度。积极推动生产性服务业向专业化和价值链高端延伸，增强金融、现代物流等支柱产业国际竞争力，实现服务业与制造业在更高水平上有机融合。以深圳作为三地高新技术产业和现代服务业的源头和骑兵，为东莞、惠州提供物流、研发、金融管理等生产性服务。利用深圳的科技优势和东莞的制造优势，壮大东莞高新技术产业，通过创新带动全方位发展。借深莞产业转移的东风，争取深圳、东莞资金、技术、信息支持，加强惠州装备制造业、能源项目、石化等重化工业的进展等，推动产业迈向中高端水平。

（三）打造一批世界级产业集群

1. 打造世界级电子信息产业集群

依托深圳“中芯国际”、赛格潼湖国际半导体产业基地，加大手机 CPU、5G 基带芯片、射频芯片、AI 芯片、车规级 SOC 汽车电子芯片等关键技术研发和制造，积极引进集成电路先进制造工艺、超高清视频前端摄录设备、新型显示等重点企业、重大项目落户。加快推进深圳华星光电第 11 代 TFT－LCD 及 AMOLED 新型显示器件生产线项目、柔宇国际柔性显示基地、惠州 TCL 集团整机模组一体化智能制造产业园等重点项目建设。共同推进 5G 产业园区建设，培育壮大 5G 企业，加快 5G 商用步伐。在深莞惠建设智能终端产业基地，开展前沿先导技术研发和重大战略产品研发，推进智能终端与信息消费、大数据的紧密结合。发挥华为、中兴、诺基亚、富士康等电子信息龙头企业的带动作用，壮大龙头骨干企业实力，支持骨干企业开展强强联合、上下游整合等多种形式的产业合作，形成以大企业集团为核心的产业组织形态，培育具有创新引领作用代表新经济发展的“独角兽”企业，打造行业领域“单项冠军”和“小巨人”企业，加快松山湖科技产业园区、惠州液晶产业园、光电产业园等园区建设，建成世界高端集成电路重要基地、世界超高清视频行业先行区、国际新型智能终端制造高地、全球新一代通信设备产业集聚区。

2. 打造世界级石化产业集群

加快推进惠州大亚湾石化基地建设，以大亚湾石化园区为依托，中海油炼油和壳牌乙烯项目为龙头，多渠道引进境外先进技术，建立上中下游紧密联系、科学合理的石化产业链，打造各具特色的精细化工集聚区，形成上游原材料向下游精深加工企业供给的循环体系，着力推动高端化学品、电子信息化学品的发展。鼓励优势企业加大兼并重组，培育一批具有国际竞争力的行业龙头企业、企业集团。鼓励深莞惠龙头骨干企业和研发机构联合申报、承接重点研发计划、测试评价平台、生产应用示范平台等国家重大项目，共建一批重点化工新材料中试中心、科技企业孵化器，加快促进新材料新技术创新成果向规模化生产工艺转化，推动石化产业高质量发展。

（四）携手积极发展现代服务业

深莞惠一体化实施以来，三地虽然在调整产业结构、促进转型升级上做出了积极努力，取得了不俗成绩，但现代服务业没有得到长足发展。要围绕建设现代服务业高地的目标，做大做强现代物流、金融、商务会展、文化创意等生产性服务业，做精做细现代商贸流通、旅游、健康、养老、居家和家庭服务等生活性服务业，形成结构合理、协同发展的服务业布局体系。

整合三地港口、铁路、公路和机场等物流设施，形成一体化的物流体系，打造辐射周边的区域性现代物流基地。加快推进深圳国家现代物流创新发展试点城市建设，打造成为集物流控制、信息、结算、专业服务于一身的供应链服务中心；加快提升广东（石龙）铁路国际物流基地的服务水平，加快建设东莞港和清溪保税物流中心；加快惠阳现代物流信息服务聚集区、大亚湾海港物流区、平潭空港物流区、嘉民（惠阳）产业园、安博物流园、普发物流园、大亚湾太东财富港国际物流园、中海油物流园（基地）、大亚湾华瀛燃料油调和配送中心、中储粮惠州港粮食物流中转库等重点物流园区（基地）建设。利用深圳、东莞的金融基础，加快金融改革和金融创新试点的建设和规划。联合培育一批辐射面广、影响力强的专业会展品牌，引进一批国内国际会展知名企业和大型会展品牌，推动酒店、旅游等商务设施和软件服务升级。重点发展研发设计、咨询策划、文化传媒等创意领域，培育打造一批创意产业园区，形成创意产业集聚效应。

三 加快同城化建设

（一）强化基础设施的连接和整合

完善路网和轨道交通系统建设。构建以快速干线（含城市快速路、一级公路、城市主干道）为主的城际快速网络，覆盖三市的中心城区、主要组团及机场、港口、轨道交通站场，服务都市圈内的城际客货运输。除高速公路、快速干线外，加快建设一批三市边界地区因行政区划而形成的断头路、瓶颈路，同时新建一批边界地区的“微循环”道路以连通相邻片区，促进企业间连接与交流。

构建发达的通勤铁路网。一是整合地铁、通勤铁路、城际铁路等城市交通网，在城市中心区建设深圳罗湖、福田、前海和东莞、惠州五大“中央车站”综合交通枢纽；二是借鉴北京建设铁路北京站至北京西站地下直径线经验，以通勤铁路干线贯通罗湖、福田、前海三大“中央车站”及铁路盐田站；三是借鉴东京建设都市圈交通主轴——铁路环线经验，对平南铁路、平盐铁路和广深铁路深圳段进行通勤化改造，形成连通罗湖、福田、前海、深圳西站、深圳北站、深圳东站、盐田站及各商业中心的城市中心区通勤铁路环线；四是借鉴东京以优惠政策吸引民间资本建设经营通勤铁路经验，把城市中心区通勤铁路环线上主要车站向民营铁路开放接轨，引进民资建设深莞惠“中央车站”交叉辐射都市圈各地的通勤铁路，让民资开发商不仅从事通勤铁路经营，还开发铁路沿线房地产、购物餐饮、旅游观光等产业，既为铁路增加客流，又利用铁路客流培育消费市场，沿铁路形成大规模中低价位住宅区和生活服务商圈；五是借鉴荷兰建设以城市“中央车站”为枢纽、以连通各城市通勤铁路环线为主轴的兰斯塔德环形多中心大都市圈经验，加快深莞、莞惠、深惠环形城际铁路建设，并对广深、厦深、京九铁路深莞惠段及惠大铁路进行通勤铁路环线化改造，利用同方向高铁、城铁建成后这些铁路的富余运力，在城市通勤高峰期开行通勤列车，形成都市圈城际铁路和通勤铁路环线，进而构建以深莞惠“中央车站”综合交通枢纽为核心，以城际铁路和通勤铁路环线为主轴，相互联系快捷方便的多中心环形大都市圈。

构建便捷高效的信息网络体系。充分利用新技术、新工艺、新方法，联合建设政府信息资源共享平台，构建信息安全保障体系，重点在科技服务、人才资源、法人单位、自然资源和地理空间等领域实现互联互通，积极参与“数字珠三角”和“物联网”建设，积极推进电信网、互联网和广播电视网“三网融合”，促进网络资源共享和互联互通。

（二）积极推进公共服务一体化

积极推进深莞惠公共服务接转工作，逐步实现提供深圳标准、深圳服务水准的公共服务，促进公共服务一体化。探索跨地区构建保障房，加大保障性安居工程实施力度，推进公共租赁住房等保障性住房建设，建设多元化住房供给体系；积极开展教育交流合作，促进优质教育资源共建共享，不断提升试验区教育发展水平；加快推进社会保险政策对接，加快建立统一的信息网络，推进社会保险关系在区域间、城乡间转移接续，做好异地就医费用结算等工作，改善医保异地即时结算的软硬件环境，逐步实现社会保障卡“一卡通”。对于引进的高层次人才或急需的专业技术人员，在医保社保、配偶安置、子女教育、往来和签证（注）居留等方面，实施更加优惠便利的政策措施；重视生活服务设施的建设，完善各种市政配套服务。

（三）重视生态合作

推进环保规划对接，强化区域环境突发事件应急联动推进环深惠莞环保一体化，重点解决三市界河及跨界河水污染难题。协调解决龙岗河支流田坑水下游内涝问题，共同深化跨界河流污染治理、完善东江沿岸各市环境保护联动机制，联合保护东江水质、莞惠两市共同开展石鼓水库库区道路及排洪渠整治工程，共同争取省大力支持东江上游水环境保护工作。推动深莞惠三市联合成立“深莞惠跨界河流水环境综合整治工作领导小组”，抓紧完善跨界河流污染治理协调机制，通过三市沟通协调平台的搭建和长效机制的建立，促使形成“上下游协同、流域全覆盖、系统治理”的跨界河流污染治理模式，形成合力，推进共管共治。筹备三地环保专项资金，建立环保信息共享平台，编制深莞惠环境保护规划。共同推进循环经济和环保产业发展，加快区域环境保护基础设施建设。建立区域统一的新车准入、车辆监测和油品标准，统一机动车环保分类标志。共同开展工程弃土异地回填处置研究，就余泥渣土问题开展协调工作。推进深莞惠经济圈环保信息共享，实现大气环境监测、水环境监测、环境应急安全以及机动车尾气管理等数据共享。

四　健全深莞惠联动发展体制机制

（一）创新治理机制

提升当前的深莞惠三市党政联席会议制度，使其具有重大事项决策功能及一定层面的考核监督功能。同时增加三市分管区域合作副市长定期会面制度，建议每季度一次，主要职能是落实三市党政联席会议所作的重大决策，同时对部分合作事项在这一层面作出决策。确立深莞惠三市政府各职能部门、区（县）级、街道（镇）等多层次政府合作的地位，支持其建立直接联络制度和各种形式交流平台。

推动成立深莞惠一体化促进委员会。深莞惠一体化促进委员会可以由深、莞、惠党政主要领导、国家部委、广东省及香港有关领导、官员组成，对国务院、广东省及三市人民负责，独立于三市党政机构。深莞惠一体化促进委员会负责就深莞惠合作的重大事项展开协商，定期召开工作会议，适时作出必要的决策。该委员会设轮值主席一职，主要由深莞惠三市党政主要领导轮流担任，一年轮换一次。

（二）构建多元利益主体协同参与机制

扶持更多三市之间跨地区的行业协会联盟或新的行业协会组织，推动三市共同制定区域行业发展规划、区域共同市场规则，加快推动行业协会的跨区域融合。三市协同争取省内对跨区域行业管理方面的政策支持，建议省里尽快研究制定适合跨区域行业协会发展的政策法规，联合做大做强区域内若干有潜力的行业协会。

设立深莞惠联动发展智库，由国内外相关领域的专家、学者、官员按一定的比例组成，就三市合作所涉及的专业问题进行研究，提交专家意见。

（三）构建利益共享机制

三市要坚持平等协商、互利共赢的基本原则，合理区分和考量远期、近期利益，局部、总体利益，努力推动资源在三市顺利流动，实现优势互补。在三市产业合作建设项目中，涉及的利益问题如收益分配、税收和GDP计算等，建立基本的利益分成依据、原则、方式，同时根据不同项目确定相应的比例分配方案。深莞惠可建设一种促进合作的利益补偿机制，在关乎区域整体利益的合作项目中，对在合作中作出牺牲的一方进行补偿。在补偿机制下，合作各方应当清醒地认识到本地区的优势与不足，扬长避短，充分发挥本地区的比较优势，避免定位不清和区域内部重复定位的问题。

（四）建立深莞惠联动发展基金

深莞惠联动发展基金由三市政府共同发起成立，为类似政府专项资金的非营利政府性基金，主要用于符合三市共同利益的合作项目所需的必要研究、论证等方面资金支持及有关合作机构的运作经费支出。深莞惠联动发展基金来源于三市政府的协议出资，分摊比例应该参考三地GDP、财政收入总额及人均GDP指标等综合确定。具体操作上可以由国家部委、广东省或合资格的第三方机构本着科学、合理的原则对三市政府的出资比例做出测定。深莞惠三市对设立联动发展基金初期可先行尝试设立环保专项基金、规划专项基金、产业发展专项基金等多个专项合作基金，待条件成熟后可在这些专项基金基础上，成立统一的深莞惠联动发展基金。

第三节　高标准建设深莞惠区域协同发展试验区

深莞惠经济圈（3+2）党政主要领导第十一次联席会议上提出

了参照深汕特别合作区的有关做法，推动在东莞、惠州邻近深圳地区划出一定区域，规划建设跨行政边界的区域协同发展试验区。这将有助于加快深圳城市发展，带动周边地区共同繁荣，加快建设大深圳都市圈，促进深莞惠协同发展，推动粤港澳大湾区建设。

一　建设深莞惠协同发展试验区的空间规划

深莞惠协同发展试验区的空间布局与区域选择可考虑以下几个不同方案，它们各有优势与不足。

（一）深惠一体化发展试验区

1. 规划范围

包括深圳坑梓街道、龙田街道，惠州秋长镇、淡水镇、澳头街道、沙田镇和霞涌街道，面积约680平方公里。具有开发潜力的增量用地空间主要位于惠阳区秋长街道和沙田街道的岭湖—象岭片区和白石洞片区。

2. 发展定位

（1）国家级区域合作创新试验区。注重创新区域协同发展机制，建设成为要素顺畅流动、产业紧密合作、基础设施联通高效、生态良好、环境优美、创新驱动发展主导的区域新增长极。

（2）广东陆海统筹综合发展试验区。着力统筹陆海产业、土地、岸线、交通、生态环境以及“港—区—城”融合发展，实现陆海资源利用的有效衔接，推进海洋与陆域统筹管理体制创新，促进陆域经济与海洋经济良性互动。

（3）珠三角辐射带动粤东粤北发展的引擎。发挥连接珠三角和粤东粤北地区的地理桥梁作用，依托高铁站、粤东粤北空港、粤东粤北海港等重大区域性基础设施，构建优势互补、粤东粤北产业关联、粤东粤北梯度发展的多层次产业体系，建设成为辐射带动粤东粤北地区发展的强力引擎。

（4）港城融合生态湾区。培育城市服务功能，强化临港生产服务功能，大力发展滨海旅游业，营造港城融合的生态人文景观功能，提高海洋和海岸带生态系统的保护与利用水平，打造成为宜居宜业宜游的生态湾区。

3. 可行性分析

整个片区所涉及的深惠两地发展水平都不高，开发潜力较大，这种相似性有利于试验区合作目标达成及项目顺利实施，既可解决深圳用地的紧张又能带动毗邻深圳的惠州市相关地区的经济发展，实现合作共赢。不过，初步的规划面积偏大，不利于试验区开发建设迅速展开，需要进一步研究划定的试验区核心区或启动区，面积可划定在50—100平方公里，以利于试验区前期规划建设。

（二）深莞惠协同发展试验区

1. 规划范围

包括深圳坪地街道，东莞清溪镇、凤岗镇、塘厦镇和谢岗镇（银屏合作创新区），惠州潼湖镇、潼桥镇、陈江镇、沥林镇、新圩镇和镇隆镇，面积约980平方公里。具有开发潜力的增量用地空间主要位于东莞谢岗镇（银屏合作创新区）、惠州新圩镇的南部山地丘陵地区。

2. 发展定位

（1）深莞惠融合发展先行区。加快推动区域一体化，实现基础设施互联互享，产业紧密合作（银屏合作创新区），功能互补（银屏合作创新区），打造具有全球典范的区域合作示范区，形成辐射周边的区域服务中心。

（2）产城融合发展示范区。按照产业与城市融合发展的理念，加快聚集创新要素与现代产业，提升产业园区的发展水平，促进生产型园区经济向综合型城市经济转型，成为产业发展基础较好（银屏合作创新区）、城市服务功能完善的城市综合功能区。

（3）区域商务和休闲旅游中心。充分发挥资源优势，以环境提升为抓手，以生态山林（银屏合作创新区）、湿地景观（银屏合作创新区）、客家民俗风情为特色，发展都市高端休闲服务和文化创意产业，融合产业（银屏合作创新区）、旅游（银屏合作创新区）、文化功能，推动特色小镇建设。

3. 可行性分析

初步规划深莞惠协同发展试验区覆盖了早已经进入深莞惠三市合作视野的坪清新合作区，有一定合作基础，但是所面对的问题也同样存在；由于涉及深莞惠三方政府的合作协商，其中存在着较多的利益协调和目标分歧，使合作工作推进难度较大。现实中涉及两地政府的合作往往比三地政府的合作更有效。同时，还存在规划面积过大的问题，特别是拟规划范围具有开发潜力的增量用地空间主要位于东莞谢岗镇（银屏合作创新区）和惠州新圩镇的南部山地丘陵地区，这些地区由于发展相对落后，需要面对突出的基础设施建设、生产生活设施配套及人才吸引的问题。

（三）深莞中协同发展试验区

1. 规划范围

包括深圳沙井、福海、福永、新桥、航城和西乡街道，东莞长安新区，中山翠亨新区、火炬开发区、南朗镇、三角镇和民众镇，面积约为720平方公里。具有开发潜力的增量用地空间主要位于中山市的三角镇、民众镇和翠亨新区，东莞市的长安新区，深圳市的大空港地区。

2. 发展定位

（1）国家级高新技术产业示范区。响应国家制造强国战略和创新驱动发展战略，依托国家中山火炬高技术产业开发区、省级翠亨新区等高新技术产业基础，推进创新驱动发展，加快产业转型升级及结构优化，提升营商环境国际化水平，加强与深圳的科技研发和先进智造功能的深度合作与协同发展，共同打造国家级的高新技术产业集聚区。

（2）珠三角湾区创新服务合作示范区。顺应珠三角高端服务向湾区集聚趋势，创新区域协同发展机制，依托长安新区、翠亨新区、民众镇等现代服务功能集聚区，促进深圳与东莞、中山在科技创新服务和技术人才支持方面深度合作。同时，推动湾区在特色教育、高端医疗等现代公共服务领域共建共享，强化空港地区国际展贸功能，打造粤港澳大湾区创新服务合作示范区。

（3）国际文化休闲旅游区和宜居生活区。整合中山东部的南朗镇、民众镇的历史文化资源和温泉旅游资源，充分发挥岭南水乡风貌特色和宜居生态环境优势，整合串联中山马鞍岛至珠海淇澳岛沿线的滨海旅游资源，与深圳蛇口邮轮母港的旅游基地建立便捷海上联系，与珠江口建设一程多站的现代休闲旅游系统，构建国际文化休闲旅游区和宜居生活湾区。

3. 可行性分析

总体上看，深莞中协同发展试验区具有较大的可行性。随着港珠澳大桥和深中通道的建设，深莞中协同发展试验区的建设将有更好的交通连接基础，处在大“A”字交通节点部位的中山在珠江口西岸的位置迅速得以转变和提升，将一跃成为珠西最重要的交通物流节点，中山市政府对于与深圳合作的积极态度及中山翠亨新区、火炬开发区的良好产业基础都是不可忽视的有利因素。当然初步的规划面积较大，如果在中山市为深莞中协同发展试验区规划确定一个启动区，并且由深中两地先行合作建设，将有更大的可行性。当然，因为涉及深莞中三市，可能面临因三方政府的博弈而增加试验区顺利建设的困难，特别需要加强深圳的作用和深中两地政府间的沟通协调。

（四）深莞协同发展试验区

随着宝安机场的建设，大空港地区也随之铺开，成为深圳西部宝安建设的重要引擎。而东莞由原长安新区板块扩容而成的滨海湾新区在大湾区建设下也迎来了新的发展生机。滨海湾新区南部接壤深圳大空港地区，两个片区可探索构建深莞协同发展试验区。

1. 规划范围

主要包括深圳大空港地区和东莞滨海湾新区，范围涵盖沙井、福海、福永、航城、西乡五个街道部分区域及东莞交椅湾、沙角半岛和威远岛，包含了空港新城、宝安机场、海上田园、机场码头、综合港区、紫光芯云产业城、威远岛智慧新城等重大项目，面积约180平方公里。

2. 发展定位

（1）粤港澳大湾区引擎核心区。大空港地区地处粤港澳大湾区湾顶和广深港经济带核心位置，随着环珠江口新区开发和湾区整体崛起，珠三角发展重心南移，大空港地区的区位优势将进一步凸显，成为连接珠江口东西两岸、沟通香港与内地的中枢节点。大空港集空港、海港、高铁、地铁、快线于一身，随着五维立体交通网的建设，大空港将是未来珠三角基础设施和交通设施最密集的地区。滨海湾新区作为东莞滨海片区的先行区，承担着全面对接深圳大空港、前海和广州南沙，积极融入粤港澳大湾区发展战略的使命。未来大空港和滨海湾新区可实现战略对接，打造粤港澳大湾区引擎核心区。

（2）粤港澳大湾区国际科技创新中心示范区。把握粤港澳大湾区建设机遇，依托广深港澳科技创新走廊等政策优势，深莞可联合探索国际合作办学模式创新，谋划建设威远岛湾区大学，培育一批集研发、设计、制造于一身的科技型骨干企业，力争在国家工程实验室、国家工程研究中心、国家重点实验室、国家工程技术研究中心等创建上实现突破，形成融创业苗圃、孵化器、加速器、科技专业园为一体的生产、生活、生态型科技创新园体系，加速促进创新成果产业化，探索与港澳在科技创新方面的创新合作，构建科创产业集聚区。

（3）产城融合先导区。依托海洋新城聚焦海洋新兴产业，加快中欧蓝色产业园、深圳海洋国际会议中心建设，构建以海洋高端设备、海洋电子信息两大产业为核心亮点，海洋现代服务、海洋生态环保、海洋新能源三大产业为基础支撑，以海洋生态环保和海洋新能源两大产业为潜力储备的产业体系，全力打造开放共享的蓝色产业空间，构建千亿级的海洋产业集群。高起点、高定位、高标准建设 AI、智慧城市及生命健康等战略性新兴产业园，加强对战略性新兴产业发展的前瞻性布局。集聚一批具有国际影响力的基地航空公司、临空服务企业，发展未来产业。围绕粤港澳大湾区打造世界级先进制造业基地的战略方向，依托东莞制造业优势，聚焦高端制造业总部，鼓励粤港澳大湾区企业在新区设立高端制造业全球总部、亚太总部、地区总部，构建智能终端制造总部基地、高端装备总部基地，推动传统制造业向智能制造总部转型升级。落实高质量发展要求，集聚国际化高端服务业资源，引进港澳台现代服务业企业和机构，对接港澳台现代服务业标准，发展高端生产性服务业和优质生活性服务业，打造与国际接轨的现代服务业体系。通过产业发展促进城区发展，实现产城融合。

（4）绿色休闲活力区。依托深圳会展中心，加强国际交流与合作。依托炮台遗址、海战博物馆、虎门大桥、威远岛山体等重要资源打造国家纪念公园和森林公园。依托磨碟河流域打造区域性生态公园，联动周边地块打造高品质生态居住区。依托海上田园、农业公园等打造都市田园生活体。加强商业办公、休闲消费、文化娱乐、公共服务设施配套建设，打造高品质的居住服务片区、滨海综合娱乐休闲区。

3. 可行性分析

东莞2号线计划南延至滨海湾新区并与深圳20号线对接，届时不仅连通了深圳大空港地区与东莞滨海湾新区，更为东莞市民前往深圳宝安机场提供了出行便利；2017年穗莞深城轨的开通以及在规划中的中虎龙城轨，都将缩短虎门与深圳的距离，这为片区发展提供了良好的交通基础支撑。整个片区所涉及的深莞两地发展水平都不高，开发潜力较大，大空港地区与滨海湾新区一旦实现交通对接、产业对接，双方将迎来更大的发展机遇，将成为珠江口的两颗璀璨“明珠”。且片区规划面积小，有利于试验区开发建设迅速展开。

二　深莞惠协同发展试验区建设的战略选择

（一）以产业转移与共建功能互补的产业园区为基本战略

深莞惠协同发展试验区应充分利用深莞惠三地产业梯度态势和土地资源条件，以积极进行产业转移与共建功能互补的产业园区为基本战略选择。试验区要围绕深圳主导产业做配套，探索建立“深圳总部+试验区基地”“深圳研发+试验区生产”的产业链整合模式，充分发挥深圳的总部辐射带动作用，与深圳实现错位发展、互惠互补。积极探索专业园区建设模式，鼓励以产业链或组团形式转移承接，特别是要依托深圳各行业协会、商会组织，开展产业链招商。根据试验区发展定位，统筹制定产业发展政策和招商引资计划，创新招商引资工作机制，以产业转移承接为重点，面向国内外开展产业和产业链招商。积极引进深圳科技产业等优势产业链或产业链重要环节，加快发展电子信息、生物技术、现代服务等产业，将试验区打造成为深圳拓展科技产业发展空间的重要腹地。加快培育先进制造业和战略性新兴产业，同时依托地方特色瞄准前沿科技和未来产业大方向，重点发展新一代信息技术、生物技术、海洋产业、滨海旅游与健康养生、新能源、新材料等战略性新兴产业和未来产业，避免走粗放型的老路。结合协同发展试验区的优势传统产业，引入先进地区的管理理念和技术，推动产业转型升级，建设成为珠三角产业发展延伸的重要平台。要进一步推动深圳乃至珠三角地区产业向试验区梯度转移，提升试验区产业核心竞争力，为试验区集聚创新要素，实现深圳与试验区协同发展的局面，更好地为全国区域合作与协调发展提供示范，为全国创新区域合作、实现中心城市带动中小城市、发达地区带动落后地区探索新的道路。

（二）以科技合作与协同创新为主导战略

创新驱动发展战略是推动广东经济结构调整和产业转型升级的核心战略，也是实现区域振兴跨越发展的必由之路。深莞惠协同发展试验区应积极争创国家自主创新示范区，实现深莞惠协同创新发展。由深圳主导经济建设的协同发展试验区，要积极向国家申报，争取将试验区纳入深圳国家自主创新示范区。要推动试验区形成协同创新平台共享共建、创新资源开发共享、创新服务对接、创新人才联合培养等机制，借力深圳人才、技术和创新资源优势，提高整体创新水平，促使深莞惠协同发展试验区建设成为全国重要的创新型区域、亚太地区重要的创新中心和成果转化基地，将试验区建设成创新驱动、富有魅力的现代化生态湾区。

（三）实施交通基础设施互联互通、共建共享的先导战略

深莞惠协同发展试验区必须实施交通先导战略，统筹建设交通基础设施，加强综合交通枢纽、重大运输通道和衔接网络建设，提升衔接水平，形成开放、便捷、绿色的区域一体化的现代综合交通运输系统。要在试验区内率先实现交通和市政基础设施的互联互通，以区域交通一体化为先行示范，包括积极推进深圳地铁向试验区内延伸，与上级政府共同推进城际轨道和高速铁路在区内设置站点，在区内探索城际轨道等区域性基础设施的省级审批事权改革，努力打造城市合作共建机制。

（四）积极推进公共服务一体化战略

深化深莞惠协同发展试验区民生领域合作，加快智慧城市和“数字政府”建设，打通各级机构共享交换平台并加紧进行耦合对接，支撑政务信息资源跨部门、跨地区、跨层级实时无缝隙全业务流程流动，尽可能地通过跨系统数据共享、标准化服务，实现区内公共服务事项通办。强化政府公共服务职能，优化公共产品的供应结构，逐渐增加政府公共服务支出，配置更多更高水平的师资力量、教学设施、医护人员和医疗设备，通过共享普惠便利的优质公共服务供给，不断提升试验区内民众的获得感、幸福感、安全感。

三　深莞惠协同发展试验区的合作机制建设

（一）合理厘定 GDP 和土地收益分成机制

1. 着力做好 GDP 分成比例设定

相关城区在深莞惠协同发展试验区的 GDP 计算上可以协商一定的比例和份额进行统计核算，分别计入各市统计指标，能耗指标划分也要协商确定，其他指标数据酌情列入试验区所在市统计指标。对于各市按照比例将试验区的 GDP、能耗分别计入各自统计总量，省统计局予以确认。明确 GDP 等指标的统计有利于厘清各方利益分配，提高各地合作的积极性及主动性，推动试验区高效建成。

在 GDP 的具体分成上，可以根据不同协同发展模式形成不同的分配方案。

对于深圳市政府主导、东莞或惠州市政府协助型深莞惠协同发展试验区，由于主导方是深圳市，则 GDP 的大比例部分考虑划入深圳市国民经济统计核算，而试验区所在的东莞、惠州或中山市划归较小比例，即将协同发展试验区每年的 GDP 增量按照深圳占 65%、东莞或惠州占 35% 的比例分别计入两市统计指标。

对于深莞、深惠协同合作型深莞惠协同发展试验区，考虑到深莞或深惠双方合作政府资源投入力度相仿，互为平等合作主体，则双方按照均等的比例进行 GDP 分配，即将协同发展试验区每年的 GDP 增量按照深圳占 50%、东莞或惠州占 50% 的比例分别计入两市统计指标。

对于政府引导、大型企业操盘型深莞惠协同发展试验区，如果是深圳政府引导的大型企业进行操盘的模式，为了秉承互利互惠、合作共赢的思想，在坚持属地化原则的同时，兼顾深圳所起到的引领作用，为充分发挥深圳信息技术等方面优势，可考虑将试验区所产生的 GDP 增量的一部分比例计入深圳。例如，协同发展试验区的 GDP 按照深圳占 40%、东莞或惠州占 60%的比例分别计入两市统计指标，随后按统计年度以 35%、30%、15%逐年递减比例算入深圳 GDP。

2. 合理划分土地收益分期分配

在深莞惠协同发展试验区土地利益分配问题上，参考深汕特别合作区经验，可在试验区建设的前五年，所在地政府将取得的土地收益全部返还给试验区；五年之后在符合国家规定的前提下，由所在地政府决定使用方向和使用范围，可考虑将试验区取得的政府土地出让的净收益，按 10%左右的比例分配给试验区所在地政府。试验区内征地拆迁工作由试验区管委会具体负责，所在地政府予以积极协助配合，征地拆迁费用按程序经过评估、审计后由试验区管委会融资解决。具体操作方面可成立试验区建设开发集团和土地储备中心，其具体组织方式由试验区所涉及城市成立专责小组另行协商确定。

（二）改革财政税收分享机制

财税问题是解决区域公共问题的关键点之一。要实现协同发展试验区的长远发展，既要有解决区域公共问题所需资金的成本分摊机制，也要有区域协作所产生利益的分享机制。为此，需要研究相应的区域公共财政体制，促进形成财政税收分享机制。深莞惠协同发展试验区具体的财政体制可执行“省直管”模式，委托深圳市全权代管，并授权深圳市管理和审批试验区的财政预决算，报省财政厅备案。试验区税收征收施行依法征收，就地缴库。试验区产生的地方级税收在扣除省按体制规定的获益部分后，由深圳市、试验区所在市和试验区按 25%、25%和 50%的比例分成。并由正式运作之日起十年内，深圳市及试验区所在市将各自所得分成收入分阶段返还合作区。

（三）构筑新型投融资保障机制

建立以深圳为主导的新型投融资保障机制，调整形成金融服务试验区建设的制度，形成与试验区经济社会发展相适应的金融体系，增强对试验区经济的金融服务功能。

1. 创新试验区建设出资方式

试验区的基础设施投资建设可以采取由深圳主导，其他各方进行配合的方式。按照财权与事权相匹配的原则，进一步理顺省、市与试验区的财力分配关系，突破属地原则，为深圳市财政资金投入试验区基础设施建设打开通道。基础设施建设具体出资方式可以以直接投资及转移支付为主。其中，直接出资的方式可由各参与方进行一定比例的分担认领。可以参考欧盟结构基金和凝聚基金等运作经验，在区域探索设置“协同发展试验区基金”等，用于试验区的基础设施建设、社会事业发展等项目的补助。

转移支付的方式则可以各方政府通过专项支出的名义进行专款专用，如合作城市的人民政府可以设立区域合作引导资金，将其作为主要用于支持各大跨区域合作的项目建设的专项财政资金。对获得本引导资金支持的项目，各区可结合本区实际给予一定经费配套。推动各市的银行业金融机构贷款优先向试验区倾斜，重点加大对基础设施建设、产业发展等领域金融服务的支持。鼓励试验区在地方政府发行债券中安排一定的融资建设项目，支持试验区发行短期融资券和中小企业集合票据。

2. 着力拓宽 PPP 模式融资渠道

调整金融管理体制，构建深圳金融服务试验区建设的制度，以推进 PPP 模式和政府基金 + 金融资本 + 民间资本模式，综合运用财政贴息、收入担保、土地优惠等措施，吸引和鼓励民间资本直接或间接参与到城镇基础设施建设。建立透明规范的城市建设投融资机制，通过发行符合国家规定的市政债券等政府债券拓宽合作区建设融资渠道，推广运用政府与社会资本合作模式，吸引社会资本通过特许经营等方式参与城市基础设施等投资和运营，解决重大建设项目资金问题。

（四）建立公共服务领域资源投入分担机制

深莞惠协同发展试验区的基本公共服务涉及跨区域资源投入的问题，需要各市政府进行责任明确划分，并根据相应规则如收益比例、风险预防等因素建立投入分担机制。各市政府应按照区域功能和城市规划要求，在公共服务领域编制项目布局规划，并积极推动试验区内公共服务领域资源投入分担机制建设。

公共服务领域资源投入分担机制不单单涉及两市之间的投入共担，还涉及政府和社会资本的合作共担。政府和社会资本的合作模式是公共服务供给机制的重大创新，即政府采取竞争性方式择优选择具有投资、运营管理能力的社会资本，双方按照平等协商原则订立合同，明确责权利关系，由社会资本提供公共服务，政府依据公共服务绩效评价结果向社会资本支付相应对价，保证社会资本获得合理收益。政府和社会资本合作进行投入共担有利于充分发挥市场机制作用，提升试验区公共服务的供给质量和效率，实现公共利益最大化，将协同发展试验区率先打造成全国公共服务协同示范区。

（五）形成城市规划与建设协作机制

深莞惠协同发展试验区的空间规划、土地利用及城市建设应当符合经批准的主体功能区规划、土地利用总体规划、城乡规划和产业发展的需要，试验区所涉及城市应该在依法合规的基础上积极推动规划与城市建设协作机制建设。试验区土地管理责任主体应当加强土地储备工作，明确土地整理储备的工作主体，分工负责对合作区范围内允许建设的土地进行收购、整理、储备和翻新。试验区所涉及城市应坚持推进试验区产业集群绿色发展、市容市貌干净整洁、城市规划建设美轮美奂、资源集约利用、服务协调配合和功能集成配套，实现产业功能、生活功能、城镇功能、生态功能的相互融合；坚持产业发展和城镇建设同步规划、同步实施和同步发展，促进城市分工协作，提高城镇群一体化水平，提高其综合承载能力和内涵发展水平，真正把试验区内产业做大做强，把城区做优做美，努力把试验区打造成为经济社会发展的产业高地、经济重地、宜居福地。

（六）构建多层次跨区域沟通协调机制

以“3＋2”经济圈党政主要领导联席会为代表的区域协调机制卓有成效，但仍存在各方重视力度不一致、推进力度不协调、合作机制缺乏制度保障等问题。因此，一方面需要将试验区建设上升至国家战略，推动成立省级试验区协调发展领导小组，吸收国家部委、广东省有关领导加入协调发展领导小组，从国家战略层面推进试验区发展建设工作，形成更有效力的决策机制。另一方面，在当前党政联席会议及办公室制度的基础上，可以考虑设立专门处理深莞惠区域某个公共问题的联合机构。美国的大都市规划组织（MPO）、温哥华大都市区的区域理事会，都是针对特定区域内特定问题（如交通规划、空气质量控制、水处理、垃圾管理等）成立的特定机构。在建设深莞惠协同发展试验区过程中，大部分问题是可以通过这种方式来谋求解决的，比如区域规划、产业布局、应急处置、流域管理、生态协作、基础设施的互联互通等。当然要特别重视设计出有实实在在约束力、能妥善平衡各方利益的行政、财政规则，同时还要有保证实施的相关政策工具效力。

另外，试验区所涉及城市政府要鼓励在地区间、城市间建立多层级、多形式、多目标的区域合作组织，逐步健全区域合作组织的规章制度，发挥区域合作组织在沟通协商、组织协调等方面的优势作用。着力建立健全试验区信息交流互动平台，为政府、企业等主体提供决策服务。依托高校、科研院所、社会团体等组织机构建立各种专业咨询委员会和社会监督机构，创新区域经济协调发展服务机制，保证专业、高效、规范的组织实施。

（七）创新环境资源灵活调配机制

深莞惠协同发展试验区要坚持走可持续发展道路，创新推动试验区内环境资源灵活调配机制，实现绿色循环发展。可以考虑成立资源环保协调小组，协调涉及能源、土地、环境及生态的产业建设项目的环保审批、污染物排放指标、项目环保验收等工作。对于必要的、对经济社会发展大局具有重大影响的环境敏感项目，经各市环保局重大产业项目推进工作领导小组研究，在省、市能源、环境容量预留指标中适当调剂资源调动。

第四节　深化深莞惠（3+2）经济圈协同发展

一　在构建现代产业体系上协同共进

（一）打造珠江东岸新兴产业集聚地

做大做强新一代信息技术产业，加快中兴通讯河源基地建设，以深圳华为为龙头，依托汕尾高新区、海丰生态科技城、陆丰产业转移园、陆河新河工业园、江东新区产业园等，联合莞惠，加快培育新型平板显示器、新型电子元器件、集成电路、云计算等四大新一代信息技术产业，打造珠江东岸电子制造业产业带，打造广东省电子信息产业基地。加快发展新能源汽车、电力能源及装备制造、生物医药、智能制造、海洋经济、新材料等产业，谋划布局重点产业链，着力培育一批特色优势产业集群。通过龙头企业引进、产业运营商引进、专业研发平台引进、中介服务机构引进等方式，深化“总部在深圳，生产基地在汕尾、河源”“前店后厂”等产业协同共建模式。

（二）推动传统产业转型升级

强化周大福等龙头企业的品牌引领作用，做大做强深圳涵盖周大福集团大厦、黄金珠宝大厦、国家珠宝文化创意产业基地等载体的黄金珠宝总部企业走廊。加快打造汕尾“中国珠宝加工销售基地”“中国金银首饰加工销售基地”。推动海丰加快建设国家级珠宝玉石鉴定中心和申办省级珠宝交易所，提升“中国彩宝之都”“中国珠宝玉石首饰特色产业基地”的品牌影响力。完善集研发设计、生产制造、展销、经贸于一身的珠宝首饰产业链，引导珠宝首饰企业提高珠宝科研含量和设计水平。依托大浪时尚创意城，加快打造海丰时尚创意城，推动纺织、服装产业向时尚产业升级。

（三）推动现代服务业高端化发展

壮大商贸物流产业。大力发展第三方、第四方、工商合一、商商合一等新兴物流业态，提升物流企业综合实力，引进培育大型物流企业。整合物流资源，推进海风科技城等现代化物流园区建设，加快物流大通道河源节点建设，形成覆盖面广、规模齐全、能力充分的物流园区体系。积极发展金融服务业，推动深圳知名银行、证券、保险机构在汕尾、河源设立分支机构，提高对汕尾、河源地区投融资能力和金融服务水平。大力发展总部经济、贸易结算、风投创投等新业态，发展壮大都市经济。

二 在基础设施建设上构建新格局

（一）构建海陆空立体交通格局

推进以高速铁路为重点的轨道交通网络建设，实现高效互联。

加快广州至汕尾铁路建成通车，利用厦深铁路加快开通从深圳至汕尾的城际客运列车，加快建设深圳汕尾同城化快速公共交通体系。加快赣深高铁建成通车，加快广河客专、深惠城轨延伸至河源等项目建设。加快建设区域高速公路网，实现通道高速畅通。推动新建1条深圳到深汕合作区的高速公路。构建深圳、惠州、汕尾（深汕合作区）之间联系的快速运输通道，争取将该高速公路纳入省高速公路网规划，积极推动该高速公路项目尽快开展前期研究工作。加快完成深汕高速公路深圳至汕尾段扩建工程建设，推动河惠莞高速加快施工。统筹推进港口群协调发展，整合港区资源，优化港口布局，积极推动海港航道、码头和疏港通道建设，开通海上客运航线。推动汕尾民用机场早日开工建设，规划建设河源通用机场、水上机场等项目。撤并高速收费站，加快推进高速路网电子联网收费和年票互认，加强跨界客运班线公交化运营合作。

（二）积极发展多式联运

加快推进水运物流枢纽建设，重点发展集装箱多式联运，加强深圳港与东莞、惠州及汕尾、河源等港口的联运、中转合作。积极培育多式联运经营主体，探索创新多式联运组织模式，建设多式联运信息系统。

三 在民生事业上携手共进

（一）合作共建公共服务设施

鼓励深圳市各类职业院校在汕尾、河源单独或者与企业联合办学。积极争取省内相关大学在汕尾落户，加快东江教育城建设，创办河源护理职业技术学院，推动河源技师学院重点发展高职教育，大力推进河源职业技术学院建设省级示范性高职院校，创建河源本科院校。引入社会投资合作办医模式，在汕尾、河源重点建设综合性三甲医院。

（二）创造特色文化精品

以客家先民迁徙开发南岭历史和丰富多彩的客家风情为题材，组织创作“赵佗”、“客娘”、客家家训、客家谚语等一批客家文化艺术精品。以优质的生态环境为题材，举办美术摄影年赛、旅游金曲大赛、民间歌舞大赛、新客家山歌创作和演唱大赛，打造生态文化精品。

第十一章　推进珠江两岸协同发展

一直以来，珠江东岸区域的经济体量大幅度超越珠江西岸地区，珠江两岸交通连接不畅、行政区经济影响大、地方利益的差异、跨区合作历史基础缺乏，不均衡的发展严重制约着大珠三角区域协调发展，进一步影响粤港澳大湾区的建设进程。2019 年 8 月 18 日，中共中央、国务院发布《关于支持深圳建设中国特色社会主义先行示范区的意见》，进一步对珠江口两岸联动与协同发展提出新要求，要求促进珠江口东西两岸融合互动，助力大湾区建设。在“双区驱动”背景下，深圳应紧抓区域协调发展的机遇。以加强交通建设为突破口，以深珠通道、深中通道等战略交通要道建设为契机，以拓展产业转移、推进协同创新、发展“飞地经济”为重点，深化与珠江西岸中山、珠海、江门及广西、贵州、云南等区域的合作，以扩大经济腹地范围，克服土地资源约束瓶颈，提升城市发展能极，推动建设大深圳都市圈，促进建设社会主义现代化先行区和粤港澳大湾区。

第一节　加速珠江两岸交通一体化建设

交通一体化发展可促进资金流、人流、物流、信息流在珠江两岸快速自由地流动。2019 年 2 月 19 日，《粤港澳大湾区发展规划纲要》明确提出，要更好地发挥港珠澳大桥的作用，加快建设深（圳）中（山）通道、深（圳）茂（名）铁路等重要交通设施，提高珠江西岸地区发展水平，促进东西两岸协同发展。

一　推进珠江两岸交通一体化建设

一条珠江把入海口城市群分为两半，西岸是广州、佛山、中山、江门、珠海和澳门，东岸是东莞、深圳与香港，珠江口东西两岸城市联动必须通过一座座桥梁与通道紧密连接。

目前，大湾区南北向交通发达，但是东西向交通短缺，珠江两岸交通一体化建设意义重大。为加强珠江两岸交通联系，先后建成通车的主要战略通道包括连接珠江东西岸的首要跨江通道——虎门大桥，世界上最长的跨海大桥——港珠澳大桥，连接珠江口东西两岸南沙自贸片区、滨海湾新区、大空港地区等重点片区的第三条跨江跨海通道——虎门二桥，它们都发挥了非常重要的交通连接作用。

1997 年 6 月 9 日通车的虎门大桥，是连接珠江东西两岸的重要交通设施，是贯穿深圳、珠海、香港、澳门的首条咽喉要道，大桥的建成使东莞、深圳以及粤东地区到珠海、中山江门粤西地区的交通无须绕道，行车里程可缩短 120 多公里，对广东省的经济发展和珠江三角洲的腾飞有着十分重要的意义。

2018 年 10 月 24 日开通的港珠澳大桥，是世界上最长的跨海大桥，连接香港—澳门与珠江三角洲西岸地区，有效打破了港—澳—珠三角西岸因伶仃洋阻隔而受到的空间限制。港珠澳大桥正式通车运营，往来珠海与香港葵涌货柜码头的行车时间可以由之前的大约 3.5 小时缩减至约 75 分钟；往来珠海与香港国际机场则可以由之前的约 4 小时缩减至约 45 分钟。港珠澳大桥迎来重大历史节点的同时，大桥的珠海连接线也正式通车，常规公交、客运专线、长途班线、旅游客运、出租车等公共交通全面投入运营，珠三角西岸以及内地其他城市越来越多的居民选择经港珠澳大桥进出香港。目前，珠江西岸人员、货物很多已经选择经过港珠澳大桥口岸通关，而且呈现明显增长态势，大桥对粤港澳大湾区人流、物流的带动效应正逐步显现。

2019 年 4 月 2 日通车的虎门二桥，是《粤港澳大湾区发展规划纲要》出台后首个投用的超级工程，也是实现基础设施互联互通的一大重要成果，是继虎门大桥和港珠澳大桥之后，连接珠江口东西两岸的第三条跨江跨海通道，大大拉近了分属广州、东莞、深圳3大城市的南沙自贸片区、滨海湾新区、大空港地区等重点片区距离。

不断加速珠江两岸的交通一体化建设，加快布局粤港澳大湾区城市间的互联互通，把大湾区珠江东西口岸紧密连接，融为一体，构建出一张密集的城际快速交通网络，推进粤港澳大湾区1小时交通圈的形成。

二 加快珠江两岸战略交通要道建设步伐

在公路虎门大桥、铁路广深港高铁、在建的深中通道、虎门二桥以及规划的深茂铁路、中虎龙城际、深珠城际等战略通道之外，推动增加更多跨珠江两岸通道及深圳向西辐射的城际轨道线路，构建以深圳为中心覆盖珠三角沿珠江西部支流辐射周边各省的网络化多节点互联互通的交通格局，促进生产要素的合理自由流动。以深圳为核心，着力形成几个辐射圈层：第一圈层可视为直接辐射圈层，包括中山、珠海、佛山等市，其中中山成为深圳对接珠西的“桥头堡”，迎来了深中同城的新时代；第二圈层包括江门、湛江、茂名等市；第三圈层为广西、贵州、云南等地。

（一）加快深中通道建设

深中通道是世界级超大的“桥、岛、隧、地下互通”的集群工程。当前在建的深中通道将于2024年建成通车。深中通道建成通车后，深圳至中山车程只需30分钟，这将是深圳与珠江西岸直接连接的第一个战略通道，也是支撑粤港澳大湾区发展的快速通道。意味着珠江东西岸资源要素流动便利度将大幅度提升，强有力地推动珠江两岸产业资源的对接。因此，加快推进深中通道建设至关重要，使深圳与珠江口西岸城市“1小时经济圈”、同城化发展成为现实，进一步凸显宝安区在深中通道的桥头堡地位，强化深圳作为珠江东岸明星城市的辐射作用，推进深圳的产业与资本向珠江西岸及滇桂黔的转移布局空间打开。近年来，为了最大限度发挥深中通道综合效益，中山市重点实施内畅外联交通发展战略，积极构建“四纵五横”高速公路和“二环十二射”干线公路网，全面加强与粤港澳大湾区城市的互联互通，不断使交通更加系统完整，全面满足珠江西岸城市与珠江口东岸香港、深圳、东莞等城市的公共交通便捷连通需求。

（二）加快推进深珠通道规划建设

2018 年 10 月 10 日，珠海召开第八次全市公共道路建设项目协调工作会，根据《深珠通道铁路公路布局方案研究》，珠海高新区要预留深珠通道远期建设的廊道，并对深珠通道的高铁车站位置进行考虑。2018 年 11 月 15 日，珠海市政府常务会审议通过了《珠海市干线路网规划》，珠海将对外强化与深港、粤西的连通，新增伶仃洋通道（深珠通道）、明确黄茅海通道走廊以及加强与深中通道的衔接。从规划来看，深珠通道是一条公铁两用的跨海通道，东接广深沿江高速和南坪快线，跨越伶仃洋至珠海唐家北边界，经中山五桂山、斗门莲洲延伸至高栏港。

2019 年 10 月 24 日，《广东省高速公路网规划（2019—2035 年）》发布，深珠通道是连接珠海与深圳的重要通道。在粤港澳大湾区建设背景下，深珠通道（伶仃洋通道）及西延线作为未来联系珠江口两岸及辐射粤西的重要通道，将在适应跨珠江口持续增长的多元化、综合性、通勤型交通需求；提升粤港澳大湾区交通互联互通发展水平，构建粤港澳大湾区向西连接北部湾经济区的多通道联通格局；支撑广东沿海经济带协调发展；巩固珠海珠江口西岸核心城市地位，打造珠江西岸区域综合交通枢纽的重要基础设施支撑等方面起到重要作用。

（三）加快深茂铁路建设

深茂铁路是全国“八纵八横”高铁主通道沿海通道的重要组成部分，也是粤港澳大湾区城际网主要跨江通道和环湾通路的重要组成部分。深茂铁路正线全程长 390 公里，分江门至茂名段和深圳至江门段两部分建设。首期江门至茂名段长 266 公里，2018 年 7 月 1 日，深茂铁路江茂段正式通车，有效连接江门、阳江、茂名。

新建深茂铁路深圳至江门段为双线高速铁路，从深圳西丽枢纽站引出，经深圳市南山区、宝安区，东莞虎门镇、长安镇、滨海湾新区，广州市南沙区，中山市民众、港口、石岐、西区、沙溪、横栏镇街，江门市江海区、新会区引入江门站。正线西丽至南沙段及深圳北至深圳机场联络线时速200公里，正线南沙至江门段时速250公里。新建设西丽、深圳机场、滨海湾、南沙、中山北、横栏、江门共7座车站。

2019年9月，《新建铁路深圳至茂名铁路深圳至江门段环境影响评价征求意见稿公示》正式发布，意味着离深茂铁路深江段工程的开工建设又近了一步。加快深茂铁路建设，尽早实现深江段通车运营，以促进深圳与西岸城市快速连通，实现国家沿海铁路大通道全线贯通。

第二节　切实推动珠江两岸协同发展

粤港澳大湾区建设、泛珠三角区域的合作为深圳加强与珠江西岸及滇桂黔等地的合作搭建了重要平台；深中通道、深珠通道等“超级工程”的建设将使得深圳的区位优势进一步显现，深圳产业与资本向珠江西岸及滇桂黔的转移布局空间打开；规划建设的深茂铁路将形成新的东西连接战略通道，而贵广、南广铁路为西南和东部地区协同发展提供了交通便利和支撑。

一　珠江两岸协同发展潜力巨大

深圳、东莞20世纪90年代后期以来，企业向外转移的压力逐渐加大，土地面积的紧张是深圳土地价格和房产价格飙升的主要原因之一，连带着生活成本的提高，劳动力成本也随之上升。本来企业外溢的方向也可以有珠江口西岸，但是因为交通不便，深圳产业转移主要只有向北和向东两个方向。研究显示，深圳企业转向粤东投资的占深圳企业在广东省内投资的56.9%，转向粤北的占13.8%，转向粤西的只占2.9%。由此可见，如果交通状况改善，珠江口东岸和西岸的经济互补性合作必然会大大加快。

在粤港澳大湾区及深圳建设中国特色社会主义先行示范区等战略下，珠江东、西两岸城市纷纷出台协同发展政策措施，促进珠江两岸交通互联与产业互通。近年来，环珠江口风起云涌，环珠江口都市圈呼之欲出，珠三角的城市格局迎来了重大变化。大湾区城市在伶仃洋沿岸落子布局，珠江东岸的深圳、东莞两市向西发力，珠江西岸的广州向南布局，佛山、中山、珠海向东发展。

近年来，中山对接珠江东岸的愿望十分强烈，翠亨新区借助深中通道将在对接深圳前海及空港新城资源方面发挥重要作用，有望带动中山实现大跨越发展。早在2016年，中山市政府工作报告就明确提出，开展深中协同发展战略合作以加强产业对接，共建“半小时经济生活圈”。中山翠亨新区作为深中通道西岸的登陆点，希望充分利用好深中通道建设创造的地缘优势，对接深圳前海及宝安区的经济、产业及创新资源辐射。近两三年来在翠亨新区落地的企业，有七成来自深圳，深圳医疗器械行业协会“中山翠亨医疗器械科技园”项目即落户在翠亨新区。中山还成立“中山市深中企业家俱乐部”，意在搭建两地企业家交流和投资服务平台。

江门市土地面积9541平方公里，约占珠三角面积的23%，土地开发强度低、发展空间大成为最大的优势。2016年，江门市的政府工作报告把“江深合作”排在“江广合作”之前，提出推动江深双创联盟，搭建“龙头+基地”模式，主动对接深圳科技、先进制造业、生产性服务业，促进深度合作。江门大力推动“深江对接”，坚持交通先行，组织了“交通大会战”，为迎接珠三角东岸的产业合作和交流创造交通先行条件。江门市委书记、市长先后率队来深圳考察交流。江门东部的蓬江、高新（江海）等区已率先与深圳展开交流、互动，而江门西部板块台山、开平也分别组团赶赴深圳谋求合作。江门高新区还专门成立了与深圳对接工作领导小组，主动对接深圳的科技、产业、资金，打造江门“南山区”。

珠海市在通过港珠澳大桥实现与港澳陆路快速连接的同时，积极参与和融入规划建设中的深中通道、深珠通道以助推珠海创新驱动发展。珠海希望深中通道、深珠通道的开通，不仅能节约东、西两岸的交通与时间成本，还会以协作的方式促进资源的优化配置，带动行业科研资源的双向流动，实现区域间的产业对接、经验传承与资源优化配置。为了应对两大战略通道带来的影响，珠海将进一步调整、充实、完善珠海与深圳在交通延伸、产业联系、城市配套等方面深化合作的可操作性。同时，珠海努力优化政策环境、城市配套及人居环境，吸引更多深圳的高新企业和高端人才落户珠海，并以珠海高新区为重点，谋划与深圳高新技术产业深度合作，支持深圳知名的创新企业、大学、科研机构在珠海高新区设立研发机构，共建国际高端创新基地以及科技成果转化基地，产生一批具有国际竞争力的创新型领军企业。

二　着力推动珠江两岸产业转移

深圳和珠江西岸经济发展梯度差明显，资源禀赋和产业互补空间大。深圳科技、产业、资金可以由东向西转移，充分发挥深圳经济金融、科技产业创新的辐射带动作用，与珠江西岸城市共筑成优势互补、资源共享、互利共赢、充满活力的区域经济体系，以缓解深圳当前资源紧约束瓶颈，优化产业布局，增加城市功能，提高辐射力和竞争力，促进深圳率先建成社会主义现代化先行区，并促进珠江两岸均衡协调发展。

深圳作为珠江东岸的核心城市，需要在区域合作上积极作为，勇于担当，通过落实“西协”战略，加快前海扩容，建设宝安中心，提升大空港、大铲湾片区城市功能，加快深圳国际会展中心建设，将宝安打造成往西“产业桥头堡”，推动深圳的创新要素、产业资源等向中山、珠海、江门等城市流动与融合，为珠江两岸协同发展做出贡献。

深圳西部宝安区已建成海、陆、空、铁一体化大交通格局，是西部中心和工业基地，在深中、深珠通道的桥头堡地位日益凸显。要推进大空港地区及东莞滨海湾新区协同发展，打造功能强大的东岸城市连绵区，带动珠江口湾区向世界级湾区迈进。

推动形成“深圳总部研发 + 中山、江门、珠海制造”的格局。深圳要与中山、江门、珠海共同打造协同发展试验区。

三　加强西南地区的经济辐射，发展“飞地经济”

长久以来，广西、贵州、云南等省区代表中国西南门户形象，一方面与东部地区经济发展差距较大，另一方面发展潜力较大。深圳应通过“西协”战略实施，加强向西经济辐射和带动，推动港澳大湾区与北部湾地区、大西南地区的经济发展合作，开创北部湾、西南地区与粤港澳大湾区、东南沿海地区经贸往来新格局。

着力发展“飞地经济”模式，利用滇桂黔丰富的资源，推动深圳产业转移，大力发展“飞地经济”。谋划共建产业园或划出一个片区由深圳开发，也可由深圳与当地合资组建公司进行开发，按照高产、优质、高效、生态、安全的总体要求积极发展西部地区现代农业，促进优质农产品进入深圳。

附　　录

附录一　国内外城市中轴线案例

1. 北京中轴线

北京中轴线的发展大致可以分为以下几个阶段：建设于元，发展于明，成熟于清，民国的破坏，新中国成立后的发展。

元大都在建城时将积水潭北岸定为全城的中心，设中心台，建中心阁。并由中心台引出一条南北向的直线，将这条全长约 3750 米的直线定为大都城的中轴线，这就是最初的北京中轴线。

明朝的北京城在元大都的基础上进行了改建，进一步向南北两个方向延伸了元大都的中轴线，最终形成了从永定门到钟鼓楼的一条约 7.8 公里的轴线（见图附 - 1）。

清朝取代明朝以后，也将北京城定为都城，并未改变北京的城市格局，继承了明朝形成的北京中轴线，仅仅将一些中轴线上重要建筑的名字改为新名。到了乾隆年间，中轴线已经成为一条十分成熟的城市轴线。

从清末到民国时代，早期中轴线由于战乱多有破坏，后随着时局的稳定民国政府对中轴线展开了一些保护和改造工作。

新中国成立以后，首先进行了长安街“林荫大道”的设计和建设，改善了由于古时皇城居于城市中央而导致城市东西向交通不畅的问题，并对天安门广场进行了几次改造。北京内城原来的几何中心是景山，城市空间的中心是紫禁城以及太和殿，经过新中国成立后的几次天安门广场改建，天安门广场成为国家政治中心的象征、

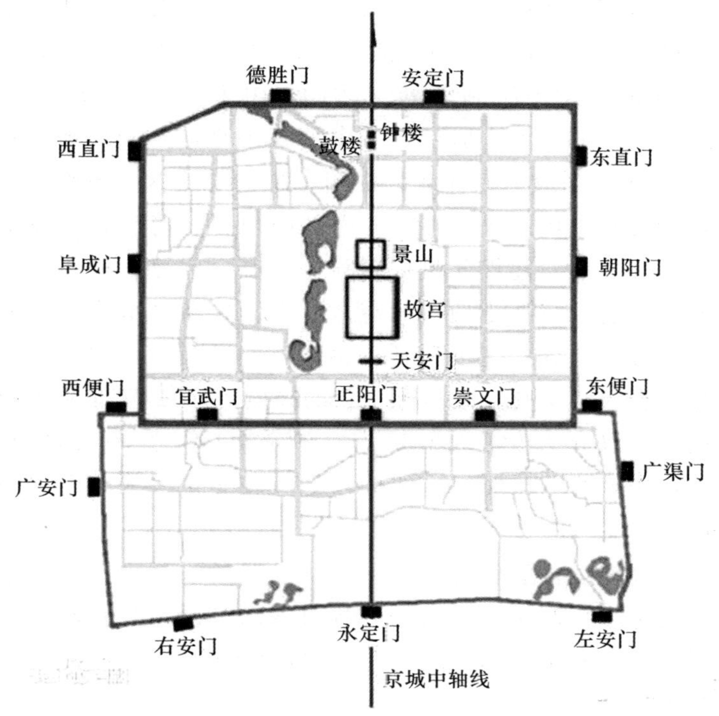

图附－1　北京传统中轴线

广大人民群众集会的场所和全国人民向往的地方。其中，在北起钟楼、南至永定门的传统中轴线基础上，以 1990 年亚运会、2008 年奥运会为契机，中轴线进行了延长，最北端是奥林匹克森林公园，寓意着北京城市中轴线最终与大自然融为一体，向南则延伸至南苑地区。

由于近年来一些影响城市发展的重大功能区（亚运会、奥运会主场馆选址）、重点高校、重要公共服务设施几乎均设置在北城，导致南城的发展始终滞后于北城，南中轴地区在城市建设、产业发展等诸多方面均较为滞后。作为北京市中轴线南延地区，还有较大的改善空间。

北京加快建设世界城市步伐，给南中轴地区的发展带来了契机。

首先，“大北京”地区实行“多中心”规划策略，以散点式布局为目标指引北京城市建设。南城地区一直缺少一个能够带动城市快速发展的高端功能区，而南中轴地区有条件承载此功能。其次，《北京城市南部地区发展实施规划（2010—2020年）》在产业上提出“构建全市十大高端产业功能区”，其中南苑地区与新航城、永定河（首钢）、亦庄并列成为南部地区的四个高端功能区。再次，南中轴地区被提升为新机场进入中心城的南部门户，并将有条件吸纳国际高端人才入驻发展，建设先进服务设施与基础设施。同时，未来南苑机场停飞改造，将从土地资源释放、限制性条件减少等方面为中轴线南端点提供良好的发展机遇。最后，中共第十七届中央委员会第六次全体会议将文化元素推到了新的高度。2012年北京市政府工作报告明确“文化大发展大繁荣”为市重点工作之一。南中轴地区作为北京市中轴线的重要组成部分，是民族文化继承与发展的重要承载空间。

南中轴要想摆脱落后的面貌、加快发展的步伐，在北京建设世界城市的目标中担起重任，就需要提升区域功能，加强经济与空间的复合规划，重塑轴线的空间形态，加强轴线的归属感。

2. 巴黎中轴线

巴黎是一个由轴线网络构成的城市。长短不一、方向各异的诸多轴线组成了城市的基底，形成了城市的基本脉络。巴黎城市主轴有两条，一条是南北向的，一条是东西向的，共同构成了巴黎的“大十字”基底。

东西向约8公里长的轴线举世闻名。它并非正东向西，而是东南偏东向西北偏西延伸。它始于卢浮宫，以香榭丽舍大街为基线延伸，一路贯穿着卡鲁塞尔凯旋门、丢勒里花园、协和广场、戴高乐广场、凯旋门等诸多著名景点（见图附-2）。20世纪，由于拉德芳斯新城的建成，轴线更是延伸到了新城的大拱门。按照巴黎未来城市规划，这条东西向的发展主轴线还将继续建设延伸。

巴黎东西向主轴线的产生具有重大意义。第一，符合政治的需要。这条轴线平行于塞纳河，以其开敞和丰富多彩的面貌显示了法兰西王朝的财富和文化，能够彰显王权，体现国家的强盛。第二，

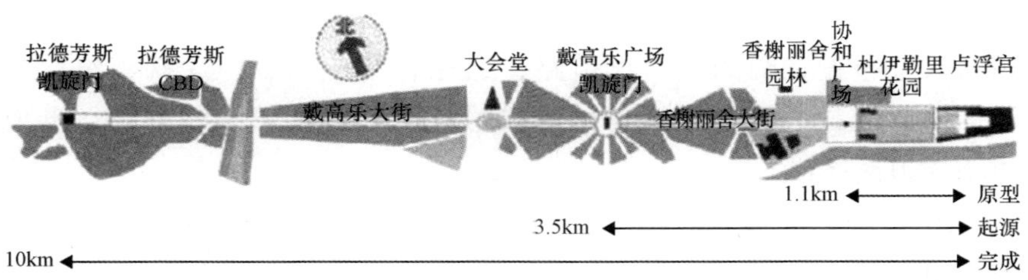

图附－2　巴黎中轴线

符合大众审美需求。从美学的角度来看，对称、均衡、比例、秩序等抽象形式能普遍地给人们以审美愉悦感。这种依托中轴线而产生的宏大、壮观、统一、有序的城市建设方式强化了城市景观特点，营造了一种符合大众审美需求的空间序列。第三，确定了城市建设的秩序。从勒·诺特延长丢勒里花园作为轴线的那一刻起，轴线在巴黎城市建设中独一无二的地位就已经奠定。以后所有的城市建设都是以传统主轴线为基础的。甚至新城区的建设也是对传统轴线的延伸。可以说，轴线成了城市建设的支配性要素，确定了巴黎城市建设的秩序。第四，延续了城市文脉。由于巴黎的轴线不是一次性建成的，而是在有机生长的旧城上不断发展而来的。正是这种从无到有，不断丰富和积累的过程，才使得轴线上布满了各个时期遗留下来的作品，甚至拉德芳斯新区的建立，都体现了历史的延续。在巴黎，轴线就像一个大型的历史博物馆，一路向我们述说着法兰西历代的荣耀与沧桑。可以说，巴黎城市文脉的延续就是通过轴线系统而实现的。

3．华盛顿中轴线

美国首都华盛顿位于美国东部马里兰州和弗吉尼亚州相邻处、波托马克河和阿那考斯蒂河（原东部支流）交汇处的北岸高地上，是波托马克河航段的顶端。20 世纪以前华盛顿的建设本着将“最重要的建筑放置在最有利的场地上，从而控制最广阔的景色”的原则，选择了整个区域地势最高的地方放置国会建筑，用来体现国会在这样一个人权至上的国家中的重要地位；其次将白宫放置在国会的西北方，距离波托马克河较近而又不会被河水侵袭的地方，白宫的正南面拥有开阔的波托马克河景观；然后，在国会和白宫两处向四面八方布置宽阔的放射形道路，通往各个广场、纪念碑、纪念堂等重要节点；最后将之与美国传统的方格网道路系统相叠加，形成独特的道路系统。

20 世纪初完成建设的美国国会、白宫和华盛顿纪念碑形成了一个直角三角形的格局。华盛顿纪念碑在空间上联系了华盛顿东西向与南北向的轴线，它位于华盛顿中心区两条中轴线相交的位置。美国国会与华盛顿纪念碑之间、白宫与华盛顿纪念碑之间都由一条宽约 500 米的草坪相连，草坪的两侧整齐分布了各种政府职能部门及个别博物馆建筑。

1871 年，亚历山大·罗倍·西普赫德在主持华盛顿建设的过程中，在华盛顿城市中轴线西端的南面和波托马克河的东岸，填筑了一片沼泽低地，从而扩大了城市用地，使得波托马克河与阿纳考斯蒂河之间原定东西中轴线，从约 3.5 公里延伸到约 4.5 公里，同时又利用波托马克河这一段宽阔的河床，沿东岸筑起了一个南北狭长的半岛，这就是现在有湖泊点缀其间的波托马克河公园。在华盛顿城市中轴线西端所填筑的河边低地上，于 1922 年兴建了著名的林肯纪念堂，明显地标志了全城自西而东的中轴线的端点。而在 1939 年则修建了杰弗逊纪念堂，标志了南北向轴线的最南端，与这两座建筑相对应的则是华盛顿城市中轴线东端的美国国会和北端的白宫，至此华盛顿城市中轴线已经具有了明确的四个端点。

华盛顿中轴线凸显了政治功能，随着都城中轴线的不断发展，人的生活不断融入到城市中轴线中，文化功能逐渐丰富，在中轴线两侧形成了庞大的博物馆建筑群。丰富多彩的博物馆建筑群以及宏大的城市中轴线景观使中轴线的吸引力增加，更多地吸引他国的游客，从而达到了更好的政治、文化传播效果。

4. 广州中轴线

广州是中国的南大门，自建城以来一直是华南地区的政治、经济和文化中心。在城市发展的 2000 多年来，城市中心发展稳定，一直没有移动过。传统中轴线位于广州中心城区，是广州文化底蕴最深厚的地区。传统中轴线上的节点大多具有深刻的政治及历史意味。

随着城市的快速发展，原有的城市规模与空间集聚功能已不能满足需求，新中轴线的规划与设计成为热点。新中轴线北起白云山余脉的燕岭公园，往南经广州火车东站、天河体育中心、珠江新城到达珠江，再经过海珠区广州塔到万亩果园保护区，最后经新客运港达珠江外航道沙丘岛，全长12公里。这一中轴线上有山、水、树林、人文景观和自然景观，汇聚了东站广场、珠江新城中央广场、歌剧院博物馆前广场、海心沙市民广场、赤岗塔广场、东风生态公园等，构成广州的城市开放空间。

新轴线在空间上所聚集的城市中心对于强化现代城市功能具有更加重要的意义，有助于进一步提高中心城市的地位和经济竞争能力。新城市中轴线上汇集了一系列标志性建筑物，成为城市景观轴线的要素，自然和人文景观为主导的城市旅游功能将得到更佳的体现。同时，新城市中轴线两侧的交通走廊将成为广州城市的次干道。

5. 成都中轴线

2012年成都正式提出打造"百里城市中轴"的宏大构想。以天府广场为中心，将原来主城区城市中轴线沿人民南路、人民北路南北延伸，北接德阳、南连眉山，一南一北两条通路，全长80公里，贯穿成都全域。按照这个规划，成都百里中轴线将成为国内特大城市中规模最长甚至在世界上也首屈一指的城市轴线（见图附－3）。成都将沿中轴线规划建设一批地标性建筑，集聚一批高端服务业项目。它是一条景观轴，有绿树成荫、鸟语花香，也有国际大都市的时尚与浪漫，更有成都市政府确定的城建标志性建筑——天府立交，大气磅礴；它是一条经济轴，北城改造如火如荼，高新区新贵崛起，将建成以现代制造业为主、高端服务业集聚、宜业宜商宜居的国际化现代新区，中心城区和天府新区形成双核；它是一条文化轴，百年学府四川大学华西校区矗立其间，见证了20世纪初中西文化的碰撞与融合，省大剧院、图书馆（新馆）、博物院、美术馆（新馆）、科技馆及市博物馆（新馆）等共同形成中轴线上的"文

图附－3　成都百里中轴

化聚集区”；它是一条生态轴，北面有成都大熊猫繁育研究基地，南面有规模不小于曼哈顿公园的中央公园，流淌千年的母亲河绕轴奔腾。成都中轴线引领成都积极融入“一带一路”建设。中轴线北端，成德绵区域合作全面推进；中轴线南侧，依托天府新区建设，成都、眉山、资阳的合作也更加紧密。成都经济区基础设施共建步入快车道，各城市之间的联系也更加紧密，融合发展已经形成广泛共识，成都将更好地发挥在经济圈中的带头带动引领示范辐射作用。

6. 温州中轴线

温州古城中轴，北起江心屿，南至巽山，总长约 3.6 公里。随着时代变迁，近年来温州城市整体东移，以市政府及世纪广场为标志的“新一代”城市中心区初步形成，温州由滨江城市向滨海城市迈进，古城轴线已不适应于城市的提升发展需求。在现有基础上对以市政府为首的城市新中心进行提升和延续，打造一条城市中心轴，势在必行。根据方案，温州将打造山水智城的景观轴、时尚之都的发展轴、瓯越文化的展示轴、美丽温州的生态轴、现代城市的功能轴，形成山水串联、城绿相融、标志节点有序、空间复合立体、可感知可游憩的温州城市中轴，引领和推动温州都市区提升发展。

中轴区域范围是北起瓯江北岸胜美尖，南至大罗山，西至温瑞大道与旧城相连，东至文昌路—中兴大道，总面积约 85 平方公里。中轴线范围是北起瓯江北岸胜美尖，南至大罗山，西至惠民路，东至府东路—学院路—加洲路，贯穿滨江商务区、行政中心区、中央绿轴公园、三垟湿地等区块，总长 16.2 公里，总用地面积约 20 平方公里，形成一条山、水、湿地、城相融的“城市脊梁”。

温州中轴从北到南来看，分别是瓯北三江口、滨江商务区、行政中心区、中央绿轴公园、三垟湿地、茶山高教园区、大罗山山脉（见图附 -4）。中轴规划提出“一轴三段五点”总体空间结构，以一条立体开放的绿色生态中轴，串联“山、水、城、园”高度相融的三大特色区段。北段由胜美尖至瓯江（长约 3 公里），特色定位为“幻彩三江”；中段为瓯江南岸至瓯海大道（长约 6 公里），特色定位为“时尚都市”；南段由瓯海大道至大罗山（长约 7.2 公里），特色定位为“山水智谷”。南北两段以山环水抱之势，拥三江口半岛和高教智慧之谷，形成虚实结合的区段；中段为核心实轴，并在两端打开空间形成自然融入之势，重点塑造城市五大标志性节点。将以最高端的城市功能集聚形成都市服务中枢，以最具规模的立体公园体系构筑绿色生态中轴，以城市级的五大地标节点统领城市印象。

按照规划，中央绿轴区域明确将成为以行政服务、公共文化、商业配套、生活居住为主题的温州城市中心区，打造生态共生、文化共融的魅力之轴，生活多元、功能复合的活力之轴。整个绿轴区域将呈现“一轴两心四片”的结构。一轴即贯穿南北的空间景观主轴；两心是指公共文化和公共活动中心；四片确定为行政文化区、休闲生活区、商业创意区等三大城市核心功能区和周边居住区。其中，行政文化区以市政府和市大会堂构成整个功能分区的核心功能，体现行政办公文化，并以博物馆、科技馆、世纪广场构成中轴空间相对单纯的公共文化服务区域。休闲生活区布置休闲商业、精品购物、百货超市、体育健身等与生活息息相关的配套服务功能，主要体现健康、慢生活的理念。商业区将沿 S1 轨道线，设置商务办公、休闲娱乐、商业金融等，提供商业和娱乐平台。创意区则结合中央水轴，衔接三垟湿地公园，建设市民中心、文化展览、文化创意、时尚休闲、SOHO 办公等一系列主题项目，突出城市的品质与创新。

城市印象的打造，由城市级的五大地标节点统领。按照约 4 公里的可感知距离来设置五大地标节点，从北至南，分别是“瓯之帆”“城市云中心”“公共服务核”“生态科技芯”“智慧眼”。其中，“瓯之帆”，以帆形观光塔为主体，以自然山体和滨江岸线为背景，与江心双塔遥相呼应，古今对比，寓意城市迈入新时代；“城市云中心”，以若干幢超高层建筑形成标志性景观，打造城市空间制高点，构建未来“云端之城”的城市意向；“公共服务核”，由世纪之光为主景的世纪广场及绿轴公园组成，世纪之光如雨后春笋破土而出，诠释新时期敢闯敢拼的温州精神；“生态科技芯”，以一群“生长”在湿地浮岛上的“生态树”绿色建筑为标志，体现温州未来生态城市建设形象；“智慧眼”，以大罗山观光平台为主要载体，结合其他地标节点设置一组“数字望远镜”，以电子图像信息的实时传递，形成人与人、人与城市的互动交流，展示未来城市智慧共享的理念。同时，中轴上还设置瓯江游艇中心、市民中心、学子广场等。

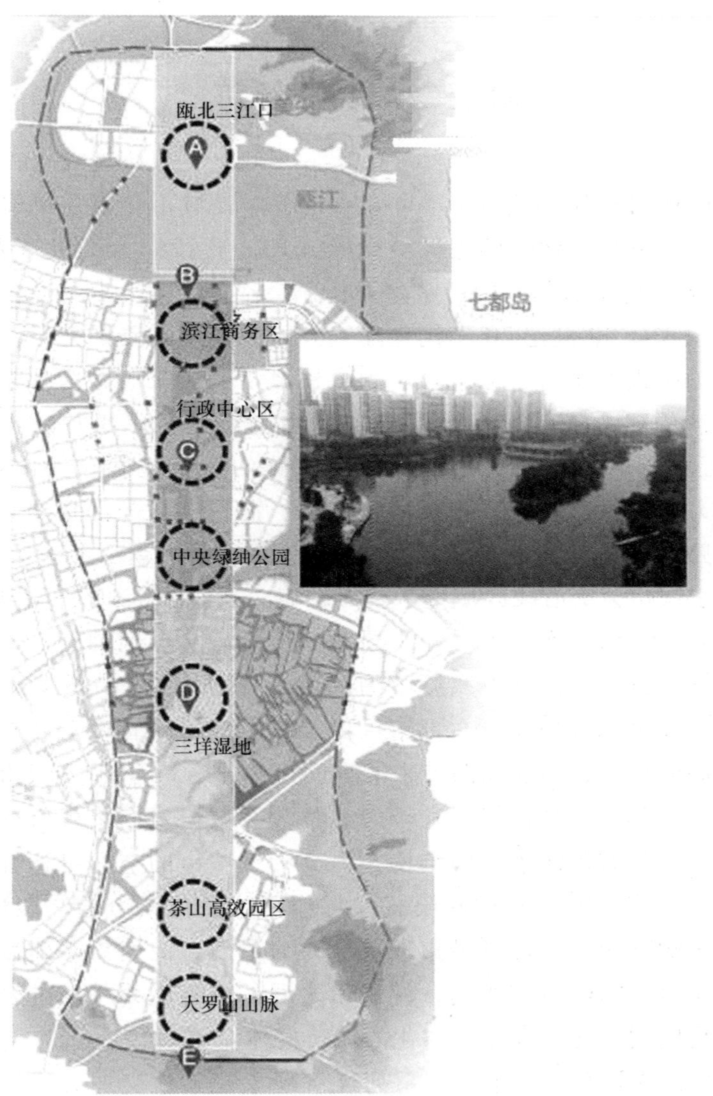

A●“瓯之帆”是以帆形观光塔为主体，以自然山体和滨江岸线为背景，与江心双塔遥相呼应

B●“城市云中心”是以若干憧超高层建筑为标志性景观，打造城市空间制高点

C●“公共服务核”主体是由世纪之光为主景的世纪广场及绿轴公园组成

D●“生态科技芯”以一群“生长”在湿地浮岛上的“生态树”绿色建筑为标志

E●“智慧眼”是以大罗山观光平台为主要载体，结合其他地标节点设置一组“数字望远镜”

图附－4　温州中轴线

附录二 高铁经济

高速铁路（High-Speed Railway，HSR）是城市化发展到高级阶段出现的一种快速便捷的大区域交通方式。于1964年诞生于日本，成为世界“交通革命”的一个重要标志，法国、意大利、德国、西班牙等国家从20世纪70年代也陆续开始了高速铁路的建设。2011年，京沪高铁的运营，标志着中国高铁经济的到来。国内外学者对高铁经济的概念尚无统一的界定。国内刘继广、卢旭首次界定了“高铁经济”的定义：泛指依托高速铁路的综合优势，促使资本、技术、人才等生产要素，以及消费群体、消费资料等消费要素，在高速铁路沿线站点实现优化配置和集聚发展的一种新型经济形态。

高速铁路会给沿线区域带来重大影响。高速铁路加快资本要素、信息要素、人力资本要素、知识要素的流动，从点到轴到面影响区域的发展。首先，高铁沿线城市的都市区将增长并扩大腹地，相邻都市区将发生耦合现象，在都市区内部将形成同城化发展，且极化与互补同时存在，高速铁路带来的空间压缩现象将引起大城市内部结构重组。其次，高铁将有利于沿线各等级城市发挥集聚效应和辐射效应，优化城市体系规模结构，提高沿线城市的空间可达性和相互吸引力，使点轴开发空间模式发挥作用，强化城市的一般职能，并通过影响产业发展促进城市职能分工。最后，高速铁路建设大大缩减了城市之间的时空距离，使城市之间的内在联系不断加强，最终实现高度同城化和高度一体化的城市群体。

以高铁为媒介，催生的一系列经济现象是其他交通方式所不能比拟的，高铁车站周边社区将成为城市发展中最具活力的地区，所以高铁车站附近的规划建设至关重要，应注意与城市经济形成互动，提高交通可达性和通达性。国内外关于高铁车站周边的规划研究相关模式有“三个发展区”、TOD理论模型、ROD模型等。

Schutz提出了高铁车站的“三个发展区”理论，以高铁车站为中心建立了三圈层模型：第一圈层为核心地区，距离高铁车站5—

10 分钟距离，主要发展高等级的商务办公功能，建筑密度和建筑高度都非常高；第二圈层为影响地区，距离高铁车站 10—15 分钟距离，也主要集中商务办公及配套功能，同时补充公共设施建设，建筑密度和高度相对较高；第三圈层为外围的影响地区，会引起相应功能的变化，但整体影响不明显。

新城市主义倡导者彼得·卡尔索尔普提出的以 TOD（Transit Oriented Development）替代蔓延发展的模式也得到了广泛应用。依托 TOD 理论，高铁枢纽城市的高铁车站周边应以交通枢纽为核心，混合各种功能，呈圈层布局结构。在铁路车站的 TOD 模型中，交通枢纽、商业、商务、贸易、办公设施等城市公共设施布置在核心区域，服务半径在 800 米范围以内；在拓展区内，居住和公共服务用地相混合，同时对外与对内服务，服务半径为 1500 米左右；而影响区为半径 1500 米以外的区域，布置对外服务功能以及为主体功能配套的功能（见图附 -5）。

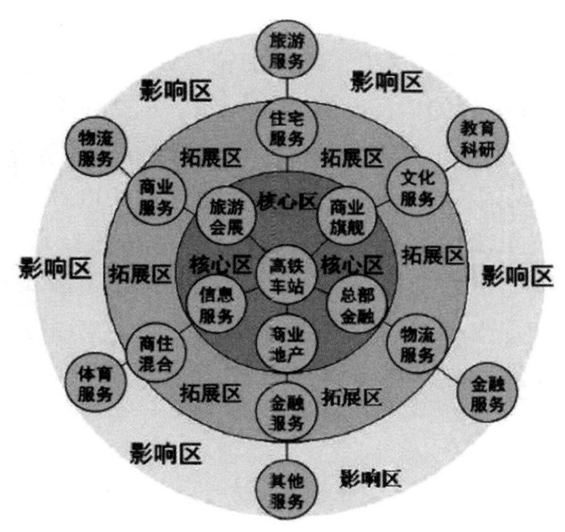

图附 -5　高铁枢纽车站周边产业生态

中国高铁建设的城市化 ROD（Rail Oriented Development）模式是以高铁枢纽及与之发生关联的城市交通枢纽带动城市边缘地区的

高密度开发模式，同样强调在区域层面上组织紧凑的、有公交系统支撑的城镇发展模式，在枢纽站点周围适于步行的范围内布置混合性质的用地，并提供多种价格、密度的居住类型和多元的商业模式，可以引导城市的集约化发展，节约土地和能源（见图附－6）。

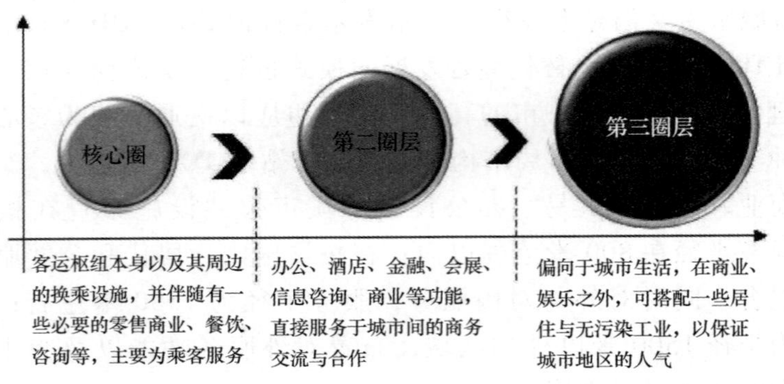

图附－6　中国高铁枢纽城市ROD模式

无论是“三个发展区”、TOD理论模型还是国内的ROD模型都与中国2000多年前的孟子（公元前372—前289年）所讲的“三里之城，七里之郭”非常相似。孟子时代的一里等于1800尺，为415.8米，今天国内所用的一里（市里）为500米，前者为后者的83.16%。“三里之城”相当于TOD模型的核心区域，面积4.89平方公里；而“七里之郭”则相当于TOD模型中的影响区，面积为26.6平方公里。如果从高铁新城的角度看，高铁车站成城的核心区域面积5平方公里，影响区域则为20平方公里。

附录三　国外城市协同发展案例

1. 旧金山湾区模式

美国旧金山湾区，简称湾区，是全美第五大城市群，是世界级技术创新之都，硅谷亦在其辖区内。旧金山湾区共有 9 个县、101 个城市，面积达 17955 平方公里，总人口数在 700 万以上，是继纽约、洛杉矶、芝加哥、休斯敦之后的美国第五大都市。区内主要城市有旧金山、圣何塞和奥克兰。经过多年的发展，旧金山湾区在高新技术产业、国际贸易、旅游等方面取得了显著成效。2012 年旧金山国民经济生产总值达到 5940 亿美元，是世界上国民经济生产总值排名第 20 位的湾区。湾区是世界上全球化程度最高的地区之一，经济、科技、教育等领域优势显著，拥有包括斯坦福大学、加州大学伯克利分校等在内的 20 多所大学，为硅谷培养了一批又一批世界一流人才，涌现了众多的创业精英。

旧金山湾区的发展定位，包括硅谷的形成和发展，政府很少干预。虽然没有高层次（比如州层面）的政府组织统管湾区经济发展战略的协调，但湾区还是建立了一些区域治理机制，帮助协调区域问题，在基础设施、生态保护、空气质量等方面推动区域协同发展和管理。这些协调机制包括旧金山湾区政府协会、大都市交通委员会、湾区空气质量管理区、湾区保护和开发委员会以及湾区区域水资源质量控制委员会等。

成立于 1961 年的湾区政府协会是最主要的一个地区性综合规划机构，也是加州第一个区域性地方政府协会，其成员包括湾区 9 个县 101 个市镇的地方政府。它的主要任务是强化地方政府间的合作与协调，共同制定区域发展规划。具体而言，就是制定各个城市的住房和交通目标，防止城市无序扩张，解决土地使用、环境质量、防震以及经济发展等问题。湾区政府协会的经费来自联邦和州府拨款、会员会费以及其他来源，这些资金大部分用于区域规划。

美国湾区委员会成立于 1945 年，目前拥有超过 275 家大型企业的CEO成员，并与全球20多个国家有合作关系，其成员包括甲骨文、拜耳医药、斯坦福大学等。湾区委员会由企业赞助，目前成员包括湾区各行各业大约280家企业。湾区委员会自成立之初起，就陆续根据当时湾区所面临的挑战，提出并推动成立专门的区域性公共监管机构。这些公共监管机构大多数需要通过游说立法来建立。一些区域性协调管理机构就是经过湾区委员会努力设立的，包括负责监管湾区空气污染的湾区空气质量管理区，负责保护、改善和合理利用湾区的湾区保护和开发委员会，负责规划、投资、协调和管理湾区交通系统的大都会交通委员会，还有负责筹建并管理湾区电气化轨道交通系统BART的湾区快速轨道交通委员会，等等。湾区委员会除了帮助进行区域内协调，也开展区域与外界协调，比如寻求与中国的合作机会、开设驻华办事处等，以帮助湾区企业进军中国市场，同时努力为湾区吸引中国企业和投资。湾区委员会通过与区域内企业和公民领袖的合作，促进协调一致的行动，推动湾区经济可持续发展，解决区域内最艰巨的挑战，对于推动区域经济协调发展和区域治理起到了很大的积极作用。

2. 瑞士日内瓦州—卫星城法国小镇模式

在瑞士，以制度规范化的形式进行的区域跨境合作很早就开始了，如20世纪60年代的巴塞尔（与德国及法国相邻）和70年代的日内瓦（与法国相邻）。

在探讨日内瓦与邻国法国跨境合作经验时，要从内部和外部因素两方面去研究。内部要探究该跨境自身衍生出的相关内源性因素，外部主要涉及两个国家（法国和瑞士）的特性及欧洲背景（欧盟和非欧盟）。

（1）内部因素

首先，文化同质性。日内瓦跨境地区从文化角度来看，民众间在语言及日常生活中拥有很大的交融性。法国长期以来习惯了在日内瓦进行娱乐、电影、文化等各类活动，形成了密切的国际交流。

其次，领土的互补性。这一跨境区域形成了一个非常结构化的中心—边陲生态，日内瓦城作为中心，而毗邻法国地区、日内瓦邦的其余地区和瑞士沃州的尼翁区组成了它的腹地。这一情况存在已久，直至今日。忽视很大程度的政治及行政区划来象征国家边界，这一跨境空间的中心、城市的第二或第三级及它的农村地区形成了一个密集的网络构造成一个真实的领土实体，这和节点经济模型有着十分大的关联说明性。

经济上来说，日内瓦州十分繁荣并可以创造许多就业机会。但是为了容纳适应经济发展而所需的劳动力，其区域面积太小（只有280平方公里）。所以，由于它的经济活力，坐落在日内瓦的经济中心是可以扩展延伸至毗邻的法国及瑞士沃州的。同时，相邻的沃州及法国也需要从这一“中心”去创造更多的就业机会来支撑其经济繁荣。

（2）外部因素

首先，欧盟和瑞士之间的双边协议。日内瓦的跨境合作的困难之一是欧盟外部边界成员与非成员国家的关系处理问题。这就是为何每个改善瑞士及欧盟双边关系的进步举措都对这一跨境合作有积极的推动促进作用。在过去15年里，瑞士及欧盟签署了一系列涉及许多领域的双边协议，除了在1992年12月欧洲经济区通过的一个多边准则被瑞士国民抗议否决，一些更多的协议仍处于洽谈进程中。作为日内瓦跨境区域的一个特殊权益，其与欧盟在个人及专业工人自由流动等方面达成了协议，这对于2007年6月以来跨区域的发展合作发挥了较为可观的实际推动作用。瑞士居民及欧盟居民在对方区域定居变得更为简捷，使得人员可以打破行政区划限制进行自由流动。居住在日内瓦的瑞士居民可以进入欧盟的劳动市场，而现在一个“跨境”的工人并不是必须住在法国的临近区域，也可以是住得很远如住在日内瓦或者沃州得尼翁区。但是以上都不会影响这些跨境工人所属的法国相应市的财政减缩，依旧保持不变。

参考文献

一　政府文件类

《深圳市实施东进战略行动方案（2016—2020年）》
《坪山新区实施〈中国制造2025〉行动计划》
《深圳市海岸带综合保护与利用规划（2018—2035）》
《深圳国际生物谷总体发展规划（2013—2020年）》
《深圳市龙岗区产业发展白皮书（2019）》
《深圳市综合配套改革总体方案》
《2016年龙岗区落实东进战略项目大会战行动计划》
《深圳市龙岗区工业发展“十三五”规划》
《大鹏新区落实东进战略行动方案（2016—2020）》
《创新为魂　高端决胜　建成世界级湾区现代产业引领区——深圳市福田区现代产业体系中长期发展规划（2017—2035年）》
《深圳建设广深科技创新走廊实施方案（2018—2035年）》
《盐田区旅游业发展“十三五”规划（2016—2020）》
《深圳市罗湖区国民经济和社会发展第十三个五年规划纲要》
《深圳市龙华新区国民经济和社会发展第十三个五年规划纲要》
《深圳市光明新区国民经济和社会发展第十三个五年规划纲要》
《深圳市龙岗区国民经济和社会发展第十三个五年规划纲要》
《深圳市坪山新区国民经济和社会发展第十三个五年规划纲要》
《深圳市大鹏新区国民经济和社会发展第十三个五年规划纲要》
《深圳市盐田区国民经济和社会发展第十三个五年规划纲要》
《宝安综合规划（2013—2010）》
《深圳市南山区工业发展第十三个五年规划》

《深圳市南山区国民经济和社会发展第十三个五年规划纲要》
《深圳市宝安区国民经济和社会发展第十三个五年规划纲要》
《南山区科技及高新技术产业发展“十三五”规划》
《深圳市宝安区重大项目“十三五”规划》
《东莞市滨海湾新区城市总体规划（2018—2035 年）草案》
《上海市海洋“十三五”规划》
《东莞市现代服务业发展“十三五”规划》
《深圳市服务业发展“十三五”规划》
《2020 年南山区政府报告》
《深圳前海轨交建设及总体规划》

二　论文期刊类

石义寿:《粤港澳大湾区建设背景下深莞惠科技创新情况分析》,《科学发展战略研究》2018 年第 2 卷第 6 期。

张志斌、靳美娟:《城市规划与城市空间结构塑造——以深圳市为例》,《西北师范大学学报》（社会科学版）2003 年第 40 卷第 6 期。

郭艳华:《推进深莞惠科技一体化的思路与建议》,《科技管理研究》2012 年第 19 期。

欧阳东青:《深莞惠都市圈产业一体化战略研究》, 博士学位论文, 成都电子科技大学, 2010 年。

朱惠斌:《城市行政中心区位选择与迁移类型——以深莞惠都市区为例》,《热带地理》2013 年第 33 卷第 5 期。

吴二娇:《深莞惠一体化协调发展的状况、问题及提速对策》,《广州广播电视大学学报》2013 年第 6 期。

孙相军:《深莞惠都市圈道路网一体化发展对策研究》,《中国交通观察》2016 年第 38 卷第 3 期。

周铁昆:《深莞惠都市圈一体化发展历程回顾与推进策略研究》,《中国经济特区研究》2017 年第 1 期。

黄忠平、许英鹏:《区域产业同构规避研究——以深莞惠经济圈为例》,《惠州学院学报》（社会科学版）2010 年第 30 卷第 4 期。

阳结南:《粤港澳大湾区背景下深莞惠经济圈的创新发展》,《开放导报》2017年第4期。

刘宝辉:《深圳经济特区边界管理线的发展趋势研究——对深圳经济特区边界管理线的回顾和展望》,硕士学位论文,复旦大学,2006年。

张慧君:《回顾改革开放40年深圳经济社会的发展》,《广州社会主义学院学报》2018年第4期。

何建华、高雅、李纯:《武汉市多中心发展格局演变研究》,《国土与自然资源研究》2017年第6期。

王光荣:《论大城市多中心发展模式》,《天津师范大学学报》(社会科学版)2006年第4期。

申勇:《充分认识东进战略的重要性与紧迫性》,《特区实践与理论》2015年第6期。

申勇:《实施东进战略　构建深圳发展新动力》,《特区实践与理论》2015年第4期。

方创琳:《深圳经济特区空间格局优化与扩容的建议》,《中国国情国力》2016年第10期。

聂新平:《珠江东岸都市圈一体化发展结构功能和管理体制研究(下)》,《中国经济特区研究》2012年第1期。

陈一新:《深圳福田中心区规划实施30年回顾》,《城市规划》2017年第41卷第7期。

文彤:《跨境旅游与边境城市口岸地区发展——以深圳罗湖口岸为例》,《社会科学家》2014年第11期。

薛智韵:《东莞区域经济差异与协调发展研究》,《经济研究导刊》2019年第22期。

何家鸿、戚晓曜、杜生鸣:《推进粤港澳大湾区建设政策研究》,《特区实践与理论》2017年第1期。

陈一新:《探讨深圳CBD规划建设的经验教训》,《现代城市研究》2011年第3期。

章平、曾华翔:《基于主体功能选择的城市功能空间结构演化研究——以深圳30年城市发展为例》,《现代管理科学》2011年第

4 期。

解永庆：《城市规划引导下的深圳城市空间结构演变》，《规划师》2015 年第 2 期。

陈一新：《深圳 CBD 中轴线公共空间规划的特征与实施》，《城市规划学刊》2011 年第 4 期。

宗传苓、谭国威、张晓春：《基于城市发展战略的深圳高铁枢纽规划研究——以深圳北站和福田站为例》，《规划师》2011 年第 10 期。

李娣娜：《香港城市空中连廊空间研究初探》，《山西建筑》2008 年第 29 期。

《2019 年中国创新百强区/县榜单》，2019 年 10 月 20 日，中央媒体科技日报社中国科技网（http：//stdaily. com/inder/kejixinnen/2019 - 04/08/content_759574. shtml）。

万敏、郭尚鑫：《区域创新政策演进的特征及其重要启示——源自北京海淀区、深圳南山区、杭州滨江区的创新政策比较》，《上海经济》2019 年第 5 期。

贺平涛：《“中国东南新中心”深圳湾超级总部基地设计方案曝光》，《蛇口消息报》2019 年 5 月 31 日。

招商引资内参：《一文读懂：深圳市 10 区重点产业布局》，《招商引资参考》2019 年 3 月 7 日。

陈紫嫣：《9 位顶尖专家论剑南山，为深圳湾 CBD 的规划建设把脉问诊》，《南方都市报》2019 年 10 月 27 日。

李林夕：《打造创新驱动高质量发展智创高地，宝安“智创”赋能高质量发展》，《深圳特区报》2019 年 9 月 29 日。

郭若溪：《深圳将建西丽高铁站，打造大湾区交通枢纽》，《香港文汇报》2019 年第 18 期。

方木欢：《粤港澳大湾区港澳青年创业的政策机制与优化路径》，《青年探索》2019 年第 5 期。

王寿群、曾卓、师念：《前海自贸区：金融服务实体》，《中国外汇》2019 年第 18 期。

《广东：营商环境就是高质量发展生产力》，《计算机与网络》2019

年第 45 期。

刘晓博：《广东：12 个片区收获“大利好”》，《特区经济》2019 年第 7 期。

任春杨：《前海自由贸易片区金融改革创新研究》，《广东经济》2019 年第 3 期。

杜鹏：《深圳前海深港现代服务业合作区的创新实践》，《前进》2019 年第 3 期。

UED 城市环境设计：《深圳湾超级总部基地“超级”在何处》，2018 年 6 月 18 日，搜狐（https://www.sohu.com/a/236440450_167180）。

李福、何继江：《深圳高新区外溢发展战略与对策研究》，《科技进步与对策》2015 年第 32 期。

金心异：《深圳高新产业崛起之启示》，《同舟共进》2019 年第 1 期。

曾铁城：《深圳高新区实施“走出去”国际化发展战略的经验做法及启示》，《科技创新发展战略研究》2017 年第 1 期。

白雪洁、李栋、闫文凯：《深圳高新区的发展经验与启示》，《现代管理科学》2014 年第 7 期。

《深圳高新区打造“留仙洞”接引“大神仙”》，《中国高新区》2014 年第 2 期。

于涛、官明月、陈眉舞：《深圳南山区在前海开发下的角色定位与行动策略研究》，《江苏城市规划》2015 年第 8 期。

《深圳宝安 2035 两大片区被委以重任：宝安中心区 + 大空港新城将进入国际第一方阵》，《宝安日报》2018 年 6 月 8 日。

宋丁：《把深汕特别合作区看做重大机遇，推动汕尾发展》，《特区经济》2019 年第 12 期。

朴飞、魏晓明：《深汕特别合作区设立和发展的创新思路探讨》，《经济研究导刊》2019 年第 36 期。

叶前、孙飞：《“飞地”起飞融湾区广东协调发展架起“深汕桥梁”》，《中国建设报》2019 年 12 月 25 日。

黄青山：《彰显先行示范“深汕力量”》，《深圳商报》2019 年 12 月

16 日。

许闻博、李福映：《大都市区域合作的“飞地”模式特征初探——以深圳为例》，载中国城市规划学会、重庆市人民政府《活力城乡 美好人居——2019 中国城市规划年会论文集（16 区域规划与城市经济）》，2019 年 10 月 19 日。

许婷：《飞地经济区的管理体制创新》，硕士学位论文，武汉大学，2019 年。

王军鹏：《深汕特别合作区同粤港澳大湾区一体化发展研究》，《特区经济》2019 年第 3 期。

张丽、彭谦益：《深汕云计算数据中心（IDC）税收治理与产业发展研究》，《特区经济》2019 年第 2 期。

产耀东：《“飞地经济”模式视阈下的深汕特别合作区发展研究》，《中国经济特区研究》2018 年第 1 期。

汪洵、王文倩、刘应明：《城市飞地地区基础设施规划对策研究——以深汕合作区为例》，载中国城市规划学会、杭州市人民政府《共享与品质——2018 中国城市规划年会论文集（03 城市工程规划）》，2018 年 11 月 24 日。

田宇：《深汕特别合作区公共交通发展关键问题研究》，《工程建设与设计》2018 年第 16 期。

齐晓冰、顾颉：《“特区”与“老区”的飞地姻缘——从深汕特别合作区探索飞地经济新模式》，《中国市场》2018 年第 24 期。

史欣向：《坚持协调发展理念　深度推进广深港澳科技创新走廊》，《广东经济》2020 年第 21 期。

陈秀英：《广深科技创新走廊视域下广州市价值创新园区高质量发展的对策研究》，《广东经济》2020 年第 2 期。

刘威等：《广深港高铁 5G 网络建设策略及方案研究》，《通信世界》2020 年第 4 期。

沈超：《“以科技创新引领经济发展”专题（4）抓住重中之重，推进广深港澳科技创新走廊建设》，《广东经济》2020 年第 1 期。

谭超：《广深第二高铁或用上磁悬浮》，《广东交通》2019 年第 6 期。

马灿、敖骢:《广深港高铁率先开通5G网络》,《广东交通》2019年第6期。

梁武昌:《广深第二高铁、长三角区域将迎来高铁2.0时代》,《广东交通》2019年第6期。

郭万达:《广深合作将全面提升粤港澳大湾区全球竞争优势》,2018年4月27日,中国经济网(http://www.ce.cn/xwzx/gnsz/zlxun/201804/27/t20180427_28968851.shtml)。

昌道励、傅鹏:《广深合作将全面提升大湾区全球竞争优势》,2018年4月25日,南方网(http://news.southcn.com/gd/content/2018-04/25/content_181632155.htm)。

后　记

经济特区建立40年来，深圳发生了翻天覆地的变化，从一个默默无闻的边陲农业县华丽蜕变为具有国际影响力的现代化大都市，创造了城市发展史上的奇迹。回顾过去，规划未来，形成对深圳里程碑式研究成果，使命光荣、责任重大，也颇费心力。

本书简明扼要梳理了深圳从建市到多中心格局的形成，针对城市发展显露出来的问题，规划实施“东进、西协、南联、北拓、中优”战略，在深圳全市域形成协调发展格局。同时，以规划建设大深圳都市圈为目标，谋求更大区域协同发展，推进深莞惠3+2经济圈联动建设，进一步深化深港合作，加强广深合作和珠江两岸融合发展。

在本书撰写过程中，要特别感谢深圳岭南公共管理研究院有限公司首席学术顾问孙昌群博士，高级研究员梁家全博士、熊义刚博士等对本书整体写作思路提供了很有价值的参考意见。感谢原深圳市社会科学院副院长黄发玉研究员对本书的指导，感谢深圳市社会科学院刘婉华博士所做大量相关管理工作。感谢中国社会科学出版社社长赵剑英先生、副总编辑王茵女士对本书的出版给予的大力支持。最后要特别感谢参考文献的作者们，本书很多内容来自她们的相关研究材料和思想火花。

深圳市社会科学院国际化城市研究所所长袁义才博士承担了本书前言及大部分章节编写、修改工作。深圳岭南公共管理研究院有限公司刘征博士承担本书第三、四、六、九章文稿写作工作，深圳市城市经济研究会项目研究员陈曦承担了本书第一、二、七、十章和第五章第一节文稿写作工作，深圳市城市经济研究会项目研究员李倩琳承担了本书第八章、十一章和第五章第二、三节文稿写作工作。

受学识和精力限制，本书肯定存在一些不足之处，在此向各位读者致以最真诚的歉意！

编者

2020 年 3 月 26 日